마한馬韓 분구묘墳丘墓의 이해

이 저서는 2019년 대한민국 교육부와 한국학중앙연구원(한국학진흥사업단)의 한국학 총서 사업 지원을 받아 수행한 연구임(AKS-2019-KSS-1130001).

This work was supported by Korean Studies Series through the Ministry of Education of the Republic of Korea and Korean Studies Promotion Service of the Academy of Korean Studies(AKS-2019-KSS-1130001).

일러두기

1. 이 책의 분구묘는 마한의 여러 분구묘 종류 중 성토분구묘를 의미한다. 기술상 필요한 경우에만 성토분구묘를 사용하였다.

2. 분구묘의 분구와 주구토광묘의 내부에서 발견되는 매장시설은 목관, 목곽, 점토곽, 옹관 등으로 기술하고, 단독으로 발견되는 것들은 토광(목관·목곽)묘, 옹관묘로 통일하였다.

3. 연대표기와 관련하여 기원전은 항상 명시하되, 기원후는 필요한 경우가 아니면 생략하였다.

4. 글의 가독성을 높이기 위해 유적보고서의 출처는 필요한 경우가 아니면 본문에서 제외하고 참고문헌에 일괄로 제시하였다.

5. 한자 사용은 최소화하였지만 필요한 경우 병기하였다.

6. 유적과 유물의 이해를 돕기 위해 사진과 도면을 적극 활용하였으며 출처는 참고문헌에 일괄로 제시하였다.

7. 사진과 도면은 양자가 혼재하는 경우도 있어 따로 구분하지 않고 '그림'으로 통일하였다.

마한馬韓 분구묘墳丘墓의 이해

김승옥

학연문화사

마한과 분구묘 연구

대한민국 역사에서 마한馬韓이란 무엇인가? 백제와는 어떤 관계였을까? 『삼국지三國志』 위서 동이전에 따르면 마한은 기원전 2세기 전후 위만에게 밀린 고조선 준왕準王이 남쪽 한韓의 땅에 이르러 성립되었으며, 3세기 중엽경에 이르면 54여 개의 많은 나라가 있었다고 한다. 아울러 마한은 변·진한을 포함한 삼한三韓 중에서 가장 크고 번성하였으며 목지국目支國이 삼한의 왕으로 기록되는 등 삼한이 마한에서 유래하였음을 전해준다. 또한 소국 중의 하나였던 한강유역의 백제국伯濟國은 마한연맹체의 주도권을 장악한 이후, 점차 주변의 소국들을 정복하고 성장하면서 고대국가 백제百濟로 발전하게 된다. 따라서 마한은 시간적으로 기원전 2세기 이전에 등장하였으며 공간적으로는 오늘날의 서울·인천·경기, 충청, 전라지역에 위치하였다고 알려지고 있다.

마한은 이처럼 원삼국시대 삼한의 기간基幹이자 삼국시대 백제의 모태라 할 수 있다. 역사상 삼한의 으뜸이었던 마한의 묘제로는 분구묘, 주구토광묘, 토광묘, 옹관묘, 적석목관묘(김승옥 2018)가 알려지고 있지만, 장송의례의 총체적 모습을 담고 있는 표지는 단연 분구묘墳丘墓라 할 수 있다. 마한 분구묘의 개념과 관련된 최초의 연구자로는 성낙준(1983)을 들 수 있는데, 그는 영산강권역의 옹관고분이 동시기 다른 지역의 무덤들과 달리 분구를 먼저 조성한 다음 분구를 재굴착하여 옹관을 안치하는 방식, 즉 '선분구조성 후옹관매장'을 보인다고 지적한 바 있다. 분구묘라는 용어에 대해서는 1984년 강인구(1984)가 처음 사용하였지만 당시의 분구묘는 분墳을 가진 삼국시대 고분을 총칭한 것으로써 최근 널리 사용되는 분구묘와는 개념과 정의에서 상당한 차이를 보였다. 분구묘에 대한 본격적인 관심은 1990년대 이후 보령 관창리유적을 필두로 매장시설 주위로 다양한 형태의 주구를 두른 무덤들이 호서와 호남의 서해안 일대에서 속속 발견되면서부터 시작되었다.

2000년대에 들어서게 되면 주구와 분구, 매장시설의 축조 순서에 근거한 분구묘와 봉토묘의 개념적 구분 및 계통에 대한 인식이 이루어지게 되며(이성주 2000), 분구묘의 분포와 편년, 시공간의 변화상(김낙중 2009; 김승옥 2009, 2011; 성정용 2000b; 임영진 2002; 최병현 2002; 최완규 1996, 2002)를 추적하는 연구들이 등장한다. 또한 폭증하는 분구묘 자료에 대한 집성(한국고고학회 2006)과 각종 학술대회(전북대박물관 2011; 호남고고학회 2002)가 개최되었고, 지역적 전개양상에 대한 검토(한국고고학회 2014; 마한연구원 2015, 2016)도 일부 이루어진 바 있다. 또한 최근에는『마한고고학개론』(중앙문화재연구원 편 2018)에서 분구묘에 관한 종합적인 소개가 이루어질 정도로 상당한 결실을 거두게 되었다.

이와 같은 분구묘 유적 발견의 폭증과 활발한 연구 성과에도 불구하고 분구묘의 정의와 개념, 등장시점, 형태와 종류에 대해서는 여전히 의견이 엇갈리고 있으며, 구체적인 시공간적 발전과정에 대해서도 논쟁이 진행되고 있다. 이러한 이유로는 몇 가지를 들 수 있는데 첫째, 익히 아는 바와 같이 마한의 시작과 끝이 불분명하며 마한의 존속기간이 매우 길다는 점이다. 마한의 시작과 끝에 대해서는 여러 의견이 제기되었는데, 길게 잡으면 기원전 5세기경부터 기원후 6세기까지 무려 1,000년 정도의 시간 폭에 걸쳐 있다. 이처럼 장기간에 걸친 마한의 묘제를 간단명료하게 정리한다는 것은 불가능에 가까운 작업이며 분구묘 역시 예외가 될 수 없다. 둘째, 마한의 사계四界 중에서 북계와 동계가 불분명하고(권오영 2010), 이 역시 분구묘 연구의 어려움으로 작용한다. 셋째, 수많은 마한 소국의 복잡성과 다양성을 들 수 있다. 마한 사회는 "다원적 사회구조에 따른 다양성"(이희준 1996)으로 압축될 수 있는데, 분구묘와 같은 물질자료를 통해 이러한 다양성과 복잡성을 식별한다는 것은 지난한 작업이다. 넷째, 마한과 백제 물질문화의 유사성을 들 수 있는데, 천관우의 비유대로 어디까지가 죽순(筍)이고(마한), 어디서부터가 대나무(竹)인가(백제)를 물질자료로 식별한다는 것은 쉽지 않은 문제이다. 마지막으로 분묘자료의 특수성을 들 수 있다. 왜냐하면 정치체로서의 마한은 역사상 사라지더라도 문화 전통으로서의 마한, 특히 강한 전통성과 보수성을 보이는 무덤은 정치체의 존속여부와 상관없이 지속될 수 있기 때문이다. 오늘날의 세계처럼 역사상 마한은 뷰카(VUCA), 즉 변동성(Volatile), 불확실성(Uncertainty), 복잡성(Complexity), 모호성(Ambiguity)으로 압축될 수 있다. 시간, 공간, 영역, 발전과정, 문화 등 모든 측면에서 안갯속이다. 알려진 것보다 알아야 할 것이 많고 풀어 나가야 할 쟁점과 과제도 상당수에 이른다. 아리스토텔레스의 '실체'처럼 마한의 역사적 실체에 대해 성찰하거나 어느 정도 표현은 가능하지만, 영원히 만질 수는 없을지도 모른다.

분구묘는 블랙박스 마한의 숨결과 혼이 배어 있는 마한의 표지 묘제라 할 수 있다. 이 책은 마한 분구묘의 다양한 면모를 종합적으로 제시하는데 그 목적이 있다. 이를 위해 마한 분구묘의 정의와 종류(제1장)에서부터 분구묘의 분류와 관련묘제(제2장), 분구묘의 분포와 특징(제3장), 분구묘의 기원과 출현시점(제4장), 마한 역사의 단계 설정과 분구묘의 편년(제5장), 분구묘의 시공간적 전개과정(제6장)을 순차적으로 살펴본다. 제7장에서는 분구묘의 분석을 통해 마한 사회의 위계화과정과 사회구조를 심층적으로 제시한다. 분구묘는 마한의 사회조직과 위계화과정을 웅변하는 자료임에도 불구하고 한국 고고학계에서는 이에 대한 연구가 거의 이루어진 바가 없다. 특히 분구묘 매장시설의 성별분석과 성에 따른 사회적 역할에 대한 논의는 전무한 실정이다. 제8장에서는 분구묘로 본 마한제국의 대외교섭과 소국 비정 문제를 살펴본다. 대외교섭 중 특히 백제와의 관계를 중점적으로 살펴보는데, 그 이유는 마한과 백제가 동전의 앞뒷면과 마찬가지의 관계를 가지고 있으며, 시공간에 따른 분구묘의 변화과정 역시 백제와의 교섭 및 역학관계를 반영하기 때문이다. 마한의 소국 추정은 문헌사와 분구묘, 취락의 연구 성과를 바탕으로 간략하게 논의한다. 마지막으로 제9장에서는 쟁점을 중심으로 분구묘의 향후 연구과제와 전망을 제시한다.

마한 분구묘를 총체적으로 이해하는 것이 이 책의 중요 목적이지만, 그렇다고 종합 완결판이 될 수 없음은 너무나 자명하다. 분구묘유적은 앞으로도 계속 발견될 것이고, 연구 시각과 방법 또한 지속적으로 변화하고 발전할 것이기 때문이다. 또한 다른 연구와 마찬가지로 분구묘의 다양한 측면에 대한 분석이 진행될수록 기존에 미처 생각하지 못했던 문제와 의문에 봉착했던 것도 사실이며, 몇 년간 씨름했던 연구를 마치려고 하니 홀가분하면서도 두려움이 앞선다. 그럼에도 이 책이 마한 분구묘와 마한의 역사적 실체에 가까이 다가갈 수 있는 작은 디딤돌이 되기를 바랄뿐이다. 좀 더 욕심을 내자면 마한을 넘어 우리 역사와 문화유산의 의미, 그리고 그 소중함과 특별함에 관심을 갖는 인문학적 소양의 밑거름이 되었으면 한다. "역사를 잊은 민족에겐 미래가 없다"는 말을 교훈삼아 대한민국 역사의 한 축이었던 분구묘와 마한을 통해 우리의 현재와 미래를 상상해 보았으면 한다.

이 책의 발간은 한국학중앙연구원의 지원을 받아 이루어지게 되었다. 2023년에 이어 이번에도 양질의 책이 되도록 최선을 다해 주신 학연문화사의 권혁재사장님을 비롯한 임직원분들에게도 감사의 말씀을 전한다. 마지막으로 사진과 도면, 발굴조사보고서, 참고문헌, 부록 등 자료의 탐색과 정리에 전북대학교 고고문화인류학과 대학원 박관우님의 많은 도움을 받았다. 깊은 감사의 마음을 전한다.

2024년 5월 김 승 옥 씀

목차

제1장
분구묘의 정의와 종류

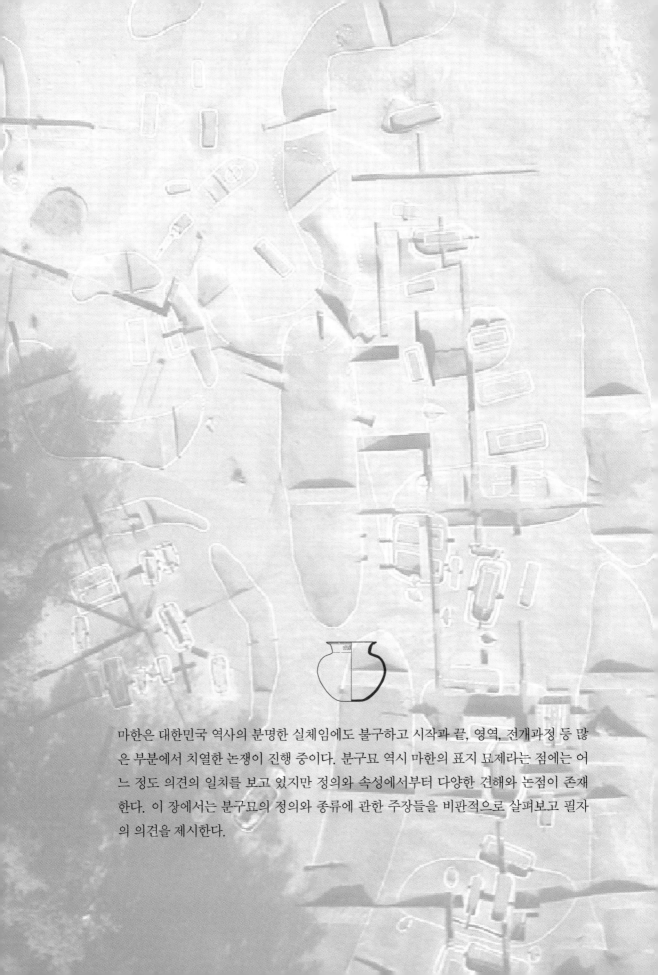

마한은 대한민국 역사의 분명한 실체임에도 불구하고 시작과 끝, 영역, 전개과정 등 많은 부분에서 치열한 논쟁이 진행 중이다. 분구묘 역시 마한의 표지 묘제라는 점에는 어느 정도 의견의 일치를 보고 있지만 정의와 속성에서부터 다양한 견해와 논점이 존재한다. 이 장에서는 분구묘의 정의와 종류에 관한 주장들을 비판적으로 살펴보고 필자의 의견을 제시한다.

1 묘·분·총과 고분·능

동서고금을 막론하고 삶과 죽음의 공간은 주거지와 무덤이며 양자는 동전 앞뒷면과 동일한 의미를 지닌다. 무덤이란 산 자의 시각에서는 조상 숭배의 공간이지만 죽은 자의 입장에서는 또 다른 삶의 공간이다. 동시에 무덤이란 죽은 자의 '사회적 인격', 즉 정치경제적 위치와 상대적 계서(hierarchy)를 산 자에게 보여주는 일종의 상징적 공간이다. 따라서 무덤이란 죽은 자와 산 자 사이를 이어주며 그 관계를 확인하고 재생산하는 공간이라 할 수 있다.

동아시아에서 무덤을 의미하는 용어로 묘墓·분墳·총塚이 있다(권오영 2011; 최병현 2011). 먼저 '묘'란 시신을 지하나 반지하에 매장하고 지상에는 봉토나 분구를 축조하지 않고 평탄하게 만든 '평묘平墓'를 의미한다. 그러나 동아시아에서는 '묘'를 '분'이나 '총'의 유무에 관계없이 일반적인 모든 무덤을 의미하는 포괄적 용어로 사용하기도 한다. 다음으로 '분'이란 지상에 매장시설을 보호하기 위한 흙이나 돌이 어느 정도 덮여 있는 무덤을 의미한다. 마지막으로 '총'은 '분'보다 더 높고 큰 덩치의 흙이나 돌이 덮여 있는 무덤을 지칭한다[1].

묘·분·총 외에도 무덤을 의미하는 용어로 고분古墳이 있다. 고분이란 일반적인 의미로 옛 무덤이라 할 수 있고, 한국에서도 이러한 의미로 사용하기도 한다. 그러나 일각에서는 고분이란 곧 고총고분高塚古墳으로써 고대 국가가 성립한 삼국시대 이후의 무덤으로 한정하여 사용하기도 한다. 마지막으로 능陵을 사용하기도 하는데, 능은 제왕의 고총고분을 의미한다.

무덤에 관한 이러한 용어들을 정리하면, '묘'는 시대와 규모에 상관없이 무덤을 지칭하는 일반적인 용어로 사용할 필요가 있다. 그러나 '분', '총', '고분'은 용어상의 혼선을 줄이기 위해 좀 더 신중할 필요가 있다. 다시 말해 원삼국시대原三國時代 이전 무덤은 '분', 삼국시대 이후의 무덤은 '총'이나 '고분'으로 구분할 필요가 있다(권오영 2011).

---

1) 분묘 역시 모든 무덤을 포괄하는 용어로 사용한다.

마한제국馬韓諸國은 중심 읍락邑落인 국읍國邑과 다수의 읍락으로 구성된 성읍城邑 혹은 족장族長사회[2]라고 할 수 있다(권오영 1996; 박순발 2001; 이희준 2000). 다시 말해 마한의 소국이란 고대 국가 직전의 불평등 복합사회로 볼 수 있다. 이러한 정치체의 발전과정을 고려하면, 마한의 무덤에 대해 '총'이나 '고분'이란 용어의 사용을 자제할 필요가 있다. 물론 '분'과 '총'의 구분 준거가 명확하지 않은 현재의 상황에서 'U'자형의 대형 전용 옹관을 매장시설로 사용하는 영산강권역의 분구묘는 옹관고분이라 칭할 수도 있을 것이다. 따라서 5세기 이전 마한 사회 대부분의 무덤은 '묘'나 '분묘', '분'으로 부르는 것이 타당하다고 생각한다.

2 분구묘와 봉토묘

동아시아의 고대 사회에서는 무덤 피장자의 사회적 정체성과 지위를 상징적으로 표현하기 위해 매장시설(무덤방) 위로 흙더미를 돋우거나 돌더미를 덮기도 한다. 무덤의 이러한 행위는 사회가 발전하면서 점차 그 외형이 거대화되고 입체화되는데, 고대 국가의 단계에 접어들게 되면 그 정점을 찍게 된다. 고대 국가의 왕족이나 귀족의 무덤을 '고총고분'이라 부르는 이유도 여기에 있다. 고고학에서는 무덤의 이러한 외형적 크기와 차이를 무덤 피장자의 정체성과 사회적 지위를 반영하는 지표로 활용한다.

동아시아의 무덤은 구조와 형태의 다양함에도 불구하고 축조방식에서는 크게 두 가지의 원리로 나눌 수 있다(이성주 2000). 하나는 흙더미나 돌더미를 사용하여 분구를 먼저 조성한 후, 그 일부를 다시 굴착하여 매장시설을 축조하는 방식으로서, 이를 분구묘墳丘墓 전통이라 한다. 이와는 반대로 매장시설을 먼저 조성 한 후, 그 위에 흙더미나 돌더미를 덮는 봉토묘封土墓 전통이 있다. 정리하면, 분구묘 전통의 축조방식은 '선先분구 후後매장형'이고, 봉토묘는 '선매장 후봉토형'이 된다.

---

2) 연구자에 따라 군장사회나 추장사회로 부르기도 한다.

마한의 묘제는 분구묘, 주구토광묘周溝土壙墓[3], 토광묘, 옹관묘, 적석積石목관묘 등으로 대별할 수 있는데, 이 중에서 분구묘는 동아시아 분구묘 전통의 전형이라 할 수 있다. 분구묘를 제외한 나머지 묘제는 외형이나 매장시설의 차이에도 불구하고 모두 봉토묘 전통의 무덤으로 분류할 수 있다. 이들 묘제의 구체적인 차이에 대해서는 제2장에서 다시 살펴본다.

이 외에도 마한의 묘제로써 소위 '주구묘周溝墓'가 있다. 보령 관창리, 서천 당정리, 익산 영등동, 완주 상운리 등지에서 확인되는 주구묘(제4장 참조)는 분구나 매장시설이 확인되지 않고 방형계의 주구만이 발견되는 분묘를 지칭하고 있다. 주구묘는 원래 낮은 분구를 먼저 조성한 후에 매장시설을 안치하였을 것으로 추정되지만, 후대의 삭평과 훼손으로 분구와 매장시설이 유실되고, 결과적으로 방형의 주구만이 잔존하게 된 것들이다. 이러한 점에 근거하여 주구묘는 이후에 등장하는 분구묘의 이른 시기 형태로 인식되고 있다(최완규 2002). 이 책에서도 주구묘를 분구묘의 범주에 포함하여 살펴본다.

학계 일각에서는 분구묘의 정의와 관련하여 분구묘를 봉토묘로 인식하기도 하는데, 이에 대해서도 간단히 언급할 필요가 있다(김승옥 2009, 2011). 분구묘에서 발견되는 매장시설의 바닥은 대부분 성토층 내에서 발견되지만 1차 매장시설을 포함한 이른 단계의 매장시설이 항상 성토층 내에서 확인되는 것은 아니다. 가령 1차 매장시설은 낮게 조영된 성토층의 아래에 위치한 생토층까지 파고 내려갈 수 있지만 후대의 삭평으로 인해 성토부가 유실된다면 매장시설의 바닥만이 생토층에서 발견될 수 있다.

또한 분구묘 중에는 나지막한 자연 구릉을 이용하여 조영되는 경우도 다수 발견되는데, 이러한 낮은 구릉은 인공적으로 축조한 성토분구와 마찬가지의 분구 효과를 자아낼 수 있다. 낮은 자연 구릉을 이용한 경우 분구묘의 1차 매장시설은 구릉 정상부의 생토층을 파고 내려가 조성되고 구릉 말단부의 흙을 굴착하여 매장시설을 덮게 된다. 이후에 이루어지는 추가 매장시설은 생토층의 주구에서 굴착된 흙을 이용하여 성토하게 된다. 이러한 분구묘 역시 상부가 삭평되면 매장시설의 바닥은 생토층 하부에서 발견되기 때문에 전반적인 지형의 숙지와 주구의 굴착방법에 대한 정밀한 발굴조사법이 요구된다. 여기서는 매장시설의 바닥이 생토층에서 확인된 무덤도 분구묘로 인식하고 논의에 포함한다.

---

3) 주구토광묘의 토광묘라는 용어는 모든 무덤 형식에 적용가능하기 때문에 주구목관묘, 주구목곽묘 등으로 부르는 것이 타당하다. 그러나 마한권역에서는 영남지역과 달리 목관과 목곽의 구분이 용이하지 않고, 양자 간의 시간적 선후관계도 명확하지 않다. 이러한 점과 기존 용어와의 혼선을 피하기 위해 여기에서는 일단 주구토광묘로 부른다. 토광묘 또한 토광목관묘, 토광목곽묘로 부르는 것이 바람직하지만 동일한 이유로 토광묘로 통칭하여 살펴본다.

3 분구묘의 축조과정과 방법

1) 분구와 매장시설의 축조 방법

상술한 바와 같이 마한 분구묘의 최대 특징은 '선분구 후매장'의 축조 방법을 보인다는 점이다. 분구묘 축조방법을 구체적으로 살펴보기 위해 완주 상운리유적 중에서 가장 복잡한 과정으로 축조된 나지구 1-1호 점토곽을 그 예로 들면 다음과 같다(그림 1-1). 축조는 6단계 정도로 이루어지는데, 1) 구지표면 정지→ 2) 주구 굴착 및 성토→ 3) 매장시설 굴광→ 4) 피장자 안치(점토곽 시설 및 목관 안치)→ 5) 묘광 내 충전 및 기타 시설(점토외곽 등)→ 6) 최종 성토의 과정으로 이루어진다.

마한 분구묘는 극단적인 사례를 제외하면 거의 대부분 상운리와 마찬가지로 먼저 무덤을 만들기 위한 공간을 확보하여 1차 성토를 한다. 이후 분구 내에 피장자의 주검을 안치하기 위해 성토부를 재굴착하여 매장시설을 축조하고 다시 그 위에 재성토가 이루어지는 과정으로 진행된다.

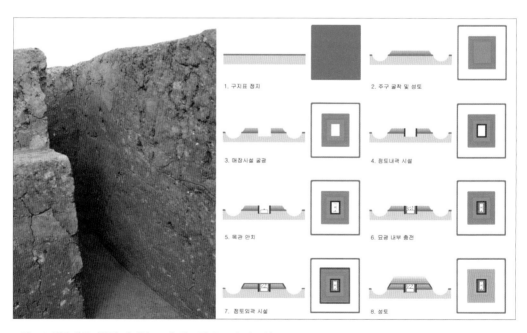

그림 1-1 완주 상운리유적 나지구 1-1호 점토곽 축조 순서 모식도

마한馬韓 분구묘墳丘墓의 이해

2) 분구의 성토 방법

분구의 성토 방법이 다양하게 발견된 상운리유적 나지구 4호분을 통해 성토 방법에 대해 살펴보면, 이 분구묘는 낮은 구릉의 경사면에 축조되었는데, 경사면의 하단부에서부터 분할 성토가 이루어진다(그림 1-2). 회흑색 점질토인 II층은 고분 축조 당시의 구지표층이며 III층이 분구의 성토층에 해당하는데, 경사면 하단의 III-1층부터 상단부로 일정 부분 분할하여 성토가 이루어진다. III-1층은 점성이 강한 암갈색점질토가 혼입된 회흑색점질토로 성토되어 있다. III-3층은 풍화암반토가 다량 혼입된 적갈색점토를 이용하여 다졌으며, III-2층과 마찬가지로 회흑색점질토를 성토 사이사이에 혼입하였다. 점성이 강한 회흑색점질토를 부분적으로 혼입하는 이유는 성토부의 접착력을 제고하기 위한 것으로 판단된다.

경사면 최상부의 III-6층은 적갈색점질토로 구성되어 있는데, 이 흙은 분구묘의 위쪽 경사면에 위치한 적갈색점토층을 깎아내려서 마련한 흙으로 판단된다. 또한 선행 성토층의 상면은 수평을 유지하고 그 위에 후행층이 성토되는데, 이는 성토 과정 중 경사면에 의한 흙의 유실을 최소화하기 위한 방안으로 추정된다. 이렇듯 분구의 성토는 주구에서 굴착한 흙뿐만이 아니라 구릉 주변의 흙을 이용하였으며, 성토부의 접착력을 높이기 위해 주변의 평지에서 굴착한 흙도 동시에 이용했던 것으로 판단된다. 또한 경사면에 위치한 분구의 효율적인 성토를 위해 경사면의 하단부와 상단부의 수평을 유지하면서 쌓아 올려 성토 과정에서 발생할 수 있는 흙의 유실을 방지하고 성토층의 접착력을 강화했던 것으로 판단된다.

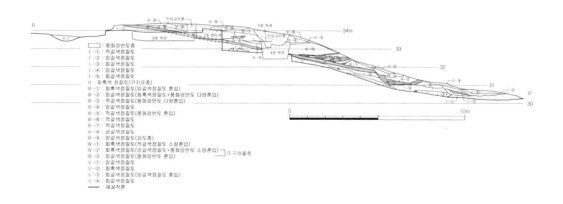

그림 1-2 완주 상운리유적 나지구 4호분 분구 토층

3) 분구와 주구의 확장 방법

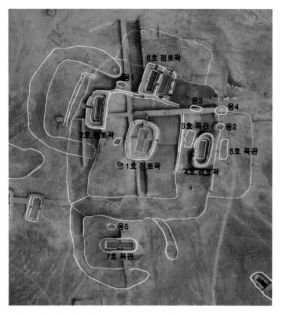

그림 1-3 완주 상운리유적 나지구 1호 분구묘

마한 분구묘의 분구 확장은 일반적으로 새로운 주구의 굴착 및 기존 주구의 재굴착을 통해 이루어진다. 분구묘는 단인장 전통의 단장분구묘와 다인장 전통의 다장분구묘로 대별할 수 있는데, 후자는 봉토묘 전통의 무덤과 구별되는 분구묘의 주요 특징이고, 분형 및 주구의 확장이나 조정현상과 직접적인 관계를 보인다. 다장분구묘의 피장자 안치는 수평과 수직 확장을 통해 이루어지는데, 이러한 분구묘의 확장과정 역시 상운리유적을 통해 파악할 수 있다.

수평확장은 두 가지 형태로 나타나는데, Ⅰ형은 나지구 1호분에서 잘 나타난다(그림 1-3). 먼저, 구지표면을 정지하고 주변의 흙과 주구를 굴착한 흙을 이용하여 성토한 후 1호 점토곽이 안치된다. 1호 점토곽은 상운리 정치체를 대표하는 최고위 지배자의 무덤으로서 방형 주구 내측면에 점토외곽을 설치하였고, 이는 대상부에 추가 매장시설이 조영될 수 없다는 사실을 의미한다(김승옥 2023c). 1호 점토곽이 조영된 이후 3·4호 옹관이 안치되었으며, 이들 옹관은 주구의 바닥면을 굴착하여 축조된 것으로 주구를 의도적으로 메우기 전에 조성된 것으로 보아 1호 점토곽과 거의 비슷한 시기에 조성된 것으로 판단된다. 이후 본격적인 수평확장이 이루어지는데, 먼저 방형의 주구를 메우고 별도의 주구를 갖춘 2호 점토곽이 안치된다. 다음으로 3·4·5호 점토곽·목관이 안치되는데, 5호 목관은 남쪽 주구의 밖에 축조된 것으로 보아 이들 무덤 중 가장 마지막에 조성되었던 것으로 추정된다. 2호 옹관은 3·4·5호가 축조된 이후에 안치된 것으로 판단된다. 다음으로 6호 점토곽이 안치되고, 마지막으로 별도의 주구를 갖춘 7호 목관은 다른 점토곽·목관들과 장축 방향이 다르고 주구 밖에 위치하는 것으로 보아 1호분에서 시기적으로 가장 늦게 조성된 것으로 판단된다.

수평확장 Ⅱ형은 1차 주구에 잇대어 새로운 주구를 굴착하여 확장이 이루어지는 형태로 나

마한馬韓 분구묘墳丘墓의 이해

지구 5호분을 그 예로 들 수 있다(그림 1-4). 이 분구묘에서는 축조 당시 1호와 2호 목관이 순차적으로 안치되고, 이후 기존 주구에 덧대어 2차 주구를 굴착하면서 3호 목관이 조영되었던 것으로 판단된다.

　다음은 수평과 수직확장이 이루어진 경우로서 두 가지 양상으로 분류할 수 있다. 수평+수직확장 Ⅰ형은 나지구 4호분을 예로 들 수 있다(그림 1-5). 이 분구묘의 경우 최초 조영 당시에는 마제馬蹄형의 주구를 조성하였다(그림 1-5의 4-1 주구). 이후

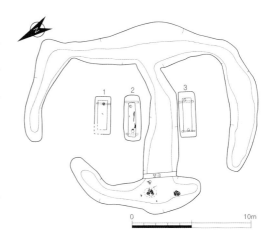

그림 1-4 완주 상운리유적 나지구 5호 분구묘

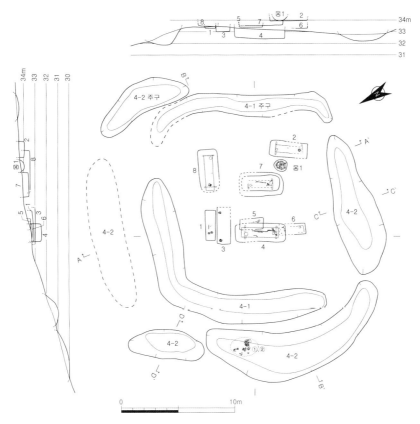

그림 1-5 완주 상운리유적 나지구 4호 분구묘와 토층

매장시설을 추가로 조영하기 위해 1차 주구를 메우고 1차 주구의 외곽으로 2차 주구를 굴착하여 분구의 수평확장이 이루어진다(그림 1-5의 4-2 주구). 그러나 이러한 수평확장을 통해서도 분구 대상부에 더 이상 매장시설의 추가가 어려워지면 분구의 수직확장이 발생하게 된다. 예를 들어 4·5호 목관은 거의 같은 위치에서 상하 중복되어 있는데, 이는 수직확장을 통해 5호가 안치되었음을 보여주는 증거이다.

수평+수직확장 Ⅱ형은 상운리유적에서 가장 복잡하게 축조된 라지구 1호분을 통해 파악할 수 있다(그림 1-6·7). 이 분구묘는 최소 7차에 걸친 분구의 수평확장과 수직확장을 통해 거대한 설상舌狀 형태로 최종 완성된다. 축조과정을 순차적으로 살펴보면, 먼저 능선부의 최상단에 동쪽이 개방된 마제형의 1호 주구가 굴착되면서 1호 목관이 조성되었다. 다음으로 같은 형태와 개방부를 가진 2호 주구가 1호 주구의 능선 하단부에 축조되면서 6호와 7호 목관이 안치된 것으로 판단된다(1차 확장). 3호 주구는 1호분의 중하단부에 조성되는데 북쪽이 개방된 마제형의 주구였을 것으로 추정된다. 3호 주구의 동쪽과 서쪽 주구는 7호 주구 내에 있었지만 7호 주구가 재굴착되면서 현재의 모습으로 남게 된다. 결과적으로 3호 주구는 북쪽이 개방된 마제형의 형태를 띠게 되고 주구의 굴착과 함께 20호 점토곽이 안치된다(2차 확장).

4호 주구는 2호와 3호 주구 사이에 조성되는데, 남쪽 변의 주구는 20호 점토곽 일부를 훼손하고 시설되었다. 4호 주구 역시 동쪽과 서쪽 변은 7호 주구 내에 위치하고 있었으며, 기본 형태는 북쪽이 열린 마제형이었을 것으로 판단된다(3차 확장). 4호 주구가 조성되면서 14호 목관이 대상부의 중앙에 들어서게 된다. 5호 주구는 1호분의 최하단부에 위치하고 있다. 7호 주구

그림 1-6 완주 상운리유적 라지구 1호 분구묘

마한馬韓 분구묘墳丘墓의 이해

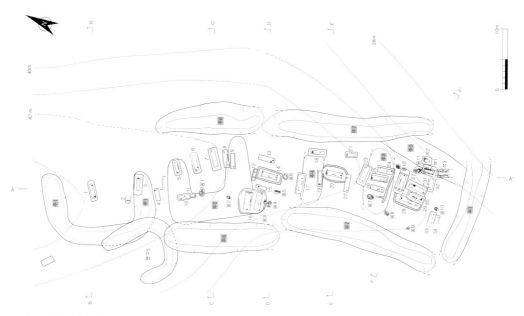

그림 1-7 완주 상운리유적 라지구 1호 분구묘

의 서쪽변과 남쪽변이 현재는 삭평으로 인해 서로 이어지지 않지만 원래는 서로 연결되었을 가능성이 높아 보인다. 따라서 5호 주구는 3호, 4호와 마찬가지로 북쪽이 열린 마제형의 형태를 가지고 있었고, 5호 주구의 굴착을 통해 28호 점토곽이 대상부의 중앙에 축조된다(4차 확장).

6호 주구는 2호 주구의 동서 외곽에 '||' 형태로 조성된다. 6호 주구에서 굴착된 흙을 이용하여 2호 주구를 일시에 매몰하고 대상부에 8·9·16호가 축조되었던 것으로 판단된다(5차 확장). 4차 확장까지는 분구의 확장이 주로 평면적으로 이루어지지만 5차 확장부터는 수평과 함께 수직확장도 활발히 이루어지게 된다. 수직확장의 예는 10·11호, 20호와 19·22호, 28호와 27·29호, 31·32호에서 확인된다. 7호 주구는 규모와 여러 차례에 걸친 재굴착흔으로 볼 때 장기간에 걸쳐 축조되었던 것으로 추정된다. 매장시설 시설 또한 그 수가 매우 많고 출토유물의 존속기간도 상대적으로 길다. 따라서 7호 주구의 굴착을 통한 분구의 확장은 최소 2단계로 나누어 살펴볼 수 있다. 먼저 7호 주구를 굴착하여 3호와 4호 주구를 매몰하고 대상부에 동서 방향의 매장시설, 예를 들어 17·19·22·23호 목관이 안치된다(6차 확장). 1호분의 마지막 단계에 속하는 24~26호, 29·30호 목관과 석곽 등도 수직확장에 의해 조성된 것으로 판단된다(7차 확장).

4 마한 분구묘의 종류와 특징

마한 분구묘는 축조재료와 방법, 분포 범위에 따라 성토盛土분구묘, 적석積石분구묘, 즙석葺石
분구묘(김승옥 2009, 2011)로 세분할 수 있다(표 1-1). 이 중에서 마한의 분묘로 의견의 일치를 보는
것은 성토분구묘이다. 적석과 즙석분구묘의 출자 및 성격에 대해서는 다양한 견해가 제시되
고 있지만, 이들 분묘가 시공간상으로 성토분구묘와 밀접한 관련이 있으므로 함께 살펴 볼 필
요가 있다.

표 1-1 분구묘의 분류와 특징

묘제	입지	매장시설	주구	매장시설 수	주요 분포지역	연대
성토분구묘	구릉 정상, 사면부	목관(곽), 옹관, 석곽	방형, 제형, 원형	다인장, 단인장(소수)	서해안 일대	BC 2C ~ AD 5C 후반
적석분구묘	강안대지 사구	석곽	-	다인장, 단인장(소수)	임진강, 북한강, 남한강 일대	AD 2C 후반 ~ 3C 중반
즙석분구묘	평지, 구릉정상(소수)	목관(곽), 옹관, 석곽(소수)	방형?	다인장	서울, 천안, 영산강 일대	AD 3C 중반 ~ 5C 후반

성토분구묘는 강화와 인천, 김포 일대의 경기지역에서부터 충청을 거쳐 호남으로 이어지는
대한민국의 서해안 일대에서 집중적으로 발견되는 묘제이다(그림 1-8)[4]. 출토 유물뿐만이 아니
라 분포에서도 마한의 사주식 주거와 거의 일치(권오영 2009; 김승옥 2007)하는데, 이는 성토분구묘
(그림 1-9 · 10)가 마한 사람들에 의해 축조되었다는 점을 보여주는 또 다른 증거이다. 성토분구묘
의 공통적인 속성을 정리하면(김승옥 2009, 2011) 첫째, 분구 주위로 다양한 형태의 주구를 돌리고
둘째, 주구에서 굴착한 흙을 이용하여 분구를 먼저 조성한 후 그 안에 매장시설을 안치하며,
셋째, 다장의 전통과 이로 인한 분구 및 주구의 확장이나 조정이 빈번하게 발생한다는 점이다.
이러한 정의와는 약간 다르게 성토분구묘를 '매장시설이 지상에 위치한 분묘'로 정의하기도
한다(임영진 2014).

적석분구묘(그림 1-11)는 성토분구묘와 시공간상으로 겹치는 분구묘 전통의 또 다른 묘제이다.
이 묘제는 임진강, 북한강, 남한강 일대에 집중 분포하는데, 거의 대부분 강변의 자연 사구 위에

---

4) 〈그림 1-8〉 각 유적의 출처는 참고문헌 참조.

마한馬韓 분구묘墳丘墓의 이해

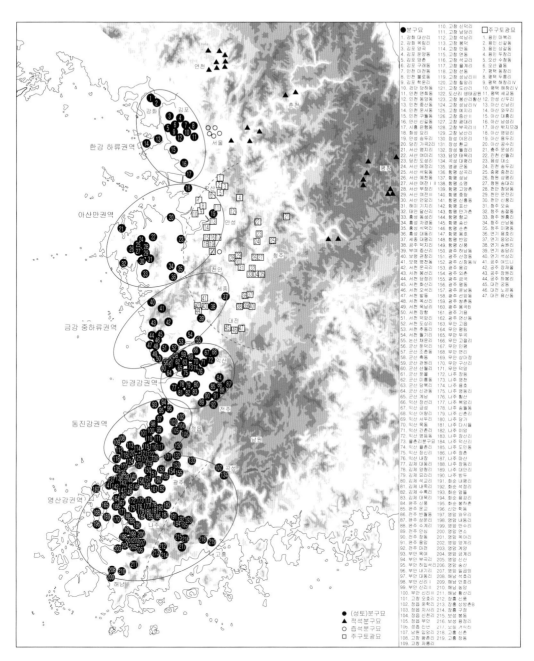

그림 1-8 마한 분구묘와 관련묘제의 분포

축조된다. 분묘에서는 하나의 수혈식석곽이 발견되기도 하지만 대부분 복수로 확인된다. 또한
매장시설의 중심부에는 7~8겹 가량의 천석과 할석을 쌓아 분구의 효과를 자아낸다. 낙랑계 토

그림 1-9 서산 부장리 분구묘와 출토 유물(좌하: 금동관모, 우하: 쇠자루솥)

그림 1-10 나주 복암리 3호 분구묘(좌상: 96석실 내부 모습, 우상: 금은장삼엽환두도)

기가 다수 출토되는 점이 특징적이며, 존속 연대는 무경만입삼각철촉無莖灣入三角鐵鏃, 유엽형柳葉形 철촉, 철부鐵斧 등에 근거하여 대체로 3세기 전후부터 3세기 중반으로 비정된다(김승옥 2000b).

연구자에 따라 적석분구묘는 무기단식無基壇式 적석총, 즙석총(임영진 1995), 즙석식적석묘(박순발 1994), 즙석분구묘(김성남·허진아 2008), 적석분구묘(이성주 2000; 송만영 2005) 등 다양한 명칭으로 사용되고 있다. 그러나 적석분구묘로 통칭할 필요가 있는데, 그 이유는 먼저 분묘 양식이 매장시설은 석곽이지만 성토분구묘와 마찬가지로 다인장多人葬 전통을 보인다는 점을 들 수 있다. 또한 지하식의 봉토분과 달리 지표면을 정지한 자연 사구위에 적석층을 조성하여 성토분구묘에서 보이는 분구의 효과를 창출하고 있다. 따라서 이들 분묘는 범분구묘의 전통을 보이고 마한의 접경지대에서 발견되며, 성토분구 대신 적석분구를 하였다는 점에서 적석분구묘로 통칭하여 부르는 것이 합리적이다.

적석분구묘의 계보에 대해서는 마한계와 예계濊系로 보는 입장으로 대별된다. 예계집단으로 보는 견해(박순발 2001)는 적석분구묘를 소위 '중도中島유형문

화[5]'의 분묘로 보는 입장이다. 이 주장은 중부
지역 원삼국시대 문화의 주인공으로 마한계뿐
만이 아니라 예계집단을 논의에 포함시켰다
는 점에서 학사적 의의가 있다. 그러나 다음과
같은 점에서 이 주장은 재고의 여지가 있다(권
오영 2009b). 첫째, 적석분구묘는 원삼국시대 후
기 마한계(백제국伯濟國 포함) 육각형주거지의 분
포와 일치한다. 둘째, 예계집단의 주요 활동

그림 1-11 연천 학곡리 적석분구묘

공간 중의 하나인 강원 영동지역에서는 전혀 발견되지 않고 있다. 셋째, 적석분구묘는 분구묘
의 전통을 지니고 있다. 이러한 점을 고려할 때 적석분구묘의 출자를 마한계로 보거나, 아니
면 마한과 예의 문화가 혼재한다는 의미에서
문헌기록상의 한예계韓濊系(권오영 2009)로 상정
하는 것도 하나의 대안이 될 수 있을 것이다.

분구묘의 전통을 보여주는 마지막 묘제는
서울과 천안 일대에서 발견되는 즙석분구묘이
다(그림 1-12). 서울 가락동 1·2호분, 서울 석촌
동 6·7호분, 석촌동 파괴분과 5호분, 석촌동 3
호분 동쪽 즙석봉토분, 천안 두정동 분구묘 등
이 대표적이다. 영산강권역에서도 상당 수 발
견되는데, 함평 신덕고분, 해남 용일리 용운 2
호분, 해남 신월리·용두리 고분, 화순 내평리
10호분 등이 이에 해당한다(국립광주박물관 2011).
3세기 중반부터 5세기 후반까지 축조된 즙석
분구묘의 특징을 정리하면, 첫째 주구는 확인
된 바 없으나 분묘의 상부에 즙석시설이 대부

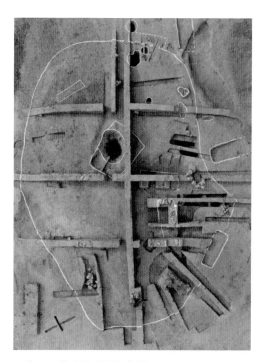

그림 1-12 천안 두정동 즙석분구묘

---

5) 이 문화유형은 강원도 동해안과 영서지역, 임진강과 북한강권역에서 기원 전후부터 4세기경까지 존속한다. 표지 물질문화로
는 적석분구묘 외에 아가리가 밖으로 바라지고 바닥이 평평한 경질무문토기, 출입구가 있는 여몸·철凸자형 주거지와 온돌시
설 등이 있다.

그림 1-13 서천 장항 10호 분구묘

분 확인되었다. 둘째, 분묘 축조 순서에 대해서는 명확히 알 수 없지만 성토분구묘와 유사한 분구의 확대와 조정이 활발하게 이루어졌다. 셋째, 가락동 2호분과 두정동유적처럼 한 분구내에 목관(곽), 옹관, 석곽으로 이루어진 다인장의 전통을 보여준다.

즙석분구묘의 명칭은 즙석봉토분(임영진 1995), 목관봉토분(박순발 2001), 토축묘(강인구 1984), 다장저多葬低분구분(성정용 2000a), 집단봉토분(김성남·허진아 2008) 등 다양하게 불리고 있다. 그러나 즙석분구묘는 공통적으로 분구묘와 흡사한 복합다인장을 보이며 활발한 분구의 확장과 조정이 이루어진다는 점에서 분구묘 전통의 묘제로 볼 수 있다. 따라서 이 묘제는 성토, 적석과 대비되는 즙석시설을 공통적으로 보인다는 점에서 즙석분구묘라 부를 수 있을 것이다.

즙석분구묘의 기원에 대해서는 성토분구묘와 마찬가지로 중국 강남의 토돈묘土墩墓와 관련이 있다는 견해가 제기되었지만 두 묘제간의 적지 않은 시기 차이로 인해 회의적인 시각이 많은 편이다. 또한 즙석분구묘의 성격에 대해 3세기 중엽경에 축조되기 시작하고, 부장품으로 한성백제양식의 토기가 발견된다는 점에서 한성백제 탄생의 고고학적 지표로 간주되기도 한다(박순발 2001). 마한의 소국으로 출발했던 고대 국가 백제가 문화의 모든 측면에서 마한과 불가분의 관계였음은 주지의 사실이다. 이처럼 즙석분구묘는 백제 문화와의 관련을 배제할 수 없지만 구조와 형태는 마한의 성토분구묘와 통하는 측면도 있다. 또한 서천 장항유적 1구역 10호와 보령 관창리유적 423호에서는 매장시설과 주변, 매장시설 상부의 성토부에서 공히 상당히 많은 양의 돌들이 발견되었다는 점(임태현 2023)도 주목할 필요가 있다(그림 1-13, 4-21)[6]. 향후 이 묘제가 '마한 전통의 백제 분구묘'인지, 백제의 문화요소를 수용한 '마한의 성토분구묘(특히 영산강일대의 즙석분구묘)'인지 면밀한 검토가 요구된다.

---

6) 분구묘는 초기철기시대 수석리문화와 깊은 관련을 보이며(제4장 참조), 서천과 장항 분구묘에서 보이는 것처럼 즙석은 아니지만 수석리문화 분묘의 매장시설과 성토부에서 돌들이 사용되기도 한다. 따라서 즙석분구묘의 즙석은 이처럼 매장시설과 상부에 적석을 사용하는 마한 분구묘의 고유 전통과 모종의 관련이 있을 가능성도 배제할 수 없다. 다시 말해 즙석분구묘는 백제의 영향이라기보다 성토분구묘의 지역적 특징일 가능성도 있다. 향후 유사한 발견 사례가 증가하면 이와 관련된 역사적 사실이 밝혀지리라 기대한다.

5 분구묘 피장자의 정체성과 친족관계

산성토양과 후대의 훼손 등 다양한 요인으로 무덤의 인골이 거의 발견되지 않는 한국 고고학에서 피장자의 생물학적 정보를 얻기란 거의 불가능하고, 마한 분구묘의 상황 역시 별로 다르지 않다. 이러한 한계 하에서 출토유물과 공간 정보 등 간접 증거를 통해 피장자의 성과 연령, 사회적 위치 등을 추적하기도 한다(김승옥 2001b, 2022a). 여기서도 간접 정보를 통해 분구묘 피장자의 정체성과 친족관계를 추정해 본다.

다음 장에서 살펴보는 것처럼 분구 내에 매장된 피장자의 수에 따라 분구묘는 4종류로 나눌 수 있고, 이들은 단장독립형→단장연접형→다장독립형→다장연접형 분구묘의 순서로 변화하고 발전한다(제2장 참조). 예나 지금이나 무덤이란 기본적으로 친족과 친족 간의 관계를 반영하는 또 다른 삶의 공간이다. 마한의 분구묘 역시 친족의 공동선산先山으로서 친족 간의 관계를 공간적으로 보여준다. 피장자의 인골이 거의 발견되지 않고 친족 간의 상대적 거리를 구별할 수 있는 공간적 결집이 보이지 않아 단정할 수는 없지만 단장독립형 분구묘유적은 친족의 공동묘지라 추정할 수 있다. 이후에 등장하는 단장연접형은 공동선산 내에서 친족적으로 좀 더 가까운 자들이 공간적으로 연접하여 조성된 무덤군으로 추정할 수 있다.

마한 중기부터 본격 조영되는 다장분구묘는 이러한 친족관계의 공간적 결집을 보여주는 대표적 사례

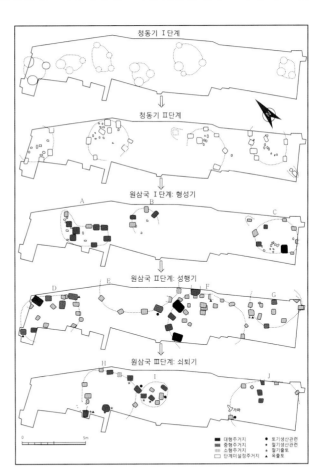

그림 1-14 순천 대곡리취락의 주거 배치와 발전과정

로 볼 수 있다. 다장분구묘의 최대 특징은 다수의 피장자가 한 분구 내에 안치한다는 점이고, 이는 '친족집단의 공간적 결집'을 시사한다. 다장분구묘의 한 분구 내에는 친족적으로 가까운 자, 예를 들어 직계와 방계傍系가족으로 구성된 혈연집단이 안치되었을 것으로 추정된다. 따라서 다장분구묘의 등장이란 공동체를 구성했던 각 친족집단이 자신들의 정체성을 확립하고 재생산하려는 사회적, 이념적 기제와 높은 관련이 있을 것으로 판단된다. 또한 제7장에서 살펴보는 것처럼 각 분구묘의 중앙에 안치되는 자는 친족집단의 시조일 가능성이 매우 높고, 그 성은 남성이었던 것으로 이해된다.

다장분구묘에서 추정되는 친족 집단의 분구 내 안치는 마한의 취락구조에서도 흡사한 양상을 보인다. 고대 사회 대부분의 취락은 기본적으로 개별 주거→주거군→취락공동체로 조직되는데(김승옥 1998, 2006, 2014; 都出比呂志 1989; Flannery 1976), 마한을 비롯한 삼한사회 취락의 양상(권오영 1997; 한국고고학회 2013)도 이러한 조직 단위와 구성을 크게 벗어나지 않는다. 개별 주거는 생산과 소비행위의 최소 단위이며, 복수의 주거가 공간적으로 결집되어 주거군이 형성된다.

상당한 수의 마한 취락에서 이러한 주거군의 공간적 결집을 볼 수 있는데(김승옥 2014), 순천 대곡리유적(그림 1-14)을 하나의 예로 들 수 있다. 이 취락에서는 마한뿐만이 아니라 청동기시대에도 정연한 개별 주거→주거군→취락공동체의 취락구조를 보여준다. 또한 형성→발달→쇠퇴라는 취락공동체의 발달과정과 사회적 위계화의 과정을 잘 보여주고 있으며 이를 모식도로 표현한 것이 〈그림 1-15〉이다. 이 책에서 살펴 볼 분구묘의 사회조직과 발전과정도 이러한 동시기 마한 취락과 그 궤적을 함께 한다.

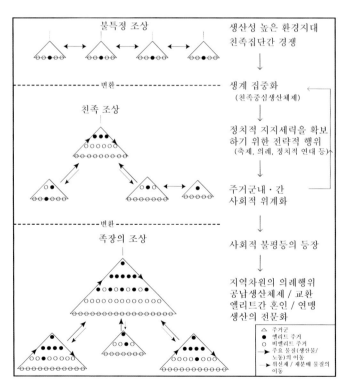

그림 1-15 주거와 주거군을 통해 본 불평등 족장사회의 등장

마한馬韓 분구묘墳丘墓의 이해

제2장
분구묘의 분류와 관련묘제

마한 분구묘의 이해를 제고하기 위해 이 장에서는 먼저 분구묘의 구성요소와 분류를
살펴본다. 다음으로 분구묘와 함께 발견되거나 독립적으로 분포하는 마한의 주구토광
묘·토광묘·옹관묘의 정의와 속성, 특징을 순차적으로 소개한다.

1 분구묘의 구성요소와 분류

제1장에서 살펴본 바와 같이 마한권역과 인접 지역에서 발견되는 분구묘는 성토분구묘, 즙석분구묘, 적석분구묘로 대별할 수 있는데 성토분구묘는 분포와 존속기간에서 마한의 표지 묘제라 할 수 있다. 이 점과 기술의 편의를 고려하여 이 책의 이하에서는 성토분구묘를 분구묘로 약칭하여 기술하고 기타 묘제의 용어는 그대로 사용한다.

마한의 분구묘는 주구와 분형의 형태, 중심 매장시설의 종류와 형태 등 다양한 기준에 근거하여 분류가 이루어지고 있다(김승옥 2011; 임영진 2002; 최완규 2002). 매장시설은 크게 토광목관(곽)과 옹관으로 나누어지지만[7], 목관이나 목곽이 없이 시신을 토광내에 바로 안치하는 토광직장土壙直葬도 일부 존재했을 것으로 추정된다. 그러나 토광 내에서 충전토가 확인되고, 회백색 니질의 띠와 목관의 받침목이 확인되는 점으로 볼 때 목관이 대부분 사용되었던 것으로 판단된다(그림 2-1). 토광에는 목관과 함께 목곽이 설치되었을 가능성도 있는데, 분구묘 문화권 내에서 목곽의 실물자료가 완벽하게 발견된 예는 아직까지 보고된 바 없다. 다만, 규모나 유물의 배치로 볼 때 목곽으로 추정되는 매장시설이 다수 존재하며(성정용 2011), 완주 상운리유석에서는 일본 고분시대 전방후원분의 것과 유사한 점토곽이 발견되기도 한다(김승옥 2023c). 이러한 일부 목곽은 대체로 3세기 후엽 이후 성행하였을 것으로 판

그림 2-1 완주 상운리 나지구 4-4호 목관 흔적

---

7) 분구묘의 최말기에 이르면 백제계의 석곽이나 석실이 매장시설로 안치되기도 한다.

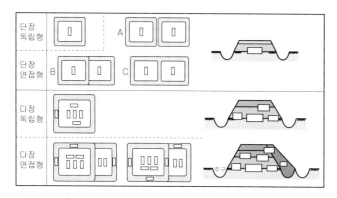

그림 2-2 분구묘의 분류 및 단면 모식도

단된다.

분구묘의 매장시설은 시기와 지역에 따라 차이를 보이는데, 모든 마한권역에서 초기에는 목관이 중심 매장시설로 사용된다. 그러나 3세기 중엽을 넘어서면 지역별로 차이를 보이게 되는데, 예를 들어 금강 중하류권역과 전북 서해안권역에서는 목관 외에 호형토기, 옹형토기, 원저단경호, 이중구연호 등 일상용기형 옹관이 대상부나 주구에 안치되고, 이러한 전통은 분구묘가 소멸될 때까지 지속적으로 이어진다. 그러나 영산강권역에서는 3세기 중엽경에 일상용기형 옹관과 전용옹관이 중심 목관의 주변에 안치되지만 점차 옹관이 목관과 함께 중심 매장시설로 사용된다. 이후 5세기 중엽경에 이르면 'U'자형 전용옹관이 중심 매장시설로 안치되면서 이른바 '옹관고분사회'로 접어들게 된다(김낙중 2009).

분구묘를 분류하는 또 다른 기준으로 분구 내에 매장된 피장자의 수를 들 수 있다(그림 2-2). 이 기준에 의하면 분구묘는 단(인)장과 다(인)장의 분묘로 대별할 수 있는데, 성립기에는 단장을 보이지만 3세기 중후반 이후 거의 대부분의 지역에서 다장의 전통을 보이게 된다(김승옥 2009, 2011). 다장분구묘는 봉토묘와 구별되는 분구묘의 주요한 특징이고, 분형 및 주구의 확장이나 조정현상과 직접적으로 관련된다. 예컨대, 봉토분은 대부분 단장이며 추가장이 이루어지더라도 선축분의 봉분 일부를 절토한 뒤 거기에 붙여 축조하는 양상을 보인다. 이에 비해 다장분구묘는 거의 대부분 선축묘에 잇대어 후축묘를 축조하거나 선축묘의 측면을 절개한 뒤 후축묘를 조영(수평 확장)하고, 선축묘의 상부에 후축묘를 추가(수직 확장)하는 경우도 다수 발견된다.

단장분구묘는 다시 두 종류로 나눌 수 있는데, 하나는 단장분구묘 1기가 독립적으로 축조된 형식으로서 '단장독립형'이고, 다른 하나는 단장독립형의 분구묘 2기 이상이 주구를 공유하거나 연접하여 축조된 형식, 즉 '단장연접형'이다. 단장연접형은 세 가지 형태로 세분할 수 있는데(그림 2-2), 하나는 분구묘 간 서로 중복을 보이지 않으면서 약간의 거리를 두고 연접하는 형태이다(단장연접A형). 또 다른 하나는 분구묘 간 주구의 중복이 이루어지는 형태이다(단장연접B형). 마지막으로 분구묘 간에 주구를 서로 공유하는 형태이다(단장연접C형). 시간적 발전과정을 살펴보면, A→B→C형의 순서로 등장하여 발전하게 된다.

마한馬韓 분구묘墳丘墓의 이해

다장분구묘도 수평과 수직확장에 따라 두 형식으로 세분되는데, 하나는 수기에서 십 여기 내외에 이르는 다수의 무덤 피장자를 하나의 분구내에 안치하는 형식으로서 '다장독립형'이 라 할 수 있다. 또 다른 형식은 다장독립형 분구묘의 주구를 의도적으로 메우고 분구와 주구를 수평으로 확장하는 형식, 즉 '다장연접형'이라 할 수 있다. 다장연접형에서는 1차 주구를 메우고 주구 내에 매장시설을 안치하거나 2차 주구의 굴착토를 이용하여 분구의 수직확장을 이루는 예가 다수 존재한다. 다장연접형은 분구묘의 가장 발전된 형식으로서 존속기간도 상대적으로 길고, 가장 늦은 시기까지 존속한다. 이러한 분구묘 형식을 시간적 발전 순서로 정리하면 단장독립→단장연접→다장독립→다장연접형이다. 이와 같은 분구묘 형식은 서로간의 상대적인 순서이지, 완벽하게 대체하면서 등장한다는 의미가 아니라는 점을 유의할 필요가 있다. 예를 들어 상운리에서도 다장독립형은 마지막 시기까지 존속하며 마한권역 전체로보면 다장연접형이 등장하지 않는 지역도 일부 존재한다. 또한 다장연접형 분구묘는 시기상 가장 마지막에 등장하지만 일부 지역에서는 다장독립형이 여전히 축조되며 영산강권역에서는 6세기중엽 마지막까지 유행하게 된다.

분구묘를 구성하는 또 다른 중요한 요소는 주구周溝이다. 주구는 배수, 묘역 구분, 이승과 저승의 상징적 경계, 채토 등 다양한 기능이 상정되지만 분구의 흙더미를 마련하기 위한 채토가 가장 중요한 기능이었을 것이다(임영진 1997). 또한 분구의 성토방법과 확장, 조정양상의 파

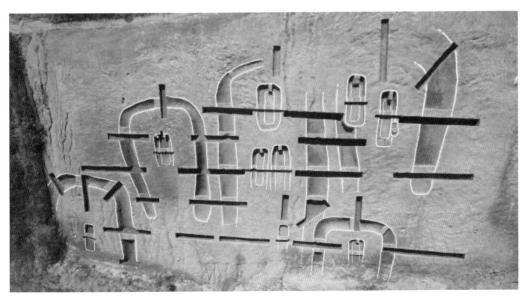

그림 2-3 장성 환교 B지구 분구묘

악에도 중요한 역할을 한다(김승옥 2009).

주구는 평면형태에 따라 방형, 마제형馬蹄形, 제형梯形, 'Ⅱ'형, 원대형, 방대형, 장고형 등으로 분류할 수 있는데(그림 2-3·4), 발전양상을 살펴보면 이른 시기에는 방형계와 마제형이 대부분을 차지한다. 그러나 3세기 중반부터 지역적으로 차이를 보이게 되는데, 충청과 전북지역은 5세기 중반 분구묘의 전통이 소멸되는 시점까지 방형과 마제형이 지속적으로 축조된다. 이에 비해 고창을 포함한 영산강권역에서는 3세기 중엽부터 제형분구묘가 유행하기 시작하고, 5세기 중엽경 'U'자형의 전용옹관이 중심매장시설로 사용되는 옹관고총단계에 이르면 원대형圓臺形과 방대형方臺形으로 변화발전한다(김낙중 2009; 임영진 2002).

그림 2-4 완주 상운리유적 라지구 분구묘

분구묘의 정의와 관련하여 제1장과 이상에서 논의한 내용을 다시 한번 정리하면, 분구묘는 '분구 주위로 다양한 형태의 주구를 돌리고, 주구에서 굴착한 흙을 지상에 일정한 높이로 쌓아 올려 분구를 먼저 조성한 후 매장시설을 안치하며, 다장의 전통과 이로 인한 분구 및 주구의 확장이나 조정이 빈번하게 발생하는 마한의 표지 묘제'라 할 수 있다. 기원과 출현과정에 대해서는 제5장에서 논의한다.

2 분구묘와 주구토광묘의 비교

주구토광묘는 분구묘와 함께 마한을 대표하는 묘제로서 토광묘 주위로 눈썹형이나 마제형의 주구를 돌린 무덤을 의미한다. 일각에서는 분구묘와 동일한 묘제로 인식(최성락 2000)하기도 하지만, 두 묘제를 독립적으로 인식하는 추세이다. 주구토광묘는 외형상 매장시설 주위로 주구를 굴착한다는 점과 마한권역에서 발견된다는 점에서 분구묘와 일면 공통성을 지니고 있다. 그러나 여러 측면에서 분구묘와 이질적인데, 여기서는 두 묘제의 상호비교를 통해 주구토광묘의 분포와 특징을 살펴보기로 한다(표 2-1).

표 2-1 분구묘와 주구토광묘의 비교

	분 구 묘	주 구 토 광 묘
분 포	서해안 일대	경기남부, 충청내륙지역
입 지	구릉 정상부 및 사면부(소수 평지)	경사진 산 또는 구릉 사면부
축 조 방 법	선분구 후매장	선매장 후봉토
주 구 형 태	방형, 마제형, 제형, ll'형, 원형 등	눈썹형, 마제형 중심
매 장 시 설	단장과 다장(수평과 수직확장)	단장(분리형 목관)
주 요 유 물	단경호(원저·평저)와 광구호 중심; 철정	발과 원저단경호 중심, 유공·원통형토기, 유개대부호; 청동대구, 동탁, 고리형철기
공반 주거 형태	사주식 방형 주거	비사주식 원형 주거

분포상의 차이를 먼저 살펴보면, 주구토광묘는 곡교천, 미호천, 정안천, 갑천유역 등 충청 내륙지역에서 집중 발견되었다(그림 2-5~7). 그러나 최근 용인 상갈동과 두창리, 오산 수청동과 궐동 등지에서도 대규모로 발견되었고, 이는 용인과 오산을 중심으로 한 경기 남부권을 새로운 주구토광묘의 시역권으로 실정하는 계기가 되었다(이미선 2008; 이창엽 2007). 주구토광묘의 이러한 분포는 서해안 일대의 분구묘와 대비된다.

분구묘와 주구토광묘의 또 다른 차이는 매장시설의 축조순서에서 찾을 수 있다. 주구토광묘에서는 지하 1m 이상 깊이의 토광목관이 다수 발견되는데, 이는 시신을 지하 토광에 매장하고 그 위에 낮은 봉토를 덮었을 가능성을 시사한다. 따라서 주구토광묘는 분구묘와 달리 '선매장 후봉토형'의 지하식 봉토묘 전통을 보여준다고 할 수 있다.

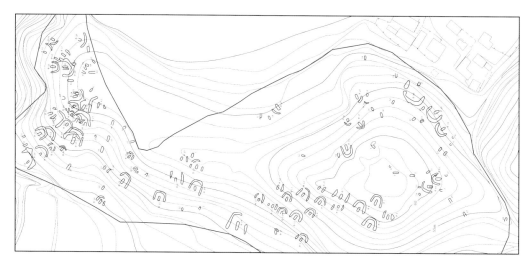

그림 2-5 오산 수청동 5-1지점 주구토광묘

주구토광묘는 주로 나지막한 산이나 구릉의 사면에 위치하는 반면, 분구묘는 구릉의 사면 뿐만이 아니라 정상부에서도 활발하게 발견된다는 점에서 차이를 보인다. 완주 수계리나 세종 대평리처럼 소수의 분구묘는 평지에서도 발견된다. 주구의 형태에서도 전자는 눈썹형과 마제형이 중심이지만 후자에서는 방형, 마제형, 제형梯形, 'ǁ'형, 원형 등 다양한 형태가 발견된다. 또한 주구토광묘에서는 발과 원저단경호로 구성된 토기 세트와 분구묘에서 거의 발견되지 않는 유공有孔토기, 원통형 토기, 유개대부호有蓋臺付壺, 청동 호형虎形·마형馬形·곡봉형대구曲棒形帶鉤, 동탁銅鐸, 환형철기環形鐵器 등이 다수 출토된다(그림 2-6·7).

주구토광묘는 기본적으로 대상부의 중앙에 1기의 목관이나 목곽을 안치하는 단장의 전통을 보인다는 점에서 분구묘와 확연한 차이를 보인다. 간혹 대상부에 2기의 묘광이 나란히 안치된

그림 2-6 청주 오송 4지점 주구토광묘와 출토 유물
(1: 유개대부발, 2: 호형대구, 3·4: 마형대구)

마한馬韓 분구묘墳丘墓의 이해

그림 2-7 오산 궐동 주구토광묘와 출토 토기류

합장묘나 주구 내에 옹관이 안치되는 주구토광묘도 발견되지만 분구의 수평과 수직확장을 통해 목관(곽), 옹관, 석곽 등이 대상부나 주구에 다수 안치되는 분구묘와 확연한 차이를 보인다. 또한 주구토광묘에서 발견되는 목관의 형태로는 상자형과 분리형(칸막이형 포함)이 나타나지만 분구묘에서는 상자형만이 발견된다(이미선 2008).

이상의 차이점 외에도 매장시설의 장축방향에 근거하여 분구묘와 주구토광묘의 차이를 설명하기도 한다(이택구 2008). 전자의 장축방향은 평행과 직교가 혼재하는 양상을 보이지만 후자는 등고선과 평행한 경우가 대부분이다. 그러나 경기 남부 주구토광묘의 장축방향은 평행과 직교가 혼재하고 있다. 경기 남부의 이러한 주구토광묘는 백제 분묘의 영향을 받았을 가능성이 농후하다. 이러한 점을 고려한다면 매장시설의 장축방향도 양 묘제를 구분하는 특징으로 볼 수 있다.

이와 같이 분구묘와 주구토광묘는 지역적 특징을 보이는 마한의 묘제라 할 수 있다. 다시 말해 두 묘제는 공히 범마한계로 볼 수 있지만 분포와 축조방식이 지역적으로 상이한 묘제라 할 수 있다. 마한권역의 비사주식 원형과 사주식 방형주거의 분포 또한 이러한 묘제의 지역적 차이와 궤를 같이하는 현상으로 볼 수 있다(김승옥 2007).

마지막으로 주구토광묘의 기원 문제를 살펴보면, 청동마형대구와 곡봉형대구의 분포에 주목하여 출자를 중국 진秦의 유이민 집단으로 추정하기도 한다(최완규 2002). 또한 주구토광묘를 분구묘의 선행 묘제로서 인식하는 주장도 있다(이남석 2011). 그러나 이들 견해는 양자 긴의 시공간적 차이가 현저하고, 그 증거가 미약하므로 향후 치밀한 조사와 연구가 요구된다. 특히 후자의 견해는 최근의 연구 성과(제4장 참조)를 감안할 때 설득력이 떨어지는 추세이다.

3 토광묘의 분포와 특징

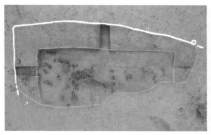

그림 2-8 화성 요리 1-1호 목곽묘와 출토 금동관모

토광묘[8]란 지하 또는 반지하식의 묘광을 파고 그 안에 시신과 부장품을 안치하는 형태로서 무덤 주위로 주구를 굴착하지 않는 비교적 단순한 형태의 묘제로 볼 수 있다[9]. 마한권역에서는 용인 마북리와 화성 요리 유적(그림 2-8) 등 소수의 예를 제외하면 목관이나 목곽의 흔적이 거의 발견되지 않고 있어 토광직장묘가 존재했을 가능성도 배제할 수 없다. 그러나 분구묘나 주구토광묘의 매장시설로 발견되는 토광과 마찬가지로 토광묘에서도 대부분 목관이 안치[10]되었을 것으로 추정할 수 있기 때문에 토광묘는 토광목관묘라 불러도 무방하다.

마한의 토광묘는 분구묘나 주구토광묘와 혼재하는 경우가 대부분이지만 평택 마두리, 화성 화산동, 충주 금릉동처럼 토광묘로만 구성된 유적도 일부 발견된다(그림 2-9). 그러나 금릉동유적을 제외한 토광묘는 독립적이던, 분구묘나 주구토광묘와 함께

그림 2-9 충주 금릉동 토광묘

---

8) 이 책에서의 토광묘는 독립적으로 발견되는 무덤을 의미한다. 분구묘나 주구토광묘의 매장시설로 발견되는 토광묘는 (토광)목관(곽)으로 기술한다.

9) 제4장에서 살펴보는 바와 같이 마한 분구묘의 등장시점은 기원전 3세기경으로 볼 수 있다. 여명기 분구묘와 직간접적으로 관련을 보이는 묘제로는 적석목관묘, 토광묘, 옹관묘가 있다(김승옥 2018). 여기서는 초기철기시대의 이러한 묘제를 제외하고 원삼국시대의 토광묘와 옹관묘를 살펴본다.

10) "그들의 장례에 관棺은 있으나 곽槨은 사용하지 않는다"라는 『삼국지』의 기록도 참고할 필요가 있다.

발견되던 간에 대부분 5기 내외의 소수로 발견된다는 공통점을 보인다. 또한 분구묘와 주구토광묘의 매장시설로 발견되는 토광은 대부분 무덤의 외곽에서 발견되는 특징을 보인다. 따라서 토광묘는 당시 사회에서 지역적 특징을 보이는 묘제이며, 동시에 사회적 변이, 예를 들어 신분이나 지위를 반영할 가능성이 높은 무덤 형식으로 볼 수 있다.

그림 2-10 청주 봉명동 병혈합장묘

토광묘의 또 다른 특징으로 합장묘의 존재를 들 수 있다. 형태로는 이혈합장異穴合葬과 병혈竝穴합장이 있는데, 전자는 묘광을 달리하는 2기의 토광묘가 일정한 간격으로 나란하게 조영되는 것을 의미한다. 이혈합장묘는 천안 청당동, 공주 하봉리, 연기 응암리 등 3세기대 주구토광묘의 매장시설에서부터 관찰되지만, 청주 봉명동과 충주 금릉동 등 토광묘유적에서도 일부 확인되고 있다(성정용 2011). 다음으로 병혈합장묘란 2기의 묘광이 나란히 붙어 있는 것으로서, 선축한 묘광의 한 쪽 장벽을 파괴하고 확장하여 또 다른 분묘가 조영되는 형태이다. 병혈합장의 예로는 청주 봉명동(그림 2-10)과 송절동, 충주 금릉동, 연기 응암리 유적이 있다.

합장묘는 충청의 내륙지역에서 집중적으로 발견되고, 남한강유역에서도 일부 확인되는데, 이들 지역은 주구토광묘와 토광묘의 주요 분포권이다. 또한 기원에 대해서는 낙랑 고분의 합장묘 요소가 파급된 결과로 해석하기도 한다(성정용 2011)[11]. 피장자는 일반적으로 부부로 상정되기도 하지만 신중할 필요가 있다. 마한권역에서 남녀의 시신이 함께 발견된 사례가 없고, 설사 발견되더라도 이들의 관계가 부부인지는 확증하기 곤란하기 때문이다. 물론 중국 길림성 집안集安과 평양의 고구려 귀족묘에서처럼 부부 합장의 장제가 확고하게 정립된 지역에서는 합장묘를 부부로 해석할 수 있을 것이다(권오영 2011). 아직까지 마한권역에서 합장묘를 부부로 간주할 수 있는 결정적 물질자료나 문헌기록은 발견되지 않고 있지만 제7장에서 살펴보는 것처럼 간섭 증거인 출토 유물과 배치로 볼 때, 부부로 추정할 수 있는 무덤은 일부 존재한다.

---

11) 마한의 합장문화는 낙랑문화의 파급과 깊이 관련되지만 매장시설로 목관과 목곽이 혼용되며 초기에는 이혈이 조영되다가 점차 병혈이 증가하는 양상은 낙랑의 합장묘와 다른 마한 고유의 특징으로 볼 수 있다.

4 옹관묘의 분류와 특징

옹관묘(독무덤)란 지하에 묘광을 파고 시신을 목관이나 돌널이 아닌 큰 독(옹甕)에 넣어 묻은 무덤 양식을 말한다. 일반적으로 큰 독을 널로 사용하지만, 시대와 지역에 따라 항아리를 사용하기도 한다. 따라서 독무덤을 넓은 의미로 정의하면, 어떤 형태를 갖추고 있든지 흙으로 빚은 토기에 주검이나 뼈를 묻는 무덤 양식이라 할 수 있다.

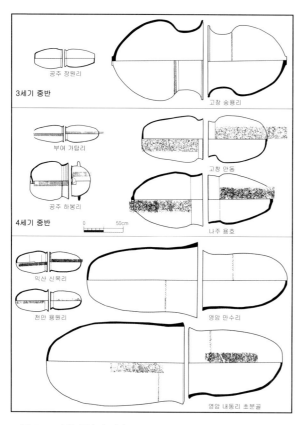

그림 2-11 마한 옹관의 변화

마한의 옹관묘[12]는 부안 신리 V유적처럼 옹관묘만이 독립적으로 발견되는 유적도 일부 발견되지만 대부분 토광묘와 공존하거나 분구묘나 주구토광묘의 외곽에서 확인된다. 옹관묘의 분류를 살펴보면 시신을 안치하기 위한 옹관을 몇 개 사용하였느냐에 따라 1옹식과 다옹식으로 대별되는데, 1옹식은 토기 1점을 사용한 형태이다. 다옹식은 2점의 토기 구연부를 맞대어 놓거나(2옹합구식), 3점의 토기를 사용하여 중앙부 토기의 구연부와 저부쪽에 다른 2점의 토기를 이어 놓은 형식(3옹합구식)을 의미한다. 마한권역에서는 2옹식이 가장 일반적이며 1옹식과 3옹식은 발견 사례가 많지 않은 편이다(그림 2-11).

1옹식 옹관묘는 입구에 아무 흔적이 남아 있지 않은 경우, 나무 판자로

---

12) 토광묘와 마찬가지로 옹관을 사용하여 독립적으로 발견되는 무덤은 옹관묘로 부를 수 있으나 분구묘나 주구토광묘의 대상부나 주구에서 발견되는 무덤들은 옹관으로 구분하여 칭할 필요가 있다. 여기서는 옹관묘와 분구묘 내의 옹관을 함께 기술한다.

마한馬韓 분구묘墳丘墓의 이해

막았을 것으로 추정되지만 옹관편, 토기편, 돌로 막은
예도 발견된다. 일각에서는 토기나 돌로 입구를 막은
옹관을 합개식合蓋式 옹관으로 별도 분류하기도 하지만
시신의 안치가 하나의 옹 안에서 이루어진다는 점에서
1옹식과 크게 다를 바 없다.

그림 2-12 고창 송용리 선황리식 옹관

옹관묘의 옹관 배치 방식으로는 옹관을 옆으로 뉘어
놓는 횡치橫置방식이 일반적이다. 그러나 청동기시대에
유행하였던 직치直置도 일부 발견되는데, 3~4세기대 영산강권역에서 집중적으로 확인된다.
예를 들어 장성 상방촌B, 함평 만가촌, 나주 용호·양천리 영천·영동리·동곡리 횡산유적에서
확인되었다. 직치옹관의 의미에 대해서는 두 가지의 견해가 제시되었는데, 하나는 일본 고분
시대 전방후원분前方後圓墳의 호형하니와(식륜埴輪)를 배치한 것과 유사한 기능, 즉 매장보다는
장례 혹은 의례행위와 관련된 토기로 보는 견해이다. 또 다른 하나는 청동기시대의 직치 옹관
전통이 전용옹관단계까지 이어졌다는 견해이다. 그러나 전자는 옹관의 형태가 호형하니와와
다르고, 아직까지 정형적인 열 배치의 옹관이 발견되지 않았다는 점에서 의문이 남는다. 후자
의 견해 또한 청동기시대와 3~4세기대 옹관묘 간의 시간적 격차를 설명해야 하는 문제가 남
게 된다(김낙중 2011b).

사용된 옹관의 종류에 따라 옹관묘는 두 종류로 대별할 수 있는데, 하나는 일상용기를 사용
하는 경우(대용관代用棺)이고, 또 다른 하나는 분묘 전용의 토기를 제작하여 조영하는 경우(전용관
專用棺)이다. 전자는 타날문연질옹, 경질무문토기, 장란형토기, 난형호, 단경호, 이중구연호 등
일상 생활용기를 사용하는 예로써 지역적으로는 서울, 경기 및 충청일대에 집중 분포한다. 이
에 비해 후자는 고창 송용리(전영래 1975, 그림 2-12)와 영암 선황리에서 발견된 소위 '선황리식 옹
관'(서성훈·성낙준 1986)이나 이와 유사한 형태의 대옹을 사용하는 경우로서 고창을 포함한 영산
강권역에 집중 분포한다. 금강 하류와 전북의 서해안 일대는 이러한 두 종류의 옹관묘가 함께
발견된다. 옹관묘의 사용 토기와 지역적 차이는 선황리식 옹관과 유사한 대옹의 출토맥락에
서도 뒷받침되는데, 영산강 일대를 제외한 마한권역에서 발견되는 대옹은 서울 풍납도성이니
파주 주월리 등지에서도 발견되지만, 모두 주거지와 생활유구에서 발견될 뿐 분묘에서는 확
인되지 않는다는 특징을 보인다(김낙중 2009).

옹관묘의 사용 토기와 지역적 차이는 옹관 주인공의 성격과 사회적 지위에서도 차이가 있
었으리라는 점을 시사한다. 일상용기를 사용한 옹관묘는 공반 분묘의 종류와 상관없이 대부

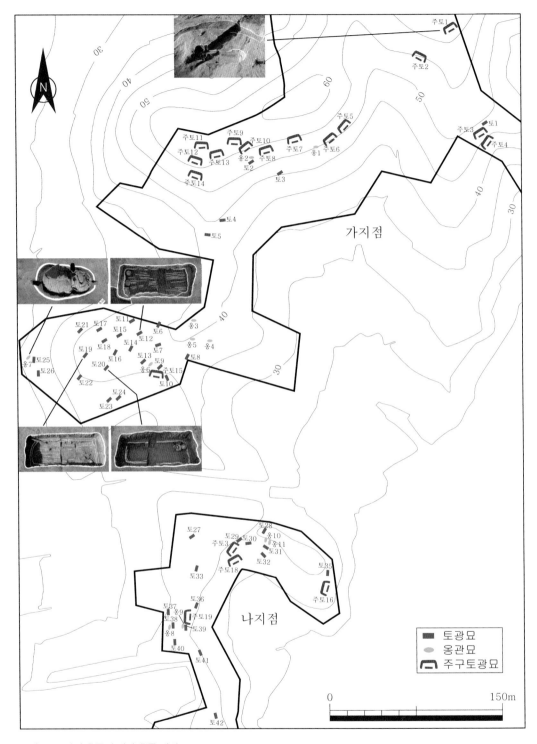

그림 2-13 아산 용두리 진터 유구 배치

마한馬韓 분구묘墳丘墓의 이해

분 분묘군의 외곽이나 주변지역에서 발견되는 공통점을 보인다. 이러한 배치를 가장 잘 보여주는 유적으로 아산 용두리 진터유적을 들 수 있다. 이 유적은 5단계에 걸쳐 축조되었는데(충청문화재연구원 2011), 2세기대의 이른 단계 유구는 토광묘와 옹관묘로 구성되는데, 옹관묘는 대부분 토광묘의 외곽에 위치하고 있다(그림 2-13). 이에 비해 늦은 단계의 유구는 주구토광묘를 중심으로 토광묘와 옹관묘가 발견되는데, 옹관묘는 무덤군의 외곽에 위치하고 주구토광묘의 옹관도 묘역 외곽이나 주구의 내부에서 확인되어 배장陪葬의 성격을 보여준다.

　분구묘와 함께 발견되는 옹관묘도 대부분 유적의 외곽이나 주구에서 발견된다. 결과적으로 일상용기를 사용한 옹관묘는 그 크기와 배치 상태로 볼 때 대부분 유·소아용의 무덤으로 추정된다. 물론 일부 옹관은 세골장이나 2차장의 형태로 매장된 성인용일 가능성도 배제할 수 없다. 이러한 특수한 경우의 옹관묘라 할지라도 옹관의 배치상태로 볼 때 무덤 피장자의 사회적 신분은 그리 높지 않았을 것으로 추정된다.

　한편, 대형의 전용옹관묘는 금강 하류와 전북의 서해안 일대에서도 일부 나타나지만 고창을 포함한 영산강유역 일대에 집중 분포한다. 전용옹관은 3세기경 선황리식 옹관에서 출발하여 점차 'U'자형의 대형 옹관으로 변화하고, 묘역내 공간배치에서도 대체로 목관 주변→

목관·옹관 병행→옹관 전용의 순서로 변화·발전한다. 영산강권역의 전용옹관은 성인을 매장할 수 있는 충분한 크기와 길이를 지니고 있다는 점에서 금강 이북의 옹관묘와 차이를 보인다. 그러나 영산강권역에서도 4세기 이전의 전용 옹관의 주인공은 상대적으로 빈약한 출토유물과 공간적 배치로 보았을 때 목관 피장자보다는 사회적 신분이 낮았을 것으로 사료된다. 그러나 4세기 이후부터는 사회적 지위가 높은 자가 옹관의 주인공이 되는데, 나주 신촌리 9호분이 가장 대표적인 예이다. 이 옹관고분에서 발견된 금동관, 금동신발, 장식대도, 분주墳周토기 등은 왕릉급에 버금가는 피장자의 정치적 위상과 백제·왜와의 대외관계를 시사

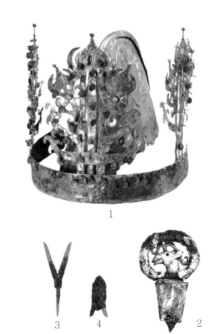

그림 2-14 나주 신촌리 1917년 출토 유물(1·2·5: 을관, 3·4: 병관)

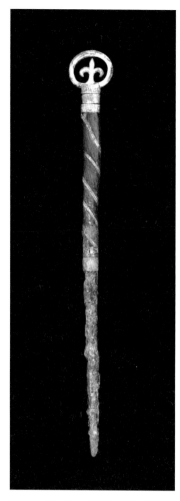

그림 2-15 나주 복암리 3호분 96석실 출토 삼엽三葉장식대도

하는데, 이러한 왕릉급 옹관고분의 사례는 영산강권역에 집중되어 있다(그림 2-14·15).

영산강권역의 옹관묘는 강한 지역적 특징을 보이는데, 몇 가지를 살펴보면 다음과 같다. 격자문 타날, 윤적법輪積法 성형, 견부肩部 거치문鋸齒文 등의 속성이 지속적으로 나타나는데, 타 지역에서는 거치문 외에도 능형菱形문과 타원문이 활발하게 발견된다는 점에서 영산강권역과 차이를 보인다. 옹관의 거치문은 정치적 권위의 상징적 표상(김승옥 1997)이나 영산강권역 옹관문화의 상징물(김낙중 2011b)로 기능했을 가능성이 있다.

영산강권역 전용옹관에서는 안치시설을 추정할 수 있는 자료가 발견되기도 하는데, 나주 복암리 3호분, 신촌리 6·9호분, 반남고분군의 옹관에서 목판이나 목질흔이 확인되었다. 나주 덕산리 3호분과 신촌리 9호분에는 종횡의 나뭇결이 남아 있는 못과 꺾쇠가 확인되어 옹관 내 목관의 사용 가능성을 시사하고 있다. 또한 인골이 남아 있는 경우나 이식耳飾이나 도자의 방향 등으로 추정할 때 피장자의 머리는 모두 옹관의 저부 쪽을 향하고 있는 것으로 확인되었다(김낙중 2011b). 바닥에 원형의 구멍을 뚫은 옹관도 다수 발견되는데, 이에 대해서는 영암 금계리 옹관에서 새모양鳥形토기(그림 2-16)가 함께 발견되는 점에 근거하여 시신의 영혼이 새를 통해 천상으로 올라갈 수 있도록 배려한 사생관과 관련된다는 견해가 제기된 바 있다(성낙준 1983). 그러나 무안 구산리와 나주 장동리 옹관에서는 원형 구멍을 막은 흔적이 발견되었고, 이는 원형 투공이 대형 옹관의 바닥 제작과 관련되었을 가능성을 시사한다.

그림 2-16 영암 금계리 출토 토기류

마한馬韓 분구묘墳丘墓의 이해

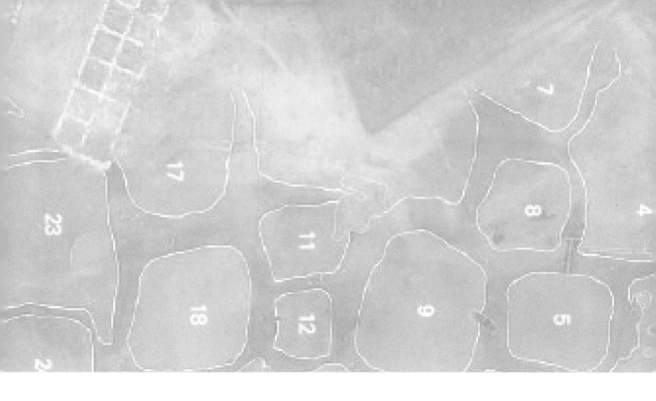

제3장
분구묘의 분포와 마한의 사계

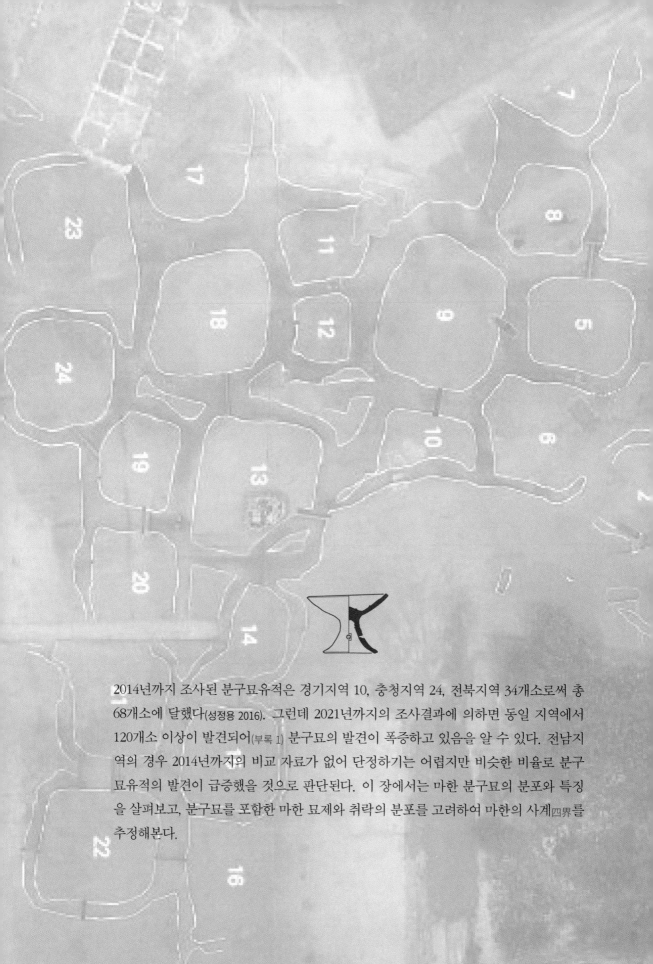

2014년까지 조사된 분구묘유적은 경기지역 10, 충청지역 24, 전북지역 34개소로써 총 68개소에 달했다(성정용 2016). 그런데 2021년까지의 조사결과에 의하면 동일 지역에서 120개소 이상이 발견되어(부록 1) 분구묘의 발견이 폭증하고 있음을 알 수 있다. 전남지역의 경우 2014년까지의 비교 자료가 없어 단정하기는 어렵지만 비슷한 비율로 분구묘유적의 발견이 급증했을 것으로 판단된다. 이 장에서는 마한 분구묘의 분포와 특징을 살펴보고, 분구묘를 포함한 마한 묘제와 취락의 분포를 고려하여 마한의 사계四界를 추정해본다.

1 분구묘의 분포와 특징

1) 분석 대상과 지역권의 설정

이 책의 목적은 마한의 분구묘를 집중 분석하는데 있지만 일부는 삼국시대의 백제 단계에도 축조된다. 예를 들어 화성 요리, 서산 부장리, 완주 상운리와 수계리, 전주 마전의 일부 늦은 시기 분구묘는 백제 분구묘라 불러도 무방할 정도로 매장시설로 석곽과 석실이 확인되고 백제계의 유물이 주로 발견된다. 특히 '옹관고분사회'라 칭할 정도로 대형 옹관고분이 발달한 전북 고창과 영산강권역에서는 6세기 전후까지도 마한의 분구묘 전통이 지속된다(김낙중 2009; 임영진 1997, 2011; 한국고고학회 2006).

마한권역에서는 이처럼 백제의 마한 통합 이후에도 분구묘 전통이 지속되는데, 분구묘는 중심 매장시설의 종류에 따라 두 가지로 대별될 수 있다. 하나는 목관(곽)이나 옹관이 사용되는 경우이고, 다른 하나는 석곽이나 석실이 채용되는 원(대)형圓(臺)形 고총고분이나 장고분長鼓墳(전방후원분)이다. 대부분의 연구자는 전자가 마한 고유의 묘제 전통이라는 점에 동의하지만 후자에 대해서는 다양한 견해가 대립되고 있다(김낙중 2009; 오동선 2017). 전자의 분구묘는 백제의 직간접 영향 하에서 조영되었지만 마한의 분구묘 전통이 강하게 존속한다는 점에서 이 책의 분석 대상에 포함한다. 이에 비해 후자는 마한의 분구묘 전통이 잔존한다는 점에서 마한 분구묘로 볼 수도 있지만 중심 매장시설이 마한의 전통을 벗어났다는 점과 분석대상이 너무 광범위해신나는 섬에서 분석에서 제외하였다. 결과석으도 이 잭에서는 분구묘가 출현하는 기원전 3~2세기 전후부터 마한 분구묘의 종언이 이루어지는 6세기 전후까지의 자료 중 중심 매장시설로 목관이나 옹관을 사용하는 분구묘유적을 주로 살펴보고, 이 외의 분구묘는 필요한 경우 논의한다.

〈그림 3-1〉과 〈부록 표 1~4〉는 위와 같은 기준으로 2021년까지 발굴조사된 분구묘와

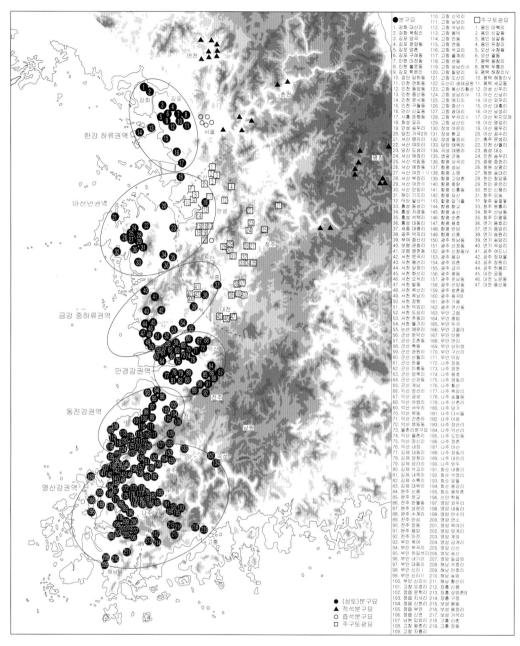

그림 3-1 권역별 마한 분구묘의 분포

마한馬韓 분구묘墳丘墓의 이해

주구토광묘 유적의 분포와 현황을 종합 정리한 것이다[13]. 마한의 분구묘는 서해안을 중심으로 넓은 지역에 분포하기 때문에 공간적인 분포와 특징을 살펴보기 위해서는 지역권의 설정이 요구된다. 중국의 사서인『삼국지』와『후한서』동이전에 50여개의 마한 소국이 존재하였다는 기록 또한 마한 정치체와 그들의 문화가 다양했음을 방증하고 있다. 이러한 마한의 지역성을 설명하기 위해 고고학계와 문헌사학계에서는 다양한 시도가 이루어졌는데, 예를 들어 금강 이북 목지국 중심의 마한권역, 금강 이남과 노령 이북의 건마국 중심의 마한권역, 영산강 유역의 마한권역으로 대별하기도 한다(유원재 1997). 또한 마한의 묘제와 관련해서는 한강유역권, 아산만권, 금강유역권, 영산강유역권으로 구분하는 연구도 발표된 바 있다(임영진 1997).

이 책에서는 주요 물줄기와 지형을 중심으로 한강 하류권역, 아산만권역, 금강 중하류권역, 만경강권역, 동진강권역, 영산강권역, 기타 지역으로 구분하여 마한의 시공간적 변화상을 살펴보고자 한다(그림 3-1). 일반적인 지역권 설정의 경우, 금강 중하류권역은 만경강권역까지 포함하기도 하지만 만경강권역은 마한 성립기의 핵심지역이고, 정치체로서의 마한이 발생했을 가능성이 매우 높은 지역이다(김승옥 2020, 2023a). 이러한 이유로 여기에서는 금강 중하류권과 만경강권역을 구분한다. 또한 마한이 성립될 당시 금강 중하류의 이북과 이남은 인간과 물자의 이동에 물리적 장애물로 기능했을 것으로 추정되며, 아래에서 보는 바와 같이 분구묘의 분포와 밀도에서 금강 중하류의 이남지역은 이북지역보다 만경강권역과 유사한 양상을 보인다. 따라서 금강 하류권역의 이남지역을 만경강권역에 포함하여 살펴본다.

2) 권역별 분구묘와 관련묘제의 분포

가. 한강 하류권역

분구묘 분포를 살펴보면, 먼저 강화를 제외한 한강 이북에서는 발견된 바 없고, 한강 하류 이남에서도 서해안에 인접하여 발견된다는 특징을 보인다. 다시 말해 대부분의 분구묘 유적은 김포, 인천, 시흥 등 서해안과 인접한 지역에서 집중 발견되지만 고양과 안산을 경계로 동쪽의 경기 내륙지대에서는 아직까지 발견 사례가 보고되지 않고 있다. 권역 내에서도 강화와 김포, 인천 등지에 집중되어 있는 반면, 경기 남부 일대에서 발견 사례가 희박한데, 이는 발굴조

---

13) 2021년 이후로도 분구묘의 발견이 지속되고 있음은 자명하다. 이러한 유적 중에서 이 책의 논지 전개에 중요한 일부 유적, 예를 들어 서천 장항유적 등은 포함하여 기술한다.

사의 지역적 편차와 관련된 것으로 이해된다.

타 권역에 비해 한강 하류권역 분구묘는 발견 사례의 수와 밀도에서 가장 적게 나타나는데

그림 3-2 김포 양촌 3지점 나구역 2호 분구묘와 출토 유물

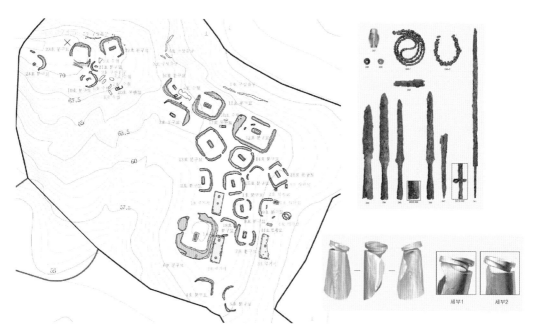

그림 3-3 김포 운양동 분구묘와 출토 유물

마한馬韓 분구묘墳丘墓의 이해

(그림 3-7), 이는 이 일대 분구묘의 등장 시점이 상대적으로 늦고 백제로의 병합이 일찍 이루어진다는 점과 연동된다(제5장 참조). 주요 유적을 살펴보면 김포 양촌(그림 3-2)과 운양동(그림 3-3)에서 30여기가 발견되었으며, 인천 연희동의 분구묘가 56기로 대규모에 속한다.

나. 아산만권역

아산만권역의 분구묘는 한강 하류권역과 마찬가지로 아산만과 인접한 지역이나 서산과 보령 등 서해안일대에 집중 분포하지만 내륙의 평야지대에서는 희박하게 발견된다. 동쪽으로 당진과 홍성을 경계로 하지만 안성 승두리에서도 분구묘가 발견되었다. 충청내륙의 아산, 천안, 청주, 충주일대는 주구토광묘의 주 분포권으로 널리 알려져 있는데(그림 3-1), 승두리 분구묘는 이러한 주구토광묘 분포권에서 발견되었다는 점에서 주목된다(그림 3-5). 그럼에도 승두리 분구묘는 주구를 서로 공유하는 단장연접형의 형태를 보이는데, 이러한 형태는 서산 기지리와 예천동·예천동 여전(그림 3-4)에서도 발

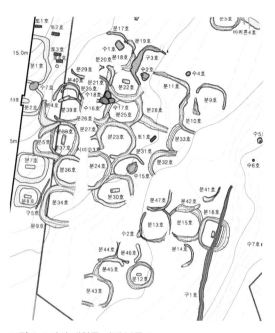

그림 3-4 서산 예천동 여전 분구묘

견되어 공통점을 보인다. 결과적으로 아산만권역은 단장연접형 분구묘의 최대 유행 지역이라는 지역적 특징을 보여 준다.

승두리 분구묘에서 보이는 주구의 공유 양상은 청주 오송 주구토광묘 주구 양상(그림 2-5)과 흡사한 형태를 보이고 있다는 점에서 흥미롭다. 오송유적은 주구 형태로만 본다면 분구묘와 흡사하지만 출토유물에서는 주구토광묘에서 발견되는 것들과 별다른 차이를 보이지 않는다. 결과적으로 승두리와 오송유적은 분구묘와 주구토광묘 문화의 활발한 접촉과 이로 인한 점이지대적 문화 양상을 보인다고 정리할 수 있다. 이러한 문화의 접촉양상은 오산 수청동유적에서도 확인되며 아래의 금강 중하류권역에서도 발견된다.

아산만권역의 분구묘는 한강 하류권역에 비해 분포 범위와 밀도가 증가하고 규모에서도 초대형이 나타난다. 예를 들어 보령 관창리에서는 100여기의 분구묘가 조사되었고 서산 예천

그림 3-5 안성 승두리 분구묘   그림 3-6 서산 부장리 분구묘 출토 유물

동·예천동 여전에서도 수백여기가 발견되었다. 기지리와 부장리유적(그림 3-6) 역시 분구묘와 매장시설의 수로 볼 때 초대형의 분구묘유적으로 평가할 수 있다.

다. 금강 중하류권역

금강 중하류권역의 분구묘는 중류와 하류로 나누어 살펴 볼 필요가 있다. 대부분의 분구묘는 하류 이북의 서천 일대와 하류 이남의 군산과 익산 북부 일대에서 발견되고 내륙 평야지대에서는 상대적으로 희박하다는 점에서 다른 지역과 유사성을 보인다(그림 3-1). 분구묘의 분포 수를 보면 금강 이북의 다른 권역과 별로 차이를 보이지 않는다(그림 3-7).

서해안 일대를 벗어난 내륙지대의 부여, 공주, 세종 등지에서도 분구묘가 일부 발견되는데, 이 유적들의 위치는 공히 금강 변에 인접한다는 점에서 금강의 연안항로와 밀접한 관련을 보여준다. 또한 이들 분구묘유적은 분구묘와 주구토광묘권의 문화적 점이지대에서 발견된다는 공통점을 보인다(김승옥 2009, 2011). 실제로 공주 장원리, 청주 오송과 송절동, 공주 신영리 어드니에서는 동일 유적 내에서 분구묘와 주구토광묘의 요소가 함께 발견된다. 이러한 문화의 접촉양상은 세종 대평리에서도 발견되는데, 예를 들어 형태와 구조에서 분구묘이지만 내부에서 원저단경호와 발형토기, 청동제 마형대구 등 주구토광묘 분포권의 유물이 발견된다(그림 3-8). 또한 연접단장형이라는 점에서 승두리 분구묘와 오송 주구토광묘는 상호 유사성을 보인다.

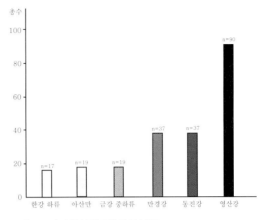

그림 3-7 권역별 분구묘유적의 분포

금강 중하류권역 분구묘의 또 다른 특징은 분구묘와 동시기의 마한 묘제인 단순 토광묘의 비중이 압도적으로 높다는 점이다(김중엽 2021). 마한권역의 토광묘는 주로 마한 전기와 중기[14]에 축조된다. 유적에 따라 이러한 시간성을 통제해야 하는 문제가 있기는 하지만 전반적인 분포를 보면 금강 중하류권역에서 압도적으로 많은 수의 토광묘가 발견되고 있다는 점을 알 수 있다(그림 3-9). 토광묘뿐만이 아니라 옹관묘의 비중 역시 높은 비중을 보여 흥미롭다(그림 3-13). 그런데 금강 이남지대에서는 분구묘 내 옹관의 비중이 금강 이북지대에 비해 상대적으로 높

그림 3-8 세종 대평리 분구묘와 출토 유물

---

14) 마한의 획기와 편년에 대해서는 제5장 참조

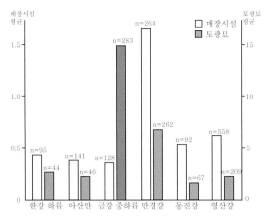

그림 3-9 권역별 분구묘의 매장시설과 토광묘의 분포

게 나타나는데, 이는 친족적으로 가까운 자들이 하나의 분구 내에 안치되는 현상과 밀접한 관련이 있다. 다시 말해 다장복합분구묘의 발달이 상대적으로 미진한 금강 하류권역에서는 토광묘와 옹관묘에 안치된 무덤들이 상대적으로 많이 발견되지만 금강 이남 일대에서는 이들 분구묘 외곽의 무덤들이 다장복합분구묘 내에 안치되었을 가능성을 강하게 시사한다.

　금강 중하류권역 분구묘의 분포상 특징을 살펴보면, 중류에서는 서천 당정리를 제외하곤 모두 15기를 넘지 못할 정도로 소규모에 그치고 있다. 이에 비해 하류의 대평리유적(그림 3-8)에서는 100기 이상의 대규모 분구묘가 발견되었다. 서해안과 인접한 서천 장항유적에서도 분구묘 37기를 비롯하여 동 시기의 토광묘 71기, 옹관묘 34기가 발견되었다(임태현 2023). 대평리와 장항유적에서는 동 시기의 마한 취락도 대규모로 발견되었고, 이는 두 지점이 마한 소국의 중심지였을 가능성을 강하게 시사한다.

라. 만경강권역

만경강권역의 분구묘는 군산과 익산 일대의 만경강 북부와 김제와 전주·완주 일대의 만경강 남부로 나누어 살펴볼 수 있다. 다른 지역과 마찬가지로 분구묘는 서해안 일대와 강의 물줄기를 따라 집중 분포한다(그림 3-21). 위에서 살펴 본 분구묘의 분포와 차이점도 발견되는데, 만경강 남부의 만경강 상류까지 분구묘가 밀집분포한다는 점을 들 수 있다. 만경강 상류는 동부 산악지대와 만나는 접경지대이고, 이는 분구묘가 내륙 깊숙이까지 확산되었다는 점을 의미한다. 그런데 만경강은 20세기 초까지만 하더라도 조석간만의 차로 인해 조수가 들어오면 전주와 완주 일대의 상류까지 7.5m 이상의 수위를 유지하고 있었다. 따라서 만경강은 마한을 비롯한 고대 사회 당시 서해 바다에서 전북의 내륙 깊숙이까지 연결하는 중요한 수운교통로였다는 점을 시사하며(김승옥 2019b; 송종열 2015), 상류의 분구묘는 이러한 고속 수운항로와 밀접한 관련을 맺었다고 판단된다.

　만경강권역의 분구묘는 이처럼 밀도가 높아지고 그 범위도 확장된다는 점에서 금강 이북의 것들과 확연한 차이를 보인다. 대규모 분구묘로는 완주 상운리와 수계리, 전주 마전유적(그림

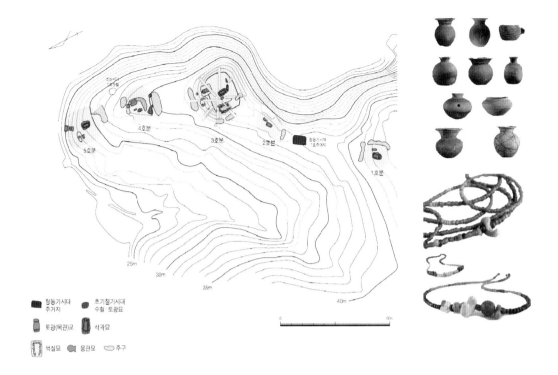

그림 3-10 전주 마전 분구묘와 출토 유물

3-10) 등을 들 수 있는데, 모두 30여기 이하로서 보령 관창리, 서산 예천동·여전, 연기 대평리, 서천 장항의 대규모 분구묘와 대조를 이룬다. 그러나 분구묘 당 매장시설의 비율을 보면 금강 이북 권역들에 비해 만경강권역이 압도적으로 많다는 사실을 알 수 있다(그림 3-9). 다시 말해 만경강권역은 다장분구묘의 최대 분포지이고, 이는 분구묘의 지역적 특징을 반영하며 동시에 백제의 남정과 관련된 분구묘의 존속기간과도 깊이 관련된다. 백제의 남정과 문화의 전파는 만경강 이남의 상운리와 마전유적에서 석곽이나 석실이 매장시설로 이용되는 점에서도 뒷받침된다(김승옥 2019b). 분구묘 당 매장시설 수는 만경강 이남의 동진강과 영산강권역에서 다시 감소하는데, 그 이유는 후자의 권역들에서 마한 후기의 분구묘도 다수 발견되며 이 시기의 다장분구묘에서는 매장시설의 수가 상대적으로 감소하기 때문이다. 분구묘의 이러한 분포 범위의 확장과 밀도의 증가, 다장분구묘 등장과 성행 이유에 대해서는 제6장에서 상세하게 살펴본다.

마. 동진강권역

동진강권역은 하천과 지형에 따라 부안과 정읍, 고창 북부의 동진강권과 고창 일대의 주진천권으로 나눌 수 있는데, 기술의 편의상 전자를 동진강 북부, 후자를 동진강 남부로 부르고자 한다. 동진강권역의 분구묘 역시 대부분 서해안과 인접한 지역에서 발견되고, 만경강과 마찬가지로 내륙 평야지대에서도 일부 확인되는데, 동진강 최상류의 정읍 일대를 그 예로 들 수 있다(그림 3-1).

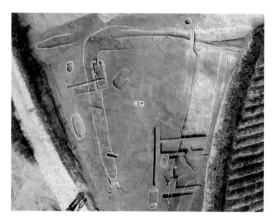

그림 3-11 고창 선동 2호 분구묘

동진강권역은 만경강과 마찬가지로 다장분구묘가 활발하게 조성되었고 제6장에서 살펴보는 바와 같이 분구묘의 형태와 구조, 출토유물에서 만경강과 영산강권역의 점이지대적 성격을 보인다. 예를 들어 동진강권역에서는 만경강 이북지대와 달리 방형과 함께 사다리꼴의 제형분구묘가 본격 등장(그림 3-11)하고 영산강권역에서는 더욱 유행하게 된다(김중엽 2021; 김승옥 2019a; 김낙중 2009, 2015a). 고창 봉덕유적에서는 방대형의 고총고분이 발견(그림 3-12)되었고 칠암리에서는 장고분 3기가 발견된 바 있다. 특히 동진강 남부 주진천 일대의 분구묘는 지리와 분구묘의 분포, 제형분구묘의 유행, 마한 후기의 방대형과 장고분의 축조 등 모든 측면에서 영산강권역의 마한문화 전개과정과 유사한 길을 걸었던 것으로 판단된다.

동진강권역은 이처럼 만경강과 영산강권역의 점이지대적 성격을 보이지만 분포와 밀도에서는 정형성에서 어긋나는 양상을 보이기도 한다. 예를 들어 유적당 분구묘 평균도 양 지역에 비해 상대적으로 낮고

그림 3-12 고창 봉덕 분구묘와 금동신발 출토 모습

매장시설이나 옹관의 경우도 마찬가지의 현상을 보이고 있다(그림 3-9·13). 이러한 현상의 원인으로는 무엇보다도 발굴조사의 편차를 들 수 있다. 동진강 북부의 중류와 상류 일대는 평야와 주요 물줄기를 가지고 있음에도 분구묘의 발견 사례가 상대적으로 부족한데, 이는 발굴조사

가 다른 지역에 비해 덜 이루어졌기 때문으로 추정된다[15].

동진강권역 분구묘 분포의 또 다른 특징으로는 고창 만동유적의 존재를 들 수 있다. 이 유적에서는 분구묘 10여기와 함께 충청내륙지역에서 보이는 주구토광묘와 흡사한 무덤이 4기 발견되었다(호남문화재연구원 2004). 4기의 주구 형태는 마제형과 흡사하고 매장 시설의 장축방향이 등고선과 나란

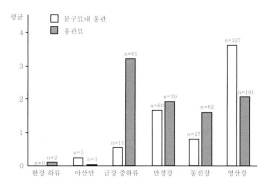

그림 3-13 권역별 분구묘 내 옹관과 옹관묘의 분포

하다는 점에서 주구토광묘의 속성을 보여주고 있다(그림 3-14). 그러나 부장품으로 발견된 단경호, 환두도, 철부, 옥 등은 다른 분구묘와 별반 차이를 보이지 않는다. 위에서 살펴본 바와 같이 분구묘와 주구토광묘의 접경지대에서 양 묘제가 혼재하는 예는 존재하지만 이처럼 주구토광묘권역에서 멀리 떨어진 분구묘권역에서 주구토광묘가 발견된 사례는 거의 알려지지 않고 있다. 결과적으로 만동은 동진강 남부의 분구묘 집단과 충청 내륙 일대 주구토광묘 세력과의 정치경제적 관계를 시사하는 중요 유적이며 향후 이 문제에 관한 조사와 연구가 기대된다.

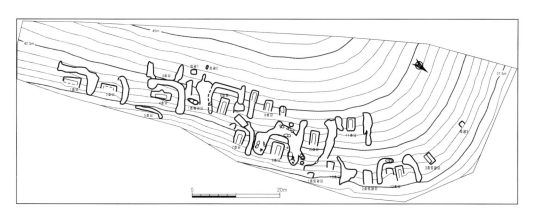

그림 3-14 고창 만동 분구묘

---

15) 분구묘 분포와 밀도는 조사의 편차와 함께 시간의 통제를 함께 고려해야 한다. 다시 말해 획기별 분구묘의 비교가 정밀하게 이루어질 필요가 있다. 따라서 시간별 통제와 조사의 편차가 고려되지 않은 〈그림 3-7·9·13〉은 향후 조사와 연구 성과에 따라 수정·보완되어야 할 필요가 있다.

바. 영산강권역

영산강권역의 분구묘는 서해안과 영산강의 하류에서부터 상류까지 거의 모든 지역에서 발견된다. 따라서 영산강권역의 분구묘 역시 서해안의 연안항로, 영산강의 내륙 수운교통로와 밀접한 관련이 있는 셈이다. 또한 분포 범위와 밀도에서 최고를 자랑하는데(그림 3-1), 그 원

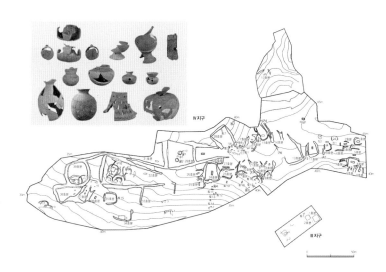

그림 3-15 함평 마산리 표산 분구묘와 출토 유물

인으로는 무엇보다도 영산강권역에서 마한계 세력과 이들의 문화전통이 6세기 중반까지 지속되었다는 사실을 들 수 있다(김낙중 2009; 김승옥 2019a; 이영철 2023; 임영진 1995, 1997, 2011).

널리 알려진 바와 같이 영산강권역은 방형뿐만이 아니라 제형분구묘의 최대 유행지이고, 옹관의 중심 매장시설이 목관에서 옹관으로 이동하여 옹관고총고분으로 완성되는 지역이다. 옹관고총고분의 유행은 분구묘 내 옹관의 비중

그림 3-16 나주 복암리 분구묘 배치

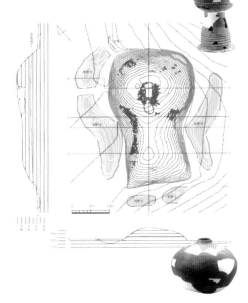

그림 3-17 해남 용두리 장고분과 출토 토기류

마한馬韓 분구묘墳丘墓의 이해

이 마한권역에서 가장 높다는 사실로도 증명된다(그림 3-13).

영산강권역의 분구묘는 거의 대부분 30기 미만이 발견되지만 함평 마산리 표산(그림 3-15), 함평 월야 순촌, 광주 평동 등 50여기 이상이 발견되는 유적도 존재한다. 또한 분구묘의 성립기부터 말기까지 분구묘의 모든 형식과 구조가 발견된다는 점에서 분구묘 문화의 메카이자 완결지라 할 수 있다. 5세기대 이후의 옹관고총고분, 왜계석실(김낙중 2013) 혹은 남해안식석실을 매장시설로 하는 고총고분, 장고분은 동진강권역의 일부 사례를 제외하면 다른 권역에서는 전혀 볼 수 없는 고분 형태들이다(그림 3-16·17).

사. 기타 지역

마한권역은 서부 평야지대와 동부 산악지대로 대별할 수 있는데, 분구묘는 서부 평야지대의 산물이라고 할 수 있다. 그런데 전북 남원과 전남의 곡성, 화순 일대의 동부 산악지대와 전남 장흥, 보성, 고흥 등의 남해안일대에서도 분구묘가 발견된다. 섬진강 중류[16]의 남원 입암리는 마한 후기에 조영된 무덤군이고 대평리(그림 3-18)에서는 마한 조기부터 후기까지의 분구묘가 발견된다. 교통로와 4주식 주거의 분포로 볼 때, 동부 산악지대의 이 분구묘들은 만경강 일대에서 섬진강 상류를 거쳐 확산되었거나, 영산강 상류로부디 영향을 받았을 것으로 추정된다(김승옥 2019a).

화순 일대의 분구묘 역시 영산강

그림 3-18 곡성 대평리 B구역 분구묘

그림 3-19 보성 용정리 분구묘와 출토 유물

---

16) 상류는 임실과 순창 일대, 중류는 곡성, 구례, 남원 서부 일대, 하류는 순천 동부, 광양, 여수 일대이다.

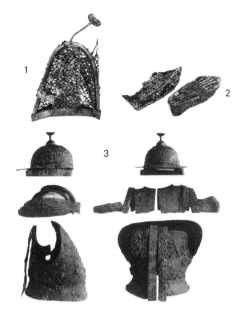

그림 3-20 고흥 길두리 안동고분 출토 유물
(1: 금동관모, 2: 금동신발, 3: 갑주류)

유역의 물질문화 확산과 깊은 관련을 보이며, 장흥·보성(그림 3-19)·고흥의 남해안 일대는 연안항로를 따라 분구묘가 확산되었음을 보여주는 증거이다. 결과적으로 호남 동부 산악지대의 분구묘는 영산강의 수운 교통로와 남해안의 연안항로와 깊은 관련이 있다는 점을 시사한다[17]. 남해안 일대 역시 마한 후기에 이르면 영산강권역과 유사하게 당시 사회의 역동적인 국제관계를 보여주는 고분이 다수 발견된다. 예를 들어 고흥 길두리 안동고분의 수혈식 석곽에서는 백제계 금동관과 금동신발, 중국의 후한경, 일본의 갑주 등이 발견되었다(그림 3-20).

3) 분구묘 분포의 특징

마한의 공간은 시간대에 따라 변화무쌍하지만 지리지형적으로 보면 서부의 해안/평야, 동부의 내륙/산간지대로 대별할 수 있다(김승옥 2023b). 이상에서 살펴 본 마한 분구묘는 강화와 인천에서부터 서해안을 따라 전남 해남까지 밀집분포하고 서부 평야지대에서도 일부 발견되는 특징을 보인다(그림 3-1). 호남지역, 특히 전남지역에서는 동부 산간지대에서도 상당한 수의 분구묘가 발견되었다.

분구묘 분포의 특징을 좀 더 구체적으로 살펴보면, 먼저 한강 하류권역에서부터 서해안을 따라 남쪽으로 내려올수록 분구묘의 분포 수와 밀도가 높아지고 그 범위가 확대된다는 점을 지적할 수 있다. 특히 금강 이북과 이남을 경계로 분구묘의 분포 수와 범위, 밀도에서 극명한 대조를 보여 주목된다. 예를 들어 만경강권역에서부터 남쪽으로는 서부 평야지대의 내륙 깊숙이까지도 분구묘가 활발하게 발견되며 영산강권역에서는 동부 산간지대와 남해안 일대로

---

17) 따라서 기타 지역의 분구묘는 영산강권역으로 볼 수 있고, 〈그림 3-7·9·13〉의 영산강권역 분구묘는 이 분구묘들을 포함한 것임을 밝혀둔다.

분구묘 문화가 확산된다. 또한 금강을 경계로 다장분구묘, 토광묘와 옹관묘의 분포에서도 극명한 대조를 보여준다. 취락의 분포에서도 분구묘와 흡사한 양상을 보이는데(김승옥 2007), 이는 백제의 마한 병합과정과 밀접한 관련이 있다.

분구묘의 이러한 분포는 마한 분구묘가 '연안항로와 내륙 수운교통로의 선물'이라는 사실을 의미한다. 다시 말해 분구묘가 서해안을 따라 집중분포하고, 이는 분구묘 전통이 서해안의 연안항로를 따라 확산·발전하였을 가능성을 강력하게 시사한다. 사실, 제4장에서 서술하는 바와 같이 분구묘는 등장 시점부터 서해안과 직접적인 관련을 보인다. 남해안에서 발견되는 분구묘 역시 연안항로의 산물로 볼 수 있다. 이러한 점은 역사기록에서도 뒷받침되는데, 예를 들어 3세기 후반에 저술된 『삼국지』에는 (낙랑)·대방군→서해안의 (마)한국→남해안→쓰시마(對馬島)→왜로 연결되는 구체적인 연안항로가 기록되어 있다. 이러한 연안항로는 복골ト骨·하지키(土師器)가 발견된 군산 남전, 복골·화천貨泉이 발견된 해남 군곡리, 반량전半兩錢·낙랑토기·야요이(彌生)토기 등이 발견된 사천 늑도 유적 등의 물질자료에서도 입증된다(강봉룡 2010; 김경칠 2009).

서부 평야지대의 분구묘는 아산만, 금강, 만경강, 동진강, 영산강 등 하천이나 강의 인접지역에서 발견된다는 점에서 공통점을 보인다. 그런데 오늘날까지 이어지는 지명이나 각종 물질자료로 볼 때, 거의 모든 강에서는 상류까지 크고 작은 배가 드나들었을 것으로 이해된다. 예를 들어 만경강에서는 최상류까지 배가 드나들었던 사실이 확인되고 있으며(김승옥 2023c; 송종열 2015) 이러한 뱃길을 따라 인간과 그들의 유·무형문화가 활발하게 교류되었던 것으로 이해된다. 영산강 역시 포구와 관련된 지명이나 고고자료로 볼 때, 전근대시기까지는 최소한 영산강 중류까지 뱃길이 열려 있었다(김낙중 2015b; 변남주 2012). 광주 복룡동유적의 토광묘에서 발견된 중국의 화천은 해안과 내륙의 이러한 뱃길을 방증하는 하나의 사례이다.

분구묘 축조전통의 확산과 강의 밀접한 관계를 여실히 보여주는 지역 중의 하나로 전북지역을 들 수 있다(그림 3-21). 이 지역 분구묘는 거의 대부분 만경강·동진강·주진천이나 그 지류를 따라 발견되며, 최상류에서도 상당 수 발견된다(김승옥 2021). 분구묘가 방위에 상관없이 주변 물줄기의 조망이 용이한 곳에 입지한다는 주장(이택구 2015) 역시 이러한 사실과 맥을 같이 한다.

축력이 본격 발전하기 이전의 고대 사회에서 바다와 강을 이용한 해로는 육로에 비해 오늘날의 고속도로에 상응하는 장점을 가지고 있었을 것이다. 육로는 이질적인 인간과 그들의 정치체, 숲과 맹수, 지형적 장애물을 극복해야 하지만 수운교통은 이러한 문제들이 없으며 대

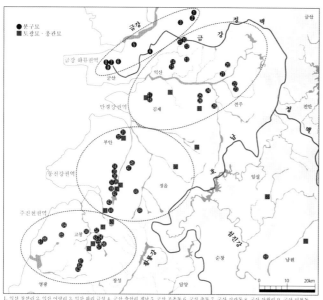

1. 익산 장선리 2. 익산 어양리 3. 익산 화리 금성 4. 군산 축산리 계남 5. 군산 조촌동 6. 군산 축동 7. 군산 신관동 8. 군산 산월리 9. 군산 미룡동
10. 익산 서두리 11. 익산 율촌리 12. 익산 간촌리 13. 익산 영등동 14. 익산 모현동 복동 15. 익산 모현동 내장Ⅲ 16. 김제 황산리 17. 김제 대동리
18. 김제 양청리 19. 김제 장산리20. 완주 용암 21. 완주 수계리 22. 완주 상운리 23. 완주 운교 24. 전주 반월동 25. 전주 장동 26. 완주 신공
27. 전주 안심 28. 전주 마전 29. 김제 장흥리 30. 정읍 삼정里31. 부안 내기리 32. 부안 역리 죽어 33. 부안 당하리 34. 부안 부거리
35. 부안 하입리 36. 부안 대동리 37. 부안 신리 Ⅰ 38. 부안 신리Ⅱ 39. 부안 신리Ⅲ 40. 부안 신리Ⅴ 41. 정읍 관청리42. 고창 남당리
43. 고창 신덕리Ⅲ-A 44. 고창 석교리 45. 고창 오호리 46. 정읍 운학리 47. 정읍 지사리 48. 정읍 신면 50. 정읍 신면 50. 고창 용산리
51. 고창 신월리 52. 고창 봉덕 53. 고창 만동 54. 고창 도산리 55. 고창 부곡리 죽산Ⅱ 56. 고창 남산리 57. 고창 예지리 58. 고창 선동
59. 고창 증령리 60. 고창 낙양리 61. 고창 성남리Ⅲ 62. 고창 성남리Ⅳ 63. 고창 광대리 64. 고창 봉촌리 65. 고창 칠암리 66. 고창 석남리
67. 고창 사동리 68. 임실 상신리 69. 남원 입암리 70. 남원 초촌리

그림 3-21 전북지역 마한 분묘의 분포

량수송이 가능하다는 장점이 있다. 이러한 이유로 선박출현이 축력보다 빨랐다고 볼 수 있다(정진술 2009). 서해안과 평야지대의 강을 연결하는 고속의 수운교통로를 통해 마한의 사람과 물자, 정보 등이 유통되었을 것이고, 마한의 분구묘 문화 역시 마찬가지의 길을 걸었던 것으로 판단된다.

마한 분구묘 분포의 마지막 특징은 아래에서 보는 바와 같이 토광묘나 옹관묘, 취락의 분포 범위에 비해 분구묘의 그것들이 상대적으로 협소하다는 점이며, 이러한 현상은 마한의 거의 모든 권역에서 확인된다. 예를 들어 호남지역에서는 이들 묘제와 취락들이 분구묘가 발견되지 않은 동부 산악지대에서도 상당 수 발견된다. 이처럼 마한의 변방과 경계지대에서 분구묘가 발견되지 않는 이유를 추론하자면, 무엇보다도 토광묘나 옹관묘에 비해 분구묘 축조에는 상당한 노동력과 더 높은 기술력이 요구된다는 점을 들 수 있다. 분구묘의 분구를 조영하기 위해서는 주구뿐만이 아니라 주변에서 마련한 막대한 양의 흙이 필수적으로 요구된다. 또한 성토층 흙의 무너짐이나 유실을 방지하기 위한 기획과 기술력, 분구내 매장시설의 수평유지 등에도 고난도의 분구묘 축조기술이 요구된다. 이 외에도 점토곽이나 정지층의 조성에 필요한 점토는 주변 구릉에서는 획득할 수 없고, 이는 평야지대에서 구릉지대로 상당한 양의 점토를 이송해야 한다는 점을 의미한다(김승옥 2023c).

변방지역 분구묘의 부재는 정치경제적 요인과도 관련이 있을 것으로 이해된다. 제7장에서 살펴보는 바와 같이 분구묘는 친족이나 씨족의 공동선산이고, 각 분구묘 내의 피장자는 친족적으로 가까운 자들이다. 근현대 사회에서도 변방의 이주민이나 거주민들은 생계와 문화 모든 측면으로 상대적으로 불안정하고 이는 마한 사회에서도 유사했을 것으로 추정할 수 있다.

　　　　　　　　　　　　　　　　　　　　　　　　　마한馬韓 분구묘墳丘墓의 이해

다시 말해 마한의 변방 취락민들은 상술한 노동력과 기술력의 문제 외에도 공동묘지의 조성과 가계 형성에서 상대적으로 안정적인 서해안과 평야지대의 거주민들에 비해 불리했을 것으로 판단되며, 이는 분구묘 부재의 원인으로 작용했을 것으로 이해된다.

2 무덤과 취락의 분포로 본 마한의 사계

분구묘의 분포를 통해 마한의 영역을 추정할 수 있을까? 물론 '문화와 역사는 끊임없이 형성되며 변화한다'는 점에서 마한의 사계四界는 실선보다 유동적인 점선으로 이해하는 것이 바람직하다. 또한 마한 조기와 전기의 강역은 지역적 편차를 보이고(제5장 참조), 50여 개의 소국이 흥망성쇠를 거듭했던 중기의 사계 역시 복잡하고 불확실하며, 한편으론 모호하다. 이러한 한계 하에서 분구묘를 포함한 마한의 기타 묘제, 취락의 분포, 일부 문헌기록을 종합적으로 활용하여 마한의 사계를 추정해 보고자 한다.

마한의 사계 중 시기를 막론하고 황해의 서계와 남해의 남계는 명확하지만 북계와 관련하여 '한韓'과 '예濊'의 문화가 교차하는 한강 중하류 일대는 논란의 대상이다. 고고자료의 분포로 볼 때, 일단 한강 이남의 서울·인천·경기 일대를 중기 마한의 땅으로 보는 것은 타당하다고 볼 수 있다. 예를 들어 분구묘는 거의 대부분 한강 이남에 분포한다(그림 3-22). 그러나 한강 이북의 강화도에서 마한 분구묘와 주거지가 일부 발견되며 파주와 양주 남양주 일대에서도 소수의 마한계 주거지가 확인된다(박경신 2019). 따라서 신분고국臣憤沽國의 위치를 임진강 일대로 비정하는 연구자(이정빈 2016)의 주장을 감안하면, 마한의 북계는 한강 이북의 경기 일대까지 올라갈 수 있다. 향후 임진강과 한강 이북 일대 마한 물질문화의 활발한 발견과 연구가 기대된다.

다음으로 경기 일대 마한의 동계를 살펴보면, 분구묘가 서해안 일대에서 집중 발견되는 반면, 마한계 주거지는 양주-서울-오산-안성일대에서 확인된다. 따라서 후자의 지역들을 경기 일대 마한의 동계로 상정할 수 있다. 이러한 마한의 동계와 서해안 분구묘 분포 지역 사이에서는 마한계 주거지와 예계濊系로 상정되는 여몸·철凸자형 주거지(중도유형문화)가 함께 발견되는 것으로 보아 이 지역은 마한과 예의 문화가 공존하는 문화적 점이지대로 볼 수 있다.

충청지역은 해안/평야지대와 내륙/산간지대로 대별되는데, 전자의 지역에서는 분구묘, 후

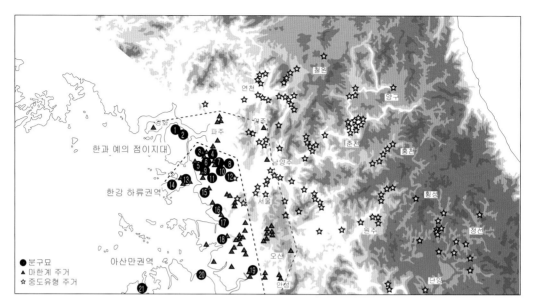

그림 3-22 경기지역 마한 유적의 분포

자에서는 주구토광묘가 주로 분포한다(그림 3-23; 김승옥 2011; 이미선 2008; 이택구 2008). 취락으로 보면 전자에서는 방형 주거지가 거의 대부분이고 후자에서는 방형도 극소수 분포하지만 원형이 대부분이다(김승옥 2007; 정종태 2019). 충청 내륙산간 지역의 주구토광묘 역시 마한 분묘의 지역적 형태이고 이들과 공간을 함께 하는 원형계 주거지도 마한의 지역적 특징으로 볼 수 있다(김승옥 2019a, 2023b). 따라서 충청지역 마한의 동계는 주구토광묘와 원형주거지가 분포하는 범

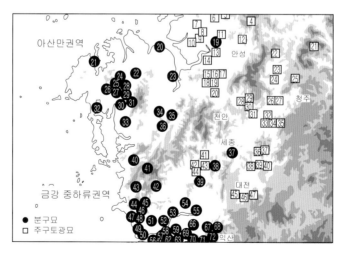

그림 3-23 충청지역 마한 분묘의 분포

마한馬韓 분구묘墳丘墓의 이해

위까지로 볼 수 있다.

마한의 사계와 관련하여 논란의 핵심지역은 호남 동부의 내륙/산간지대이다(그림 3-24). 먼저 금강 상류와 운봉고원 일대를 살펴보면, 이 일대에서는 문헌기록과 유사하게 소국을 상정할 정도의 물질문화가 거의 발견되지 않고 있다(김승옥 2019a)[18]. 이들 지역 일대를 제외한 호남 산간지대에서는 충청 내륙의 산간지대와 유사하게 원형계 주거지가 집중 분포한다. 일각에서는 원형주거지와 일부 내부 구조, 묘제, 경질 무문토기, 특히 원형주거지에 주목하여 경남 서부와의 강한 공통성을 지적(권오영 2008)하거나 한 발 더 나아가 가야 영역

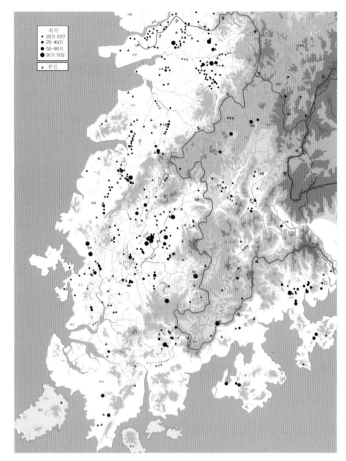

그림 3-24 호남지역 마한 중기 유적의 분포

권(공봉석 2008)이나 소가야와 동일하다고 주장(하승철 2018)하기도 한다.

호남 동부의 또 다른 수계로는 섬진강과 보성강이 있는데, 섬진강 상류[19]의 대형취락으로는 임실 석두리(60기)와 갈마리 해평(56기), 망월촌(37기)[20]유적 등이 발견되었다. 이 지역 주거지

---

18) 금강 상류 일대에서 이 시기의 유적으로 볼 수 있는 예는 장수 침곡리와 진안 군상리 정도인데, 두 유적 모두 10기 미만의 소형 취락이다(김승옥 2019a). 이 유적들은 방형(4수식 포함), 노지 형태, 출토유물로 볼 때 서부 지역 마한계 주거지와 연결된다. 따라서 현재까지의 조사 결과로 보는 한, 금강 상류 일대에 마한과 친연성을 보이는 일부 집단이 존재했지만 『삼국지』에 기록된 마한 소국과 흡사한 규모의 지역연맹체가 존재하였다고 보기는 어렵다. 훗날 백제와 가야가 금강 상류에 본격 진출하여 각축을 벌이는 이유도 이러한 마한 소국의 부재와 무관하지 않을 것이다. 남강 수계의 운봉고원일대에서도 뚜렷한 마한계 유적이 발견되지 않고 있는데, 이 역시 대가야 세력이 진출하는데 중요한 요인으로 작용하였을 것이다.

19) 상류는 임실과 순창 일대, 중류는 곡성, 구례, 남원 서부 일대, 하류는 순천 동부, 광양, 여수 일대가 해당된다.

20) 유구의 총수는 이 시기 뿐만이 아니라 전후시기를 포함한 것이다. 그러나 유구의 성격은 해당 시기에 대한 것을 중심으로 기술했으며, 이는 다른 지역권에서도 마찬가지이다.

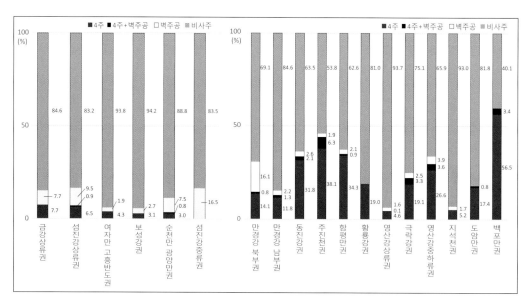

그림 3-25 호남지역 마한 주거지 기둥 배치 분포

의 평면 형태는 모두 방형계이며 내부구조와 출토유물에서 서부 평야지대의 전형적인 마한계 취락과 별반 차이가 없다. 이는 4주식이 약 7%에 이르며(그림 3-25), 중류와 하류, 보성강 일대에서 흔히 출토되는 경질무문토기가 발견되지 않는다는 점에서도 뒷받침된다. 마한계 묘제는 불분명하지만 중류의 남원 초촌리 옹관묘나 입암리 분구묘, 곡성 대평리 분구묘로 볼 때 상류에서도 향후 마한계 묘제가 발견될 가능성이 다분하다. 결과적으로 섬진강 상류 일대에는 서부 평야지대와 흡사한 양상의 마한 소국이 존속하였다고 보는 것이 합리적이다.

섬진강 중류역의 대표적인 중대형 취락으로는 남원 세전리(30기), 구례 봉북리(30기), 곡성 오지리유적(47기) 등을 들 수 있는데, 이들을 포함한 중류의 유적에서는 원형과 방형 주거지가 혼재하며 경질무문토기가 성행한다는 점에서 호남 서부 및 섬진강 상류와 차이를 보인다. 그럼에도 노지의 형태와 연질타날문토기, 상술한 일부 마한계 묘제의 존속이란 측면에서 보면, 서부 마한 문화와 공통성을 보인다.

섬진강 하류권역의 대표적인 유적으로 순천 덕암동(239기), 광양 용강리 관동과 기두(166기), 광양 도월리(73기), 여수 화장동 대통(85기), 여수 죽림리 차동유적(80기) 등이 있다. 원형계가 주류를 점한다는 점에서 섬진강의 다른 지역과 차별성을 보이고, 노지의 비율이 낮으며 4주식 주거지의 유입이 동부지역에서 가장 늦다는 점에서도 특징적이다(이동희 2015). 또한 분구묘의 발견 사례가 없고 여수 운평리와 죽림리 등지에서 발견된 토광묘는 대부분 중기 이전에 축조

마한馬韓 분구묘墳丘墓의 이해

된 것들이다.

보성강권(고흥반도 포함)의 대형 취락으로는 보성 석평(167기)과 조성리(41기), 순천 대곡리(84기), 고흥 신양(85기)유적을 들 수 있다. 이들 유적을 포함한 보성강권 주거지의 평면 형태는 방형과 원형이 혼재하지만 방형이 82%로 매우 높으며 4주식 방형도 전남 동부 지역에서는 가장 빨리 등장한다(이동희 2015). 또한 경질무문토기가 발견되지만 인접한 섬진강 하류에 비해 그 비중이 상대적으로 낮다. 무덤으로는 순천 요곡리, 고흥 석봉리와 한천리에서 마한계의 토광묘가 발견된 바 있다. 따라서 이 일대의 마한 문화는 영산강과 섬진강 중·하류의 점이지대적 성격을 보여주고 있다.

이상과 같은 물질문화의 분포로 볼 때, 호남 동부지역 마한 문화와 주요 정치체는 금강 상류의 진안고원과 운봉고원 일대를 제외한 섬진강과 보성강 전역에 분포하고 있었을 개연성이 매우 높다. 이는 『삼국지』가 전하는 마한 소국의 분포 양상과도 대체로 일치하는데, 예컨대 섬진강 일대 역시 마한 소국으로 기록되고 있다. 그럼에도 섬진강 중류와 하류, 보성강 일대는 서부 평야지대와 물질문화상에서 약간의 차이를 보이는데, 이러한 차이는 마한 문화의 지역적 다양성으로 이해할 수 있다[21]. 호남 동부지역에서 가야의 일부 문화요소가 발견된다는 점에 근거하여 이를 가야 정치체로 인식하는 주장은 영산강권역 장고분을 일본 왜계 정치체의 성립으로 동일시하는 입장과 별로 차이가 없다. 따라서 방형과 원형, 경질무문토기의 유행 여부, 분묘의 밀도 차이에 따라 호남의 서부와 동부를 가르는 이분법적 사고는 지양할 필요가 있다. 청동기시대 송국리형 취락의 분포에서도 호남 서부 일대에서 원형계가 유행하고, 섬진강 상·중류 일대에서 방형계(임실 외량, 곡성 오지리와 대평리유적 등)가 집중적으로 분포한다(김승옥 2006)고 해서 후자를 '송국리문화가 아니다'라고 해석하기는 어렵다. 이 또한 송국리문화의 지역적 차이일 뿐이다. 물질문화의 단면보다는 전체를 볼 필요가 있으며 지역적 다양성에 대한 깊은 이해와 성찰이 요구된다.

---

21) 섬진강의 중류와 하류, 특히 하류 일대에서 다양한 가야문화의 요소가 발견된다는 점에서 이 지역들은 전형적인 문화적 점이 지대로 볼 수 있다. 상세한 논의는 전고(김승옥 2019a)를 참조하기 바란다.

제4장
분구묘의 기원과 출현시점

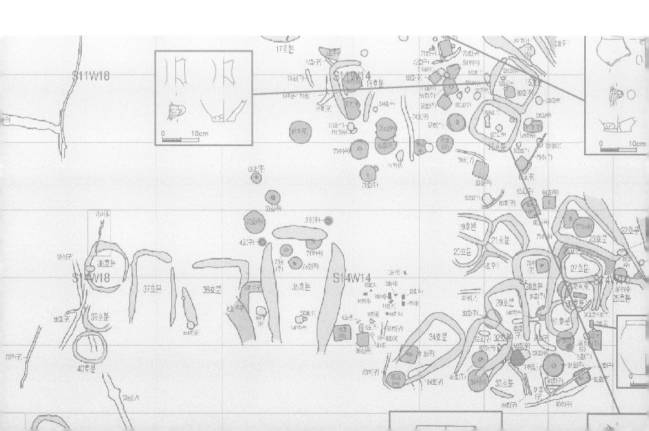

마한 분구묘 연구에서 가장 핵심적인 논쟁 중의 하나는 분구묘의 기원과 등장시점이라 할 수 있다. 기본이자 첫 단추인 여명을 알 수 없다면 그 변화과정과 끝도 이해하기 어렵게 된다. 이 문제가 쉽게 풀리지 않은 가장 중요한 이유는 1) 분구묘 성립시점의 자료가 절대적으로 부족하고, 2) 매장시설 및 출토 유물이 빈약하며, 3) 분묘의 특성상 절대연대 측정이 상대적으로 어렵다는 점에 있다. 이 장에서는 기존 자료의 전면적인 재검토와 최근 자료의 분석을 통해 분구묘의 기원과 성립시점을 검토한다[22].

22) 이 장의 내용은 전고(김승옥 2023a)를 책의 체계와 내용에 맞춰 일부 수정하고 보완한 것임을 밝혀둔다.

1 기원과 성립시점을 둘러싼 논쟁

1) 기원

그 동안 학계에서 제기된 마한 분구묘의 기원은 외래기원설과 자체발생설로 대별할 수 있다. 전자는 대부분 중국으로부터의 전파에 근거하는데, 먼저 적석묘 기원설을 들 수 있다. 동아시아 분묘 축조 전통은 봉토묘와 분구묘로 대별할 수 있고, 한국의 봉토묘는 중국의 중원지역에서 낙랑을 거쳐 영남지역으로 파급되었다고 본다(이성주 2000). 후자의 분구묘는 요령지역 강상·누상묘崗上·樓上墓에서 출발한 적석묘가 고구려 적석총으로 연결되고, 이후 임진·한강 일대의 적석분구묘와 중서남부 일대의 분구묘의 등장에 영향을 미쳤다고 보고 있다.

요령지역 적석묘 전통과 분구묘의 상호관계에 대한 이러한 주장은 일면 타당성이 있다. 먼저, 두 묘제는 분구의 주체가 돌과 흙이라는 차이가 있지만 무덤의 축조방식에서 분구묘라는 공통점을 찾을 수 있다. 다음으로 요령지역 적석묘가 문화, 역사적으로 적석분구묘 집단과 연결될 가능성이 농후하고 후자의 출자가 마한계이거나 한예계韓濊系일 가능성이 있다(권오영 2009)는 점을 생각할 필요가 있다. 이 논리로 본다면 적석분구묘는 마한과 일정 부분 관련성이 있으며, 지리적으로 인접하고 있는 한강 이남의 분구묘 집단과도 활발한 문화적 접촉을 했을 가능성이 있다. 즙석葺石분구묘(김승옥 2009)에서 보이는 분구 최상부 돌의 존재도 적석분구묘 집단과의 접촉 가능성을 엿보이게 하는 지점이다.

이와 같이 요령지역 적석묘 전통과 분구묘의 관련성은 어느 정도 인정되지만 분구묘의 기원으로 한정하면 논리와 실증에서 모순이 발생한다. 필자가 아래에서 주장하는 바와 같이 분구묘의 성립시점을 기원전 3~2세기로 본다면 2세기를 상회하지 못하는 적석분구묘(박순발 1994; 이성주 2000; 임영진 1995)는 오히려 분구묘의 영향을 받았을 가능성이 높다는 모순이 발생한다. 또한 분구묘가 요령과 한강 일대의 영향을 받았다면 한강 하류나 아산만권 일대의 것들이 시기적으로 가장 앞서야 하지만 가장 이른 시기의 것들은 만경강권역과 금강 최하류권역의 서천 일대에서 발견된다. 따라서 분구묘는 문화 간의 접촉과 발전과정에서 적석묘 축조 전통과 모종의 관련이 있다고 볼 수 있지만 그 계보를 상호 연결시키는 시도는 현재로선 설득력이 떨어진다.

이 외에도 낙랑고분의 분구가 영향을 미쳐 분구묘가 등장했다는 주장(성정용 2000a)과 북방문화의 영향으로 분구조영이 채택되었다는 견해(성낙준 1996)가 있지만 앞에서 제기한 논리와 실증에서 동일한 문제를 내포하고 있다.

외래기원설의 또 다른 핵심은 분구묘 기원을 중국 토돈묘土墩墓에서 찾는 입장이다. 예컨데, 마한 분구묘는 지상 분구 중의 매장시설, 추가장에 의한 다장, 주구의 존재 등 여러 측면에서 중국 오월吳越지역 토돈묘와 깊은 관련이 있다는 것이다(강인구 1984; 임영진 2007, 2016). 이와 유사하게 한반도와 일본의 분구묘가 중국 춘추전국시대 진秦의 묘제와 밀접한 관련이 있다는 견해도 있다(呂智榮 2002; 이택구 2008).

중국 토돈묘와 마한 분구묘는 구조와 축조방법에서 일부 유사성을 부정하기 어렵지만 두 묘제를 직접적으로 연결하기는 곤란한 상황이다. 예를 들어 토돈묘의 성행시기인 춘추전국시대와 마한은 시간적 격차가 너무 크고, 출토 유물에서도 양자를 연결시키기는 거의 불가능하다. 또한 분구묘는 단장에서 다장으로 변화(김승옥 2011)하지만 토돈묘는 시작부터가 다장이라는 차이점이 있다.

다음으로 자체발생설을 살펴보면, 먼저 분구묘의 이른 시기 형태인 소위, '주구묘周溝墓'가 송국리문화와 모종의 관련이 있다는 견해가 제시(최완규 2015, 2020)된 바 있다. 송국리문화와 분구묘는 분포에서 상당 부분 일치하고 시간적으로 선후관계를 가지면서 동시성도 일부 인정된다. 또한 보령 관창리와 완주 상운리 등 분구묘 등장기의 유적에서 송국리형 주거지나 묘제가 중복되거나 혼재하여 발견된다는 점도 두 문화 간의 친연성을 보여주는 증거이다. 그럼에도 분구묘는 동시기 송국리문화 뿐만이 아니라 점토대토기문화 단계의 수석리문화와도 밀접한 관련이 있다는 점이 최근 제기되고 있다(김승옥 2020). 따라서 송국리문화, 수석리문화, 분구묘 삼자간의 구체적인 상호작용이나 역학관계 논의가 요구된다.

자체발생설의 또 다른 예로는 춘천 천전리, 홍천 철정리, 정선 아우라지, 보령 관창리, 서천 오석리, 포항 호동, 사천 이금동, 진주 옥방8지구와 신촌리유적 등지에서 발견된 주구석관묘와 분구묘가 구조적으로 연결된다는 주장을 들 수 있다(이호형 2004). 주구의 존재라는 점에서 양자는 친연성을 보이지만 양자의 유행시기가 문제가 된다. 예를 들어 주구석관묘는 청동기시대 전기 후반에서 중기에 유행했던 묘제로 알려져 있어(김권중 2015; 김승옥 2015) 분구묘와

1,000여년에 걸친 시간적 공백이 존재하는 셈이다. 출토유물 및 구조, 분포공간에서의 불일치 등도 문제가 된다.

분구묘의 기원을 지석묘에서 찾는 주장도 있는데, 나카무라 다이쓰케는 야요이 전기 후엽(기원전 5세기경)에 등장한 일본 분구묘의 기원을 한국의 지석묘에서 찾고 있다(中村大介 2016). 예를 들어 호남지역 지석묘는 지상식 구조가 대부분이고 이는 근기近畿지역 분구묘의 지상식과 상통한다. 또한 지석묘는 주구석관묘와 지리적으로 혼재하기 때문에 주구석관묘의 주구와 지석묘의 지상식 구조가 분구묘와 연결될 수 있다는 것이다. 한반도와 일본의 분구묘는 시기적, 문화적으로 밀접한 관련이 있다는 점에서 이 주장은 마한 분구묘의 기원에도 시사하는 바가 적지 않다. 그러나 주구석관묘와 분구묘는 시간적 괴리가 너무 크고, 지석묘의 분포는 마한 분구묘와 일부 지역에서 겹치기는 하지만 핵심 분포지가 다르다는 점을 무시할 수 없다. 익히 아는 바와 같이 호남지역 분구묘는 서부 평야지대, 지석묘는 동부 산악지대에 밀집 분포한다(김승옥 2015).

이 외에도 주구토광묘가 토착사회에 영향을 미쳐 분구묘의 등장을 야기하였다는 주장(이남석 2011)이 있는데, 성립기 분구묘가 주구토광묘보다 시기적으로 선행한다는 점에서 설득력이 떨어진다(권오영 2015; 김승옥 2011).

2) 성립시점

분구묘의 성립시기와 관련된 최초의 주장은 보령 관창리유적 보고서를 통해 제기되었다. 분구묘의 주구에서 송국리형토기·두형토기·원형점토대토기 등이 발견되었고, 이를 근거로 분구묘의 상한 연대가 기원전 3세기경에 해당될 가능성이 있다고 보았다. 이후 영광 군동유적의 조사와 관련 유적의 분석을 통해 분구묘는 기원전 2세기 전후나 기원전 3세기경에 축조되었을 가능성이 대두된 바 있다(김승옥 2011; 이택구 2015; 최완규 2020).

이러한 성립시기와 관련하여 회의론이 제기되었고, 최근에는 김포·인천 일대의 분구묘와 서산 예천동유적의 성과에 힘입어 분구묘의 상한을 2세기 중반 경으로 보는 입장도 제기되고 있다(권오영 2015; 김기옥 2015; 정해준 2015). 이와 같은 비판은 먼저, 기원전 2세기대의 유물이 발견되는 분구묘와 매장시설의 수가 군동 등 일부를 제외하고 그 수가 절대적으로 적다는 점에 근거한다. 다음으로 성립기 분구묘의 주구에서 간혹 후대의 적갈색연질토기편이 섞여서 발견되는 사례가 존재하기 때문이다.

2 물질문화의 기원과 변화에 관한 이론적 검토

고고학에서 물질문화의 기원 문제는 항상 어려운 주제이고, 마한 분구묘 역시 마찬가지이다. 그럼에도 기원은 해당 물질문화의 정체성을 알리는 중요한 열쇠이자 변화과정을 이해하기 위한 첫 단추이기 때문에 포기할 수도 없다. 분구묘의 기원과 성립시점을 본격 논의하기 전에 이와 관련된 이론적 담론을 잠시 살펴본다.

동서고금을 막론하고 사회변동은 이익을 추구하는 인간의 욕심과 야망에 의해 부단하게 발생하며, 인간 사회에 '사회변동 외에 변화하지 않는 것은 없다'. 이러한 사회변화를 촉진하는 기제機制는 다양한 양상을 보이며, 내부와 외부 요인으로 대별할 수 있다(김승옥 2019). 내부 요인으로는 상용 활동 영역내의 자원과 노동력 통제를 둘러싼 사회 내 경쟁을 들 수 있다. 외부 요인은 다시 1) 문화 간의 접촉, 2) 집단의 이주, 3) 집단 간의 갈등과 전쟁으로 세분할 수 있다. 첫 번째 문화 접촉의 대표적인 예로는 장거리 교역을 통한 외부 자원의 통제를 들 수 있다. 예를 들어 원거리교역을 통한 위세품의 전략적 획득과 분배는 사회 변동의 자극제로 작용한다(Helms 1992). 또한 외부 집단과의 접촉을 통한 새로운 최첨단 혁신기술의 도입과 모방, 외부 세력과의 정치적 동맹과 엘리트간의 정략결혼(Spencer 1993; Wright 1984) 등도 사회 변동의 원동력으로 작용한다. 문화 간의 상호접촉을 통한 이러한 사회적 변화를 문화접변이라 부른다.

두 번째의 집단의 이주를 통한 문화변동은 엘리트나 장인 집단의 이동이나 상당한 규모에 이르는 사회 구성원의 이주를 통해 발생할 수 있다. 이와 연동된 문화변동을 살펴보면, 1) 토착민과 이주민의 문화가 상호 역동적으로 결합하여 새로운 문화로 변화하는 경우, 2) 토착민이 이주민의 새로운 문화를 전적으로 채용하거나 도입하는 경우, 3) 이주민이 토착민의 문화를 점진적, 혹은 급격하게 대체하는 경우이다. 이러한 세 가지의 경우에서 두 개 이상이 복합적으로 작용하여 문화변동이 발생할 수 있음은 물론이다.

세 번째의 집단 간 갈등과 전쟁으로 인한 문화변동 역시 다양하게 발생할 수 있다. 전쟁으로 인해 특정 문화나 정치체가 소멸하거나 새로운 문화가 이식될 수도 있지만 토착민의 물질문화가 다양하게 변화할 수 있음도 유념해야 한다. 다시 말해 정치적 정복이나 복속이 반드시 문화의 소멸이나 복속을 의미하는 것은 아니다. 예를 들어 4세기대 이후의 마한 분구묘는 마한 전통의 묘제를 고수하면서도 다양한 백제 유물이 발견되며, 4세기 중후반경에 이르면 영산강유역을 제외한 대부분의 마한 고지는 백제화되지만 여전히 마한 고유의 취락이나 묘제,

물자들이 유지되기도 한다(김승옥 2007, 2011).

이상과 같이 한 사회의 문화시스템이나 특정 문화 요소의 변동은 자체적 기제와 외부 요인에 따라, 그리고 시간과 공간에 따라 끊임없이 다양하게 발생한다. 이는 문화과정이나 결과의 설명보다 기원 문제가 훨씬 어렵다는 점을 시사한다. 물론 물질문화의 기원과 정체성의 설명이 항상 어려운 것은 아니다. 예를 들어 마한 분구묘 등장 전후의 수석리문화는 북방지역 점토대토기문화와 직접적으로 연결되며, 송국리문화나 지석묘 사회는 오랜 전통을 지닌 토착문화임은 정설로 굳어지고 있다.

마한 분구묘의 기원을 외부 집단의 이주나 문화의 전파(외래기원설), 토착문화의 내재적 발전의 결과(자체 발생설)로 주장하기도 하지만 여전히 의견의 일치를 보지 못하고 있고, 이는 마한 분구묘가 변화무쌍한 문화변동의 결과로서 다층적이고 복잡한 동시에, 한편으로는 모호하기 때문이다. 또한 한 사회의 문화시스템이나 특정요소의 변동은 다원적으로 끊임없이 이루어진다는 점에서 외부와 내재적 기제를 동시에 고려할 필요가 있다.

여기서 누구나 아는 상식이지만 잊기 쉬운 문화의 정의를 다시 상기할 필요가 있다. 문화란 '내부 요소(정치, 경제, 사회, 기술, 이념 등)와 외부 요소(환경)를 포함하는 많은 요소들로 구성된 하나의 시스템이다'(Binford 1971; White 1959). 인간의 몸이나 자동차의 엔진처럼 문화체계의 다양한 하부 요소들이 서로 역동적으로 작용하여 문화는 움직이고 변화하게 된다. 다시 말해 한 문화의 일면이나 조각들을 가지고 그 문화의 기원이나 원형을 속단해서는 안 된다. 분구묘의 기원이나 변화의 설명 역시 성립 당시의 거시적 요소(송국리문화, 수석리문화, 지석묘 등)와 미시적 요소(분구묘의 분포와 입지, 형태와 구조, 출토 유물 등)를 종합적으로 고려해야 한다.

아래에서 이러한 '모든 문화적 맥락(contexts)'을 총체적으로 고려하여 분구묘의 기원과 성립시점을 살펴본다. 그럼에도 그 해상도는 높을 수가 없는데, 그 이유는 무엇보다도 위에서 기술한 문화변동의 속성과 역동성에서 찾을 수 있다. 다음으로 모든 문화적 맥락을 검토할 수 없는, 소위 '유실遺失고고학'의 특성에서 찾을 수 있다. 특히 성립기 분구묘가 그러한데, 이는 지상에 위치하는 매장시설의 삭평과 훼손으로 인한 핵심 정보의 유실 때문이다. 물론 이러한 "정보의 유실로 인해 문화체계의 복원이 원천적으로 불가능하다"라는 의미는 아니다. 예를 들어 매장시설의 유실은 분구묘의 입지와 주구 형태에 따라 성립기 분구묘의 특징으로 작용하기도 한다(김승옥 2011, 2020). 따라서 '가급적 모든 맥락'과 유추를 논리적으로 동원하여 분구묘의 기원과 성립시점을 논할 필요가 있다.

3 분구묘 성립기 주요 유적 검토

분구묘 성립기의 유적은 발견 사례가 드물고 발견되더라도 매장시설이 훼손된 경우가 상당수에 이른다. 이러한 한계를 보완하고 당시의 문화적 맥락을 살펴보기 위해 성립기 분구묘의 직전 시기나 동시기에 유행했던 송국리와 수석리문화를 함께 검토한다. 또한 분구묘를 제3장에서 서술한 권역별로 살펴보되, 곡성 대평리유적[23]은 영산강권역에 포함하여 기술한다. 각 권역에서는 성립과정의 이해를 돕기 위해 연대가 상대적으로 명확하거나 시기적으로 빠른 유적부터 기술한다.

1) 한강 하류권역

◆ 김포 운양동유적

분구묘 분포권역의 최북단에 위치한 운양동 유적에서는 1-11지점에서 28기, 2-9·11지점에서 4기의 분구묘가 발견되었다(그림 4-1). 분구묘가 확인된 곳은 해발 25m 이상의 구릉 정상부 능선과 사면부에 해당된다. 분구묘 간 중복이 없으며 일정한 간격을 두고 열상으로 배치된 모습이다. 평면 형태는 밀폐형의 방형이나 한 변이 개방된 마제형이다. 가장 이른 시기의 것으로 보고된 1-11지점 27호의 토광에서 세형동검과 낙랑토기

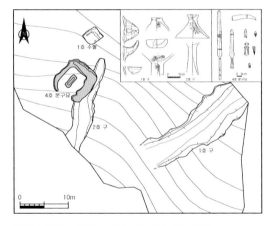

그림 4-1 김포 운양동 분구묘와 주요 출토 유물

백색 옹, 무경식 능형철촉, 일단병 직기형 철모, 한식계 철장검, 도자 등이 발견되었다. 1-11-3·9·12·13호, 2-9-1호, 2-11-3·4호에서는 금제이식, 이단병식과 관부 돌출형 철모, 유공철촉,

---

23) 이 유적은 섬진강 중류에 위치하지만 지리적 근접성과 교통로에서 영산강 상류와 밀접한 관계를 보이며 섬진강 일대에서는 이 유적을 제외하곤 성립기 분구묘가 발견되지 않는다(김승옥 2019a). 이러한 이유로 대평리유적을 영산강유역권에 포함하여 기술한다.

승문타날의 원저단경호 등이 발견되며 연대는 2세기 중엽 경으로 비정되었다.

이 유적에서는 청동기시대 중기의 역삼동형 방형 주거지가 함께 확인되었다. 수석리문화의 유구로는 2-11지점에서 주거지와 구상유구, 2-9지점에서 수혈과 옹관묘가 발견되었다. 주거지[24]는 1기가 확인되었는데, 내부에서 두형토기 대각부와 동체부편이 발견되었다. 구상유구는 2기가 발견되었으며, 20여m의 길이에 단면은 완만한 V자형이다. 내부에서 200여점의 두형토기, 원형점토대토기, 뚜껑, 우각형파수, 소형 잔 등이 발견되었는데, 대부분 파쇄 상태로 출토되었다. 이 외에도 무경식 석촉, 유구석부, 어망추, 지석 등이 확인되었다. 전반적인 유구의 구조와 유물의 종류 및 발견 상태가 만경강 일대의 구상유구(김승옥 2016, 2020)와 흡사한 양상이다. 옹관묘는 2기가 발견되었는데, 삼각점토대토기 옹을 사용한 단옹식 횡치이다.

◆ 인천 연희동유적

가지능선의 상단부와 중하단부에서 58기의 방형계 분구묘가 확인되었다. 단장분구묘 12기를 제외하고 매장시설이 확인되지 않는 점으로 보아 분구묘의 상당수가 이른 시기에 축조되었다는 점을 알 수 있다. 능선 평탄면에 자리 잡은 1-2지점 1호에서는 원형점토대토기편과 연질의 대옹과 완 구연부편이 발견되었다. 1호의 점토대토기와 관련하여 1-2지점 내에 동시기의 유구가 존재하지 않으며 수석리문화의 수혈은 100여m 떨어진 1-4지점에서 발견되었다는 점을 고려할 필요가 있다. 따라서 이 점토대토기가 후대에 유입되었다고 보기는 어렵다. 1-4지점의 평탄면에서도 방형의 분구묘 1기가 발견되었는데 매장시설이나 유물은 발견되지 않았다. 1호 수혈에서는 수석리문화의 원형점토대토기, 두형토기 대각편, 석촉편 등이 발견되었다.

◆ 김포 양촌유적

다수의 분구묘가 조사되었으나 가장 이른 시기의 것으로 3-나-1·2·5호가 보고되었다. 이 분구묘들은 구릉 정상부를 따라 일정한 간격을 두고 배치되어 있으며 평면 형태는 방형이다. 매장시설인 토광 내부에서 낙랑계의 백색 옹과 평저 단경호, 무경역자식철촉, 직기형 철모, 환두대도 등이 발견되었으며 연대는 2세기 중엽 경으로 추정된다.

---

24) 보고서에서 수혈로 기술하고 있으나 이 유구의 잔존규모는 339x290cm이고 형태가 방형이다. 수석리문화의 주거지가 일반적으로 형태와 구조에서 정형성이 떨어진다는 점과 규모로 볼 때 이 수혈은 주거지로 추정된다.

이 외에도 김포와 인천 일대에서는 2세기대의 분구묘가 발견되었는데, 그 예로 운서동을 들수 있다. 또한 이 일대에서는 2세기대의 토광묘, 패총, 주거지와 수혈 등이 다수 발견된다는점(서현주 2019)이 주목된다. 결과적으로 한강 하류권역에서는 2세기 전후에 분구묘를 포함한 다양한 물질문화가 유행하였고, 분구묘는 이 보다 이른 시기에 등장하였을 개연성이 다분하다.

2) 아산만권역

◆ 당진 도성리유적

5기의 분구묘는 해발 25m 내외의 구릉 정상부에 일정한 간격을 두고 독립적으로 분포한다(그림 4-2). 형태는 모두 방형이며, 1호주구에서 주조철부와 무문토기, 타날문토기가 출토되었고, 2호에서 무문토기 저부편과 우각형파수편, 격자문과 평행문이 시문된 회백색연질토기가 발견되었다. 3호에서는 무문토기와 석기편이 출토되었다. 5호는 보고서에서 백제 굴립주건물로 보고되었으나 주구는 분구묘의 주구로 판단된다. 그 이유로는 먼저 주구의 형태와 구조가 백제 굴립주건물 주구와는 상당히 다르고 주공과 상당한 거리를 두고 있다는 점을들 수 있다. 또한 이 건물지에서는 백제와관련된 유물이 전혀 발견되지 않고 오히려

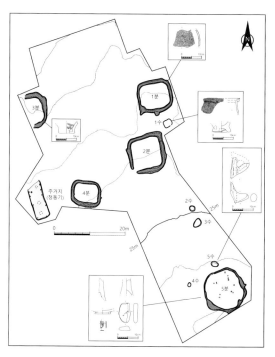

그림 4-2 당진 도성리 분구묘와 주요 출토 유물

주구에서 두형토기, 무문토기, 석기 등 수석리문화의 유물이 다수 확인되었다.

이 유적에서는 중기의 역삼동형 방형 주거지가 1기가 함께 발견되었는데, 내부에서 구순각목문토기, 무문토기, 점토대토기, 조합식우각형파수 등이 출토되었다. 또한 수석리문화의 수혈 5기에서는 삼각형점토대토기, 조합식우각형파수, 장각의 두형토기 등이 다량 발견되었다.

◆ 서산 예천동·여전유적

분구묘 수백여기가 조사되었는데, 평면 형태는 대부분 방형계이다. 중복을 이루거나 독립된 분구묘가 혼재하지만 후자의 경우에도 대부분 서로 연접하여 발견되는 특징을 보인다(그림 4-3). 발견된 매장시설은 대부분 단장이다. 가장 이른 시기의 것으로 보고된 예천동 18-1호 토광에서 칠초철검·2단관식과 관부돌

그림 4-3 서산 예천동 분구묘

출형 철모·주조철부·주조철착이 발견되었고, 이에 근거하여 연대를 2세기 중후반으로 비정하고 있다. 이 분구묘는 구릉 정상부의 평탄면에 위치한다.

예천동유적에서는 분구묘와 유사한 시기의 유구가 발견되었는데 먼저, 청동기시대 전기로 보고된 소형의 방형계 주거지(4·5호)는 기존 연구 성과를 감안하면(김승옥 2006) 청동기시대 중기의 역삼동형으로 판단된다. 수석리문화의 유구로는 옹관묘 1기와 토광묘 2기가 발견되었다. 옹관으로는 삼각형점토대옹과 파수부호가 이용되었으며, 토광묘에서 석제검파두식과 삼각형점토대발이 출토되었다. 예천동 여전에서는 수석리문화의 구상유구 1기가 발견되었다.

3) 금강 중하류권역

◆ 보령 관창리유적

해발 10~29m의 능선을 따라 분구묘가 분포하는데, B지구에서 99기가 발견되었다. 분구묘들은 일부 중복되기도 하지만 대부분 일정 거리를 유지하면서 독립 분포한다(그림 4-4). 매장시설은 4기에서 발견되었는데, 423호와 437호는 석곽형의 매장시설을 지닌 수석리문화 단계의 적석목관묘 형태를 보이고 있어 주목된다. 423호의 적석목관 북쪽 변에서 철모 4점이 발견되었으며 주구 내에서 원형점토대토기, 두형토기, 파수 등 수십 여점의 무문토기들이 발견되었다. 437호의 적석목관 내부에서 점토대토기발, 흑색마연상성호, 동경 등이 발견되있고 주구에서 파수 등의 무문토기편이 출토되었다.

B구역에서 100여기의 송국리형 주거지가 발견되었고 F구역에서도 다수의 송국리형 주거지가 확인되었다. 일부 주거지에서는 송국리와 수석리문화 간의 활발한 접촉을 보여준다(이형원 2016). 송국리형 묘제(김승옥 2001a)인 석관묘·석개토광묘·옹관묘는 A구역에 집중되어 있다.

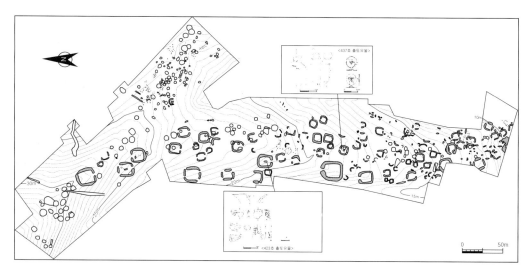

그림 4-4 보령 관창리 분구묘와 주요 출토 유물

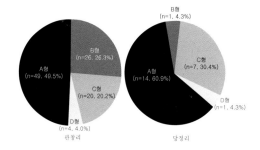

그림 4-5 출토 유물에 따른 분구묘 분류

수석리문화의 유구로는 주거지, 수혈, 옹관묘 등이 발견되었는데, F구역 4·6·7·8호 주거지의 평면은 장방형이다. 수혈은 B구역에서 수십 여기가 발견되었는데, 152호에서 점토대토기, 두형토기, 파수 등이 발견되었다. 횡치옹관묘 1기는 송국리형 외반구연에 조합식우각형파수가 부착된 토기를 중심 옹으로 이용하고 있다.

유물의 발견 여부와 종류에 따른 분구묘를 살펴보면, 유물이 전혀 발견되지 않는 무덤(A형, 49기)이 과반에 근접한다(그림 4-5). 점토대토기와 두형토기, 무문토기 등이 발견되는 무덤(B형)이 26.3%를 점하고, 무문토기와 타날문토기 등이 발견되는 무덤(C형)이 20.2%를 차지하고 있다.

B형 분구묘의 연대는 기원전 2세기 전후에 축조되었을 가능성이 높은데, 그 이유로는 성립기 다른 유적들과 유사하게 매장시설이 유실된 무덤들이 독립적으로 분포하고 주구에서 수석리문화의 유물이 다량 발견된다는 점을 들 수 있다. 또한 유적 내에서 수석리문화와의 접촉을 보여주는 늦은 단계의 송국리형 주거지와 수석리문화의 주거지, 옹관묘, 수혈유구의 존재도 이러한 연대를 방증하는 중요 자료들이다. A형과 C형의 연대는 아래에서 살펴본다.

◆ 서천 당정리유적

저평한 구릉지대에서 총 23기의 분구묘가 발견되었는데, 모두 방형계로서 서로 간에 독립적으로 분포하고 있다(그림 4-6). 매장시설은 발견되지 않았고 유물은 주구에서 출토되었다. 유물에 따른 분구묘는 관창리와 마찬가지로 4종류로 대별할 수 있는데, A형은 14기(60.9%)에 이른다. B형은 1기(4.3%)가 발견되었고, C형은 7기(30.4%)가 발견되었다. A형의 주구에서 원형점토대토기, 두형토기, 봉상형파수, 조합식파수편 등이 출토되었다.

함께 발견되는 유구로는 송국리형 주거지 17기가 발견되었다. 중복관계로 볼 때, 일부 주거지는 분구묘보다 이른 시기에 축조되었음이 분명하지만 3·4·6호에서는 무문토기와 함께 수석리문화의 두형토기가 발견되었다. 관창리유적과 유사하게 연대는 A와 B형이 기원전 2세기 전후로 추정되고, C형 역시 시간적 거리가 그리 멀지 않을 것으로 판단된다.

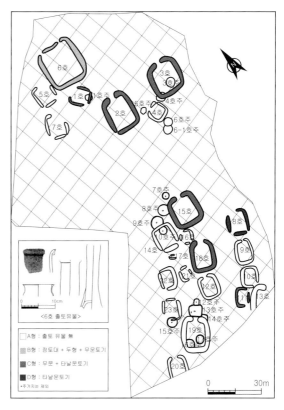

그림 4-6 서천 당정리 분구묘와 주요 출토 유물

◆ 서천 덕암리유적

III구역 능선 평탄면에서 분구묘 1기가 발견되었는데 모서리 일부가 개방된 방형이다. 매장시설은 발견되지 않았고 주구 내부에서 상당수의 무문토기편과 미상석기 1점이 발견되었다(그림 4-7). 보고자는 후대에 유입되

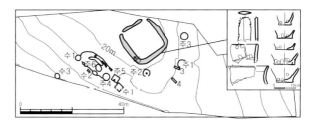

그림 4-7 서천 덕암리 분구묘와 주요 출토 유물

었을 가능성을 제시하였으나 III구역에서는 조선시대 유구를 제외하고 청동기시대나 수석리문화의 유구가 전혀 발견되지 않아 후대에 유입되었을 가능성은 희박한 걸로 판단된다.

◆ 서천 월기리유적

분구묘는 해발고도 55m 내외의 구릉 정상부에서 발견되었는데, 형태 파악이 가능한 7호는 방형을 보이고 있다. 매장시설이나 유물은 발견되지 않았다. 구릉 능선부를 따라 송국리형 주거지도 발견되었는데, 10호와 13호에서는 원형점토대토기와 흑색마연토기 등이 출토되었다. 2기의 수석리문화 주거지는 구릉 사면부에 입지하고 있으며 내부에서 우각형파수가 발견되었다. 환호로 보고된 구상유구[25]에서는 수많은 무문토기편들과 함께 점토대토기, 흑도장경호, 두형토기 등 다수의 수석리문화 유물들이 발견되었다.

◆ 서천 도삼리유적

2기의 분구묘가 조사되었는데, 서해를 조망하기에 유리한 구릉 정상부의 평탄면에 입지한다. 10호는 원형에 가까운 방형이며 11호는 모서리가 개방된 방형이다. 주구에서 타날문연질토기와 철부가 발견되는 점에 근거하여 보고자는 연대를 3세기경으로 비정하고 있다. 송국리형 주거지 30기가 함께 발견되었는데 대부분 원형이다. 4호에서는 송국리형토기와 함께 점토대토기, 두형토기, 파수 등 수석리문화의 유물이 다수 발견되었다. 구상유구도 발견되었는데, 무문토기 저부가 대부분 발견되어 연대를 특정하기는 어렵지만 송국리형 주거지와의 중복관계로 볼 때 수석리문화 단계에 속할 가능성이 있다.

◆ 부여 증산리유적

구릉 정상부와 사면부에 한 변이 개방된 분구묘 6기가 발견되었다(그림 4-8). 분구묘는 서로 간에 일정한 거리를 두고 분포하고 있으며 매장시설은 발견되지 않았다. 조성연대를 추정할 수 있는 유물로는 6호의 단면 육각형 주조철부가 있는데, 보고자는 2세기 중엽에서 3세기대로 보고 있다. 송국리형 원형 주거지(총 13기)도 함께 발견되었는데 일부 주거지는 분구묘와 중복관계를 보인다.

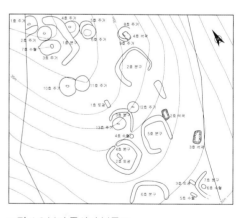

그림 4-8 부여 증산리 분구묘

---

25) 형태나 출토유물로 볼 때, 만경강권역에서 집중적으로 확인된 구상유구와 별 차이가 없어 보인다.

이 외에도 금강 중하류권에서는 다수의 성립기 분구묘가 발견되었다. 예를 들어 서천 종천리 산막골유적은 당정리에서 직선거리 350m 정도 떨어진 동일 구릉상에 위치하고 있다. 능선 평탄면에서 방형계의 분구묘 17기가 발견되었는데 1호 토광을 제외하고 매장시설은 발견되지 않았다. 1호 토광에서 석기편과 유리구슬이 발견되었다. 또한 군산 관원리 1-가의 분구묘 1기도 능선에 위치하고 있는데, 내부에서 무문토기 1점이 확인되었다. 이 외에도 서천 문곡리, 발동, 저산리·수성리, 옥남리, 추동리 등의 분구묘 유적도 입지·분포·분구 형태·출토 유물 맥락으로 볼 때 분구묘 성립기에 조영되었을 가능성이 높다.

4) 만경강권역

◆ 완주 상운리유적

총 30기의 분구묘가 발견되었는데, 이른 시기 분구묘인 가지구 1~4호분은 모두 구릉 정상부에 일정한 거리를 유지하며 단독으로 분포하며, 평면 형태는 방형계이다. 주구 1호와 3호 역시 분구묘의 주구였을 가능성이 매우 높다. 1·2·3호와 주구 1의 주구에서 두형토기, 원형점토대토기, 조합식우각형파수편 등이 발견되었다(그림 4-9).

송국리형 주거지(9기)는 라지구 구릉 정상부와 사면부에서 집중 발견되었다. 지석묘(1기)와 송국리형 묘제인 석관묘(1기)·석개토광묘(1기)·옹관묘(3기)는 나지구 구릉 정상부에서 확인되었는데, 석개토광묘와 옹관묘는 나지구 1호 분구묘의 정지층에서 발견된다. 수석리문화의 주거

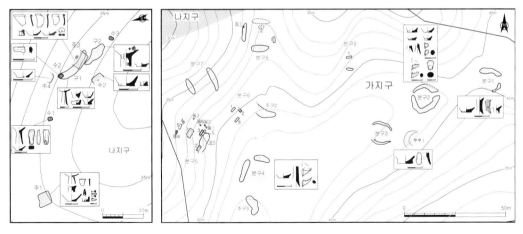

그림 4-9 완주 상운리 가·나지구 분구묘와 주요 출토 유물

지(4기), 수혈(3기), 구상유구(2기)는 모두 나지구 북쪽에 집중되어 있다. 수석리문화의 유구에서 발견된 유물들은 가지구 1~4호분과 흡사하며 점토대토기 구연부는 모두 단면 원형을 보인다.

상운리 가지구 정상부에 위치한 분구묘들은 기원전 2세기 이전을 상회할 가능성이 높다고 보인다. 주구 내의 수석리문화 유물들이 후대에 쓸려 들어갔을 가능성도 배제할 수 없지만 그럴 가능성은 희박하다. 왜냐하면 분구묘가 위치한 구릉 정상부에 수석리문화 유구가 전혀 발견되지 않고 있으며, 동시기의 주거지는 곡간지를 사이에 두고 150m 정도 떨어진 나지구에 위치하기 때문이다. 다른 유적들과 마찬가지로 송국리문화나 수석리문화의 유구들이 주변에서 발견된다는 점도 이 분구묘들의 연대를 방증한다.

◆ 익산 영등동유적

분구묘는 구릉 정상부와 사면부에서 4기가 발견되었는데, 서로 간에 독립 분포하고 있다. 평면 형태는 모두 한 변이 개방된 방형이고, 토광 1기가 중앙부에 안치된 1호를 제외하면 매장시설이 발견되지 않았다. 분구묘들은 입지와 분포, 평면 형태에서 이른 시기의 모습을 보이고 있지만 공반 유구와 출토유물에서 이질적이다. 먼저 2호 주구에서는 타날문토기편이 두형토기편, 지석, 토제 어망추 등과 함께 발견되었다. 또한 다른 유적들과 마찬가지로 송국리형 주거지와 수혈들이 발견되지만 일부 유구는 공간적 분리를 보이지 않고 서로 간에 중복관계를 보이고 있다. 예를 들어 주구묘 1호는 송국리형 주거지와 중복관계상 후행한다.

◆ 익산 어량동·간촌리유적

어량동유적 가지구 구릉 정상부에서 한 변이 개방된 방형 분구묘 1기가 발견되었다. 매장시설과 유물은 발견되지 않았다. 구릉 사면부에서는 분구묘와 공간을 달리하는 평면 원형의 송국리형 주거지와 석관묘·석개토광묘·옹관묘[26]가 다수 발견되었다. 옹관묘 1·2·4호는 옹형토기를 깨트려 'ㅍ'자 형태로 시설하였고, 옹편으로 시상대를 만든 구조로서 횡치 구조를 보이고 있다. 간촌리유적에 보고된 어양동 출토 옹관묘 역시 수석리문화에 속하는데, 원형점토대토기 2점을 횡치한 합구식의 형태를 띠고 있다.

어량동유적에서는 수혈 3기가 발견되었는데, 보고자는 송국리문화 단계의 유구로 추정하고 있다. 무문토기 저부편만이 발견되어 그 시기를 특정하기 어려우나 수석리문화 옹관묘의

---

26) 토광묘로 보고된 분묘들은 무문토기 시상대나 공간배치로 볼 때 상부가 유실된 석개토광묘일 가능성이 높다.

발견을 감안하면 수석리문화 단계에 속할 가능성도 배제할 수 없다.

간촌리유적에서는 낮은 구릉의 정상부에서 방형계의 분구묘 2기가 발견되었는데, 1호에서는 두형토기편, 우각형파수와 함께 삼국시대의 고배와 직구호 등이 혼재되어 발견되었다. 층위상 1호에 선행하는 2호에서는 석제검파두식, 원형점토대토기편, 우각형파수와 함께 고배가 출토되었다. 보고자도 지적한 바와 같이 분구묘의 원삼국~삼국시대유물은 후대의 의례행위에 의해 매납되었을 가능성이 크며, 분구묘는 수석리문화 단계에 축조되었을 가능성이 있다.

이 외에도 최근 김제 대동리·석교리·대목리·묘라리유적(기호문화재연구원 2022)에서 입지와 분포, 유구의 형태와 출토유물에서 이른 시기의 분구묘가 다수 발견되었다. 예를 들어 대목리에서는 7기의 분구묘가 발견되었는데, 방형계이고 매장시설의 존재 여부는 명확하지 않다. 주목되는 점은 분구묘의 정지층에서 수석리문화의 두형토기 대각편이 발견되었다는 점이다. 이들 유적에서는 성립기의 다른 분구묘유적들과 마찬가지로 송국리형 주거지와 묘제, 수석리문화의 구상유구와 수혈, 토광묘 등이 함께 발견되었다.

5) 영산강권역

◆ 곡성 대평리유적

분구묘는 총 28기가 발견되었는데, 주구는 방형계(장방형, 정방형), 제형계, 원형계(원형과 타원형)로 나눌 수 있다(그림 4-10). A·B구역에서는 방형계가 주로 분포하지만 C구역에서는 제형과 원형계가 발견되어 대비된다. 매장시설로는 석개石蓋토광과 토광이 발견되며, 주구 내에서 토광(36호)이나 옹관(26호)이 확인되기도 한다.

대평리 분구묘는 구조와 형태, 출토유물에 근거하여 3단계로 나누어 볼 수 있다(그림 4-11). 1단계는 폐쇄형의 방형 주구를 돌린 것들인데, 주구의 형태와 크기, 매장시설의 형태에 따라 2종류로 세분된다. 하나는 장방형의 대형 주구가 굴착된 분구묘로서 매장시설이 석개토광이다(A형). 16호와 20호가 여기에 해당하는데 16호는 상방형이다. 다른 하나는 방형 주구가 굴착된 분구묘로서 매장시설이 토광이다(B형). 19·22·29·31호등이 B형에 속한다[27]. 1단계 분구묘는 모두 상대적으로 지형이 높은 곳에 위치하고 B구역 서쪽의 한정된 공간에 분포한다. 출토

---

27) 이 외에도 폐쇄형의 방형주구를 갖춘 분구묘는 1단계에 축조되었을 것으로 추정되는데, 그 예로 32호를 들 수 있다.

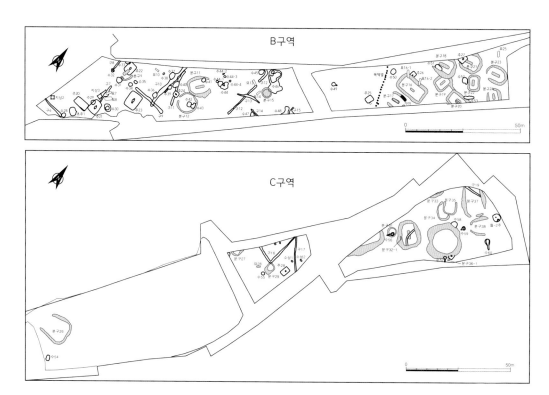

그림 4-10 곡성 대평리 분구묘

유물은 무문토기, 홍도형의 단경호, 유구석부와 삼각형석도, 관옥 등 송국리문화 단계의 유물이 공통적으로 발견된다. 석개토광의 매장시설, 방형계의 평면, 유물을 종합적으로 고려하면 1단계 분구묘는 기원전 3세기 전후에 조영되었을 것으로 비정된다. 19호 분구묘의 단경호와 송국리문화 단계로 보고된 10호 토광묘 출토 홍도의 기형이 흡사하다는 점도 이 연대관을 뒷받침한다(그림 4-11).

2단계 분구묘의 평면 형태는 밀폐형의 주구가 굴착된 원형계와 한쪽 면이나 모서리가 개방된 말발굽형의 방형계로 나누어지나 후자가 주류를 점한다. 2단계 분구묘 역시 상대적으로 높은 지형에 입지한다. 석촉이나 삼각형석도가 일부 발견되지만 심발과 장경호 형태의 경질무문토기와 점토대토기가 반출되며 조합식우각형 파수도 발견된다. 11호에서는 원형점토대토기편과 삼각형석도, 심발이 발견되는데 이와 유사한 유물의 조합상이 27호 송국리형 주거지에서도 확인된다. 21호의 경질무문토기는 윤다정(2017)의 변형장경호 변A3식으로서 기원전 2세기대에 유행하였다고 한다. 이러한 점들을 고려할 때, 2단계 분구묘는 기원전 2세기 전후에 조영되었을 가능성이 매우 높다.

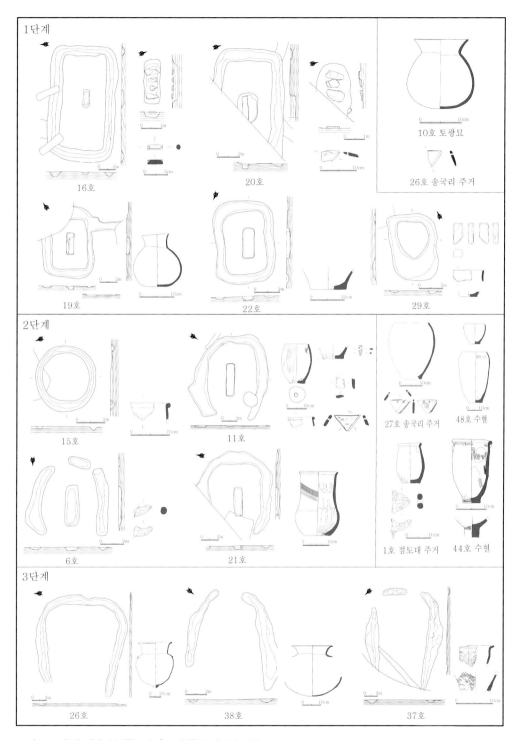

그림 4-11 곡성 대평리 분구묘와 출토 유물의 단계별 변화

3단계 분구묘는 장제형과 방형, 원형계의 평면 형태를 보이며 C구역에 밀집 분포한다. 유물로는 격자 타날문토기와 횡침선문이 시문된 회색연질토기가 발견된다. 또한 26호 분구묘의 주구에서는 선황리식 옹관이 발견되었다. 이러한 출토유물로 보아 3단계 분구묘의 하한은 3세기 중반을 넘지 않을 것으로 판단된다.

분구묘와 동시기이거나 직전 시기의 유구로 주거지, 토광묘, 수혈, 구상유구 등이 발견되었는데, 주거지로는 송국리형 29기와 수석리형 2기가 발견되었다. 전자는 모두 방형계이지만 후자는 모두 원형계의 평면 형태를 갖추고 있다. 송국리문화의 주거지 중 일부는 1단계 분구묘와 시기적으로 병행했던 것으로 판단된다. 그 이유로는 먼저 송국리문화 주거지와 분구묘의 공간적 분리양상을 들 수 있는데, 전자는 대부분 A지구에 위치하는 반면 후자는 B와 C지구에 분포한다. 다음으로 출토유물의 형태적 유사성이다. 예를 들어 분구묘 19호의 단경호, 20호의 삼각형석도, 29호의 유구석부는 송국리문화 유구에서 일반적으로 발견되는 것들이다. 11호 분구묘에서는 원형점토대토기편과 송국리문화 단계의 석촉·삼각형석도와 발형토기 1점이 발견되었는데, 27호 주거지에서도 거의 동일한 형태의 삼각형석도와 발형토기가 확인되었다(그림 4-11).

수석리문화의 주거지는 B구역 서쪽과 C구역 동쪽 가장자리에서 각 1기씩 발견되었다. 1호에서 원형점토대토기발, 소형발, 고배편, 조합식우각형파수편 등이 발견되었다. 토광묘는 1기가 발견되었는데, 홍도가 출토된 점에 근거하여 송국리문화 단계의 무덤으로 보고되었다. 그러나 송국리형 묘제는 석관묘·석개토광묘·옹관묘(김승옥 2001a)이고 토광묘가 거의 발견되지 않는다는 점에서 이 토광묘는 수석리문화의 분묘일 가능성도 배제할 수 없다. 또한 출토된 홍도는 19호 분구묘에서 출토된 단경호와 흡사(그림 4-11)한 점으로 볼 때, 이 토광묘는 1단계 분구묘와 시기적으로 병행할 가능성이 높아 보인다.

수혈은 60여기가 조사되었는데, 송국리문화의 것도 일부 발견되었지만 대부분 수석리문화에 속하며 후자에서 점토대토기, 두형토기, 고배, 삼각형석도, 석촉, 방추차, 어망추 등이 확인된다. 20여기의 구상유구는 '-'자형과 'ㄱ'자형[28]을 띠며 단면은 'U'자형을 보인다. 송국리문화에 속하는 것도 일부 발견되지만 수석리문화의 것이 압도적으로 많은 수를 보인다. 후자에서 점토대토기, 방추차, 어망추, 석촉, 삼각형석도 등이 발견되었다.

---

28) 일부는 분구묘의 주구였을 가능성도 있다.

◆ 영광 군동유적

분구묘의 시원 형태로 널리 알려진 A-18호 분구묘(그림 4-12)는 폐쇄형의 장방형 주구를 돌리고 매장시설로 토광이 설치되었으며, 내부에서 흑도단경호 1점이 발견되어 기원전 2세기경으로 비정된 바 있다(김승옥 2009, 2011; 김영희 2004; 박순발 2003; 최완규 2000). 이 분구묘와 비슷한 시기의 토광묘도 발견되었는데, 원형과 삼각형점토대토기, 경질무문토기, 토기뚜껑, 석착, 철모 등이 발견된 B-2·3·4를 들 수 있다. 이 토광묘의 조성연대는 기원전 1세기 전후부터 1세기경까지로 비정되는데, 비슷한 시기의 광주 복룡동유적 新나라 화폐인 貨泉이 이 연대관을 뒷받침된다(임설희 2020).

이 외에도 방형과 제형계의 분구묘가 수십 여기 발견되었는데, 유물이 발견되지 않아 단정할 수는 없지만 일부는 분구묘의 성립기에 조영된 것으로 추정된다. 송국리문화 주거지들도 다수 발견되었는데, 모두 B지구에 분포하면서 분구묘와 공간을 달리한다.

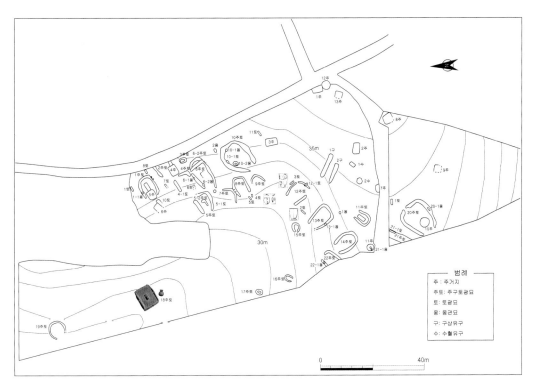

그림 4-12 영광 군동 A지구 분구묘와 주요 출토 유물

◆ 광주 외촌유적

해발 60m의 구릉 능선부 평탄면에 위치하고 있다(그림 4-13). 방형계 주구를 둘린 토광 1기가 발견되었는데, 내부에서 유경식有莖式석검이 출토되었으며 주구에서 무문토기편이 발견되었다. 석검의 형식으로 볼 때 기원전 3세기경에 조영된 것으로서 분구묘 성립기의 무덤으로 추정된다(한옥민 2001). 유적에서는 송국리형 원형 주거지 10기도 함께 발견되었다. 또한 수혈 4기와 토광묘 3기가 발견되었는데, 내부에서 무문토기편만이 출토되어 연대 추정이 어렵지만 토광묘는 수석리문화에서 일반적으로 발견된다는 점에서 수석리문화에 속할 가능성이 높다. 구상유구 1기 역시 무문토기편만이 출토되었지만 형태와 구조로 볼 때 수석리문화 단계에 축조되었을 가능성이 있다.

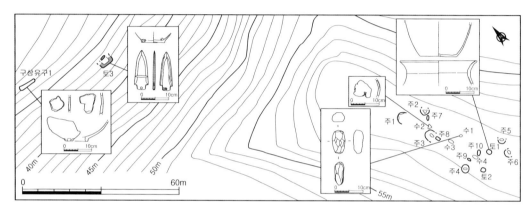

그림 4-13 광주 외촌 분구묘와 주요 출토 유물

◆ 광주 평동유적

유적은 해발고도 13~14m의 충적대지에 위치한다. 총 85기의 분구묘 중 분묘 간에 중복이 거의 없는 A구역 남쪽 중앙부에 위치한 방형 분구묘들이 시기상 가장 빨리 축조된 것으로 판단된다(그림 4-14). 예를 들어 17호 주구에서는 60여점의 경질무문토기가 발견되었는데, 기형으로 보면 고배, 파수, 대부토기, 호형토기 등이다. 4점의 점토대토기 단면형태는 원형과 삼각형을 보인다. 15호와 16호에서도 수십 점의 경질무문토기와 함께 타날문연질토기 수점이 출토되었다.

송국리형 주거지는 104기가 발견되었는데 A구역의 경우 북쪽과 남쪽 부분에 집중되어 나타난다. 석관묘는 주거지와 동일 지역에 집중되지만 공간적으로 주거지와 뚜렷하게 구별된

마한馬韓 분구묘墳丘墓의 이해

다. 수석리문화 단계까지 유행했던 주거지들(19기)은 중앙에 타원형 구덩이가 시설되지 않고 점토대토기와 경질무문토기가 발견된다.

수석리문화의 유구로는 수혈, 옹관묘, 토광묘, 구상유구 등이 발견되었다. 점토대토기와 경질무문토기가 반출되는 수혈들은 남쪽 중앙부의 두 지점에 집중되어 있으며 공간적으로 송국리형 주거지나 분구묘와 분리되어 있다. 옹관묘는 남쪽 최하단에 집중되어 나타나는데(A-9-17호) 모두 경질무문의 옹형토기를 횡치한 형태로서 신창리식 옹관묘와 유사하다. 토광묘는 4기가 발견되었는데, 독립적으로 분포하는 A-1호에서 경질무문토기편들이 발견되었다. 수많은 구상유구 중 일부는 수석리문화 단계에 축조되었을 것으로 판단되는데, 예를 들어 A-51호와 69호에서는 원삼국시대 이후 유물이 극히 일부 출토되지만 거의 대부분 두형토기, 우각형파수, 점토대토기편이다.

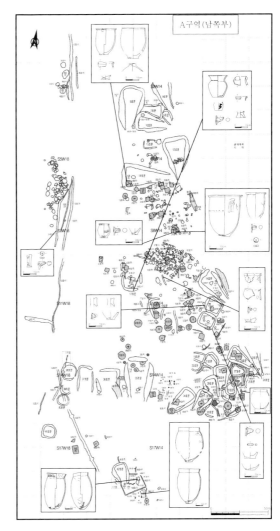

그림 4-14 광주 평동 분구묘와 주요 출토 유물

◆ 함평 자풍리 신풍유적

구릉대지의 평탄면에서 분구묘 3기가 보고되었으나 유물이 출토된 것은 1호와 2호이다(그림 4-15). 1호와 2호는 서로 3m의 일정한 거리를 두고 나란히 배치되어 있나. 1호는 길이 52.6m, 너비 6.8m의 규모를 보이며 북쪽 단변과 남동쪽 모서리가 개방된 형태이다. 2호는 사방이 폐쇄된 주구로서 규모는 길이 30.0m, 너비 5.5m이다. 주구에서 원형점토대토기, 두형토기, 대부토기, 조합식우각형파수, 발형토기, 석도편 등이 발견되었다.

성립기 분구묘와 유사한 시기의 유구로 주거지, 지석묘, 토광묘, 수혈, 토기가마 등이 발견

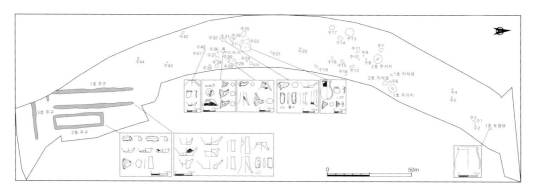

그림 4-15 함평 자풍리 신풍 분구묘와 주요 출토 유물

되었다. 2기의 주거지는 구릉 정상부에 위치하며 모두 원형계의 송국리형이며 지석묘 2기는
구릉의 정상부에 입지한다. 토광묘는 구릉 상단부에서 1기가 발견되었는데, 내부에서 원형점
토대토기편이 발견되었다. 2기의 토기가마에서는 경질무문토기편과 두형토기 대각편, 蓋, 석
촉 등이 출토되었다. 수혈은 총 44기가 발견되었으며 두형토기, 점토대토기, 개, 우각형파수,
장경호, 심발형토기 등 수석리문화 유물들이 출토되었다.

◆ 함평 상곡리 114-4번지유적

해보천이 조망되는 구릉성 대지 위에 위치하며 인근에 초포리유적과 용산리유적이 위치한
다. 청동기시대의 유구로는 구릉 상단부에서 송국리형 주거지 2기가 발견되었다(그림 4-16). 송
국리문화 단계의 것으로 보고된 구상유구는 재검토의 여지가 있는데, 평면형태가 '一'자형이
고 잔존규모 길이 17m, 너비 1.2~1.7m, 최대 깊이 70㎝이며 단면 'U'자형을 띠고 있다. 내부
에서 석도, 지석, 방추차, 무문토기편 등 수십 여점의 유물이 발견되었는데, 거의 대부분 파쇄
상태로 출토되었다. 이러한 유구의 형태와 구조, 출토유물의 맥락은 만경강 일대에서 집중적
으로 발견되는 수석리문화의 구상유구(김승옥 2016)와 별반 차이가 없다. 따라서 이 구상유구는
수석리문화 단계에 조영되었을 가능성도 배제할 수 없다. 유적에서 수석리문화의 분묘들이
발견된다는 점도 이러한 추정을 뒷받침한다.

수석리문화의 유구로는 석관묘 6기, 적석목관묘 1기가 보고되었는데, 이단광으로 굴착된
1호에서 경형동기鏡形銅器 4점이 발견되어 학계의 주목을 받은 바 있다. 경형동기는 중국 동
북지방 제작기술을 이어받아 현지에서 제작된 것으로 추정되며, 오목면 가장자리에 뉴紐가 1
개씩 부착되어 있는 변연뉴형으로서 제작 시기는 기원전 3세기 정도로 비정하고 있다(오강원

2017).

상곡리에서 가장 주목
되는 유구는 보고서에 시
대미상으로 기술된 3기의
주구이다. 주구 내에서 유
물이 발견되지 않았지만 3
호는 1호 석관묘나 2호 토
광묘와의 중복관계와 주
구의 형태 및 구조로 볼 때
이른 시기 분구묘의 주구
로 추정된다. 이 주구는 조
사 경계와 맞물려 정확한
형태는 알 수 없으나 평면
형태가 'ㄱ'자형을 띠며 길
이 15m, 너비 2m내외의
규모를 가지고 있다. 주구
의 굴착 형태는 'U'자형을
보이고 있어 분구묘 성립

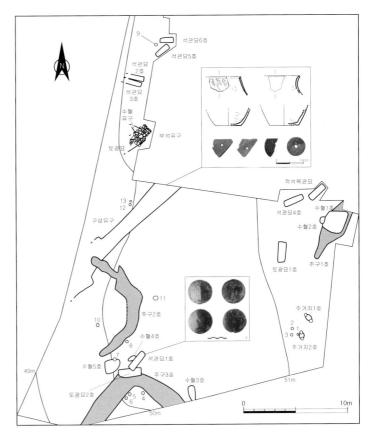

그림 4-16 함평 상곡리 분구묘와 주요 출토 유물

기의 것들과 흡사한 형태이다. 또한 주구는 송국리형 유구들과 공간을 달리하면서 분포하고
있는데, 이러한 공간배치는 이 시기 분구묘의 공통된 현상이다. 2호 주구 역시 형태와 구조에
서 3호와 흡사한 양상을 보이고 있다. 따라서 2호와 3호는 분구묘의 주구일 가능성이 높으며
기원전 3세기경에 조성되었을 개연성이 있다(이영철 2017).

◆ **함평 신흥동유적**

유적은 해발 38~46m의 구릉 사면부에 위치하고 있는데, 34기의 세형 분구묘가 확인되었다.
분구묘는 연접하지 않고 일정 거리를 두고 분포하고 있는데, 4(차)-8호 주구에서 중국 후한대
교역품인 백색토기와 경질무문토기가 출토되었다. 이러한 백색토기는 김포 운양동 27호, 김
포 양촌 3-나1호에서도 출토되었으며 연대는 2세기대 이전으로 비정되고 있다(이영철 2017). 백
색토기의 연대와 공반된 경질무문토기로 볼 때, 대부분의 제형분구묘는 2세기 전후에 축조되

었을 것으로 판단된다.

유적에서 송국리형 주거지와 석관묘가 발견되었으며 수석리문화의 적석목관묘, 토광묘, 옹관묘, 수혈 등이 발견되었다. 이들 유구는 제형 분구묘와 일정한 거리를 유지하며 분포하고 있다. 적석목관묘 내부에서 장경호 1점이 출토되었는데 구연과 동체 형태로 볼 때 기원전 3~2세기의 연대를 비정할 수 있다. 3-1호, 4-1·2·4호 토광묘에서는 삼각점토대토기, 흑색마연토기, 경질무문토기, 동경, 청동의기, 소형 철검 등이 발견되는 것으로 보아 연대는 기원전 2~1세대로 판단된다. 제형 분구묘와 동시기의 토광묘도 발견되었는데, 4-5호에서는 이단관식철모와 철검, 철부 등이 출토되었다. 이단관식철모는 김포 운양동과 서산 예천동의 방형 분구묘에서도 발견되며 연대는 1세기 중반~2세기 전반으로 비정된다. 옹관묘는 신창리식 합구옹관이다.

◆ 함평 순촌유적

A지구의 분구묘는 구릉 상단부의 방형계와 하단부의 제형계로 대별된다. 방형계에서 유물이 발견되지 않아 정확한 편년은 어렵지만 분구묘가 방형에서 제형으로 변화한다는 점(김낙중 2009; 김승옥 2011; 박영민 2015; 이택구 2008)과 신흥동 제형분구묘의 성립시점을 감안하면 방형계 분구묘의 연대는 2세기경을 상회할 것으로 추정된다.

송국리형 묘제인 석관묘와 석개토광묘가 발견되었으며 구릉 상단부에서 독립적으로 발견된 토광묘에서는 홍도 기형의 연질토기가 출토되었다. 이 토기는 영광 군동 A-18호 출토 흑도단경호와 흡사한 형태이고, 이는 토광묘가 기원전 2세기대의 수석리문화 단계에 조영되었음을 시사한다.

◆ 무안 인평유적

폐쇄형의 방형주구를 갖춘 분구묘 1기가 발견되었다. 산 사면부에 위치하고 있으나 야트막하게 솟아오른 대지상에 위치하고 있어 구릉 정상부 입지 효과를 갖추고 있다. 분구묘의 토광 내부에서 철부와 철촉편들이 발견되었다(그림 4-17). 3세기대의 4호 옹관이 분구묘의 토광을 훼손하였다는 점과 출토유물로

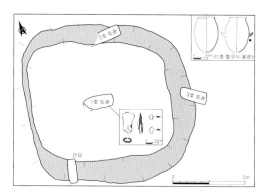

그림 4-17 무안 인평 분구묘와 주요 출토 유물

마한馬韓 분구묘墳丘墓의 이해

볼 때 축조 연대는 2세기 전후로 추정된다. 분구묘 외에 송국리형 주거지 1기가 발견되었고, 수석리문화의 횡치옹관묘가 독립적으로 발견되었다. 이 옹관묘는 무문토기와 삼각점토대토기가 결합된 형태이다.

이 외에도 고창 율계리유적에서는 방형계로 추정되는 주구 2기가 발견되었는데 한 기의 내부에서 목관이 확인되었지만 유물은 유실되었던 것으로 판단된다. 다른 한 기의 주구에서 점토대토기편과 무문토기 저부편이 발견되었다. 이처럼 주구의 형태와 출토유물이 불분명하지만 이 유적에서는 송국리형 주거지(점토대토기 동반)와 수석리문화 주거지[29] 및 수혈 등이 발견되는 것으로 보아 주구 2기는 성립기 분구묘였을 가능성이 매우 높다.

4 성립기 분구묘의 특징과 기원, 그리고 출현시점

1) 성립기 분구묘의 특징

상술한 바와 같이 분구묘의 기원과 성립시점은 분구묘의 제반 요소와 성립 당시의 '모든 문화적 맥락'을 총체적으로 고려할 필요가 있다. 이러한 입장에서 성립기 분구묘를 성립 1기와 2기로 대별하여 살펴보고, 구체적인 연대는 성립시점에서 제시한다.

성립기 분구묘의 요소를 살펴보면, 분구묘의 입지와 평면형태, 매장시설과 주구, 출토유물로 대별할 수 있다(표 4-1). 먼저 성립기 분구묘는 거의 모두 주변 조망에 유리한 구릉 정상부나 능선의 평탄면에서 발견된다. 곡성 대평리와 광주 평동의 분구묘는 충적대지에서도 상대적으로 가장 높은 곳에 입지한다. 무안 인평유적은 유일하게 구릉 사면에서 발견되는데, 이 유적의 연대는 성립 2기에 속한다.

성립기 분구묘는 분포에서도 공통점을 보이는데, 구릉 성상에 독립적으로 분포하거나 다수가 발견되더라도 일정 거리를 유지하며 독립 분포한다. 또한 분구와 주구의 평면 형태는 거의 모두 방형계라는 공통점을 보이는데, 대평리와 함평 상곡리·신풍에서는 세장방형과 장방형

---

29) 보고서에서 수혈 1과 2호로 명명된 유구는 형태와 규모로 볼 때 주거지로 추정된다.

으로 이질적이다.

주지하는 바와 같이 성립기 분구묘의 매장시설은 지상에 위치하는 분구묘의 속성과 후대의 훼손과 삭평으로 인해 거의 대부분 유실되어 발견되지 않는다(김승옥 2011; 이택구 2008). 잔존하는 경우 대부분 토광이며 예외적으로 보령 관창리에서 적석목관, 대평리에서 석개토광이 발견되었다. 성립기 분구묘는 단장을 기본으로 한다는 점에서 분구묘가 단장에서 출발하여 3세기대에 다장으로 변화한다는 주장(김승옥 2011)과 궤를 같이한다.

표 4-1 성립기 마한 분구묘의 특징과 단계

유적	입지	분구형태	매장시설	주요 출토유물	송국리문화	수석리문화	단계
김포 운양동	구릉정상	방형	토광	27호 토광: 세형동검·백색옹·철촉·철모·철검	역삼동형방형주거	주거·구상유구·수혈; 옹관묘	2기
인천 연희동	능선평탄	방형	토광	1호 주구: 원형점토대·연질 대옹	-	수혈	1기?~2기
김포 양촌	구릉정상	방형	-	토광: 백색 옹·철촉·철모, 환두대도	-	-	2기
당진 도성리	구릉정상	방형	-	5호 주구: 두형토기·무문토기·석기	역삼동형방형주거: 수석리유물 다수	수혈	2기
서산 예천동	구릉정상	방형	토광	18-1호 토광: 칠초철검·2철모·철부·철착	역삼동형 방형주거	구상유구; 옹관·토광묘	2기
보령 관창리	능선평탄	방형	적석목관	437호 적석목관: 점토대토기 발·흑도장경호·동경; 주구: 무문토기	송국리형주거·분묘: 수석리유물 다수	주거지·수혈:옹관묘,	1기~2기
서천 당정리	구릉정상	방형	-	주구: 원형점토대토기·두형토기·봉상형파수·조합식파수	송국리형주거: 수석리유물 다수	-	1기
서천 덕암리	능선평탄	방형	-	주구: 무문토기, 미상석기	송국리형주거	-	1기?
서천 월기리	구릉정상	방형	-	-	송국리형주거: 수석리유물 일부	주거지·구상유구	1기?
서천 도삼리	구릉정상	방형	-	주구: 타날문연질토기·철부	송국리형 주거: 수석리유물 다수	구상유구	2기
부여 증산리	구릉정상	방형	-	6호 주구: 주조철부	송국리형 주거	-	2기
완주 상운리	구릉정상	방형	-	주구: 원형점토대토기·두형토기·조합식우각형파수	송국리형주거·분묘,	주거지·수혈·구상유구	1기

유적	입지	분구형태	매장시설	주요 출토유물	송국리문화	수석리문화	단계
익산 영등동	구릉 정상	방형	토광	2호 주구: 점토대토기·지석, 토제어망추·타날문토기	송국리형주거·수혈	-	1기
익산 어량동	구릉 정상	방형	-	-	송국리형 주거·분묘	수혈?: 옹관묘	1기
익산 간촌리	구릉 정상	방형	-	2호 주구: 석제검파두식·점토대토기·우각형파수·고배	-	-	1기
곡성 대평리	충적 대지	장방·방형·	석개토광, 토광	석개토광, 토광: 무문토기·단경호·유구석부·삼각형석도·원형점토대토기	송국리형 주거·분묘; 수석리유물 다수	주거지·수혈·구상유구	1기~2기
고창 율계리	구릉 사면	방형?	토광	점토대토기	송국리형주거: 수석리유물 일부	주거지·수혈	1기?
영광 군동	구릉 하단	방형	토광	토광: 흑도단경호	송국리형 주거	토광묘	1기~2기
광주 외촌	능선 평탄	방형	토광	토광: 유경식석검; 주구: 무문토기	송국리형주거·수혈?·토광묘?	수혈?·구상유구?: 토광묘?	1기
광주 평동	충적 대지	방형	토광	17호 주구: 점토대토기·경질무문토기	송국리형주거·분묘?; 수석리유물 다수	수혈·구상유구: 토광·옹관묘	1기~2기
함평 신풍	능선 평탄	세장 방형	-	주구: 점토대토기·두형토기·대부토기·우각형파수·석도	송국리형주거·지석묘	구상유구·토기가마: 토광묘	1기~2기
함평 상곡리	능선 평탄	방형?	-	-	송국리형 주거	구상유구: 적석목관·석관묘	1기
함평 신흥동	구릉 사면	제형	토광	8호 주구: 백색토기·경질무문토기	송국리형주거·분묘	수혈; 적석목관·토광·옹관묘	2기
함평 순촌	구릉 정상	방형	-	-	송국리형분묘	토광묘	2기
무안 인평	구릉 사면	방형	토광	토광: 철부·철촉	송국리형주거	옹관묘	2기

다음으로 출토유물을 살펴보면, 매장시설과 주구에서 공통적으로 발견되는 유물로는 송국리문화와 수석리문화의 것으로 대별된다. 전자의 유물로는 무문토기와 석기 등을 들 수 있고, 후자의 것으로는 점토대토기, 두형토기, 대부토기, 경질무문토기, 흑도단경호, 우각형파수 등이 있다. 이 외에도 타날문연질토기 등이 간혹 발견되는데, 이에 대한 논의는 성립시점에서 살펴본다.

이상에서 살펴본 성립기 분구묘의 특징은 구릉 정상 입지·독립 분포·방형계 평면형태와 단장·송국리와 수석리문화 유물 부장으로 압축된다. 이러한 특징은 3세기 이후 분구묘 성행기의 특징인 구릉 사면부 입지·연접 혹은 독립분포·다양한 평면 형태와 다장·타날문토기 부장과 대비된다(김승옥 2011; 박영민 2015; 이택구 2008).

2) 마한 분구묘의 기원

구릉 정상 입지·독립 분포·방형계 평면형태와 단장·송국리와 수석리문화 유물 부장이라는 특징을 보이는 성립기 분구묘는 어디에서, 어떻게 발생하였을까? 현재까지 성립기 분구묘의 이러한 특징을 보이는 분묘 전통을 한반도의 마한권역을 벗어난 국외에서 찾기는 어렵다. 예를 들어 중국의 토돈묘는 분구의 축조방법 외에는 나머지 요소에서 마한 분구묘와 어떠한 유사성도 찾을 수 없다. 시간적 격차도 양자 간의 문화접촉이나 인간 이주의 개연성을 부정하는 중요한 이유이다.

적석묘 기원설 역시 분구의 축조방법과 구릉 정상부 입지 외에는 나머지 요소에서 유사성을 보이지 않는다. 예를 들어 요동지역 적석묘는 분구의 부재로 돌을 사용하고 성립기부터 다장이 기본이며 주구의 부재와 출토유물에서 마한의 성립기 분구묘와 현저한 차이를 보인다. 또한 요동지역과 밀접한 문화적 관련이 있다고 주장되는 한강권역의 적석분구묘는 3세기 이후 유행하였기 때문에 마한 분구묘에 영향을 끼쳤다고 보기는 어려운 실정이다.

자체발생설의 근거로 활용되는 청동기시대 지석묘와 주구석관묘 역시 성립기 마한 분구묘와 관련성을 인정하기 어렵다. 지석묘는 지상식 축조와 주구의 일부 존재라는 점 외에 분포권부터 분구묘의 모든 요소에서 어떠한 관련성도 보이지 않는다. 주구석관묘 역시 주구의 존재와 평면형태, 예를 들어 대평리와 상곡리·신풍의 분구묘와 상통하지만 시간적 격차가 현저하고 분구묘의 나머지 요소에서 공통점을 보이지 않는다.

결과적으로 성립기 마한 분구묘는 수석리나 송국리문화, 혹은 수석리와 송국리문화가 상호 융합한 집단의 문화에서 기원하였을 가능성을 강하게 시사한다. 먼저 수석리문화는 성립기 분구묘와 분포와 입지, 매장시설, 출토유물 등 모든 면에서 깊은 관련을 보여준다. 예를 들어 양자는 적석목관과 토광이라는 매장시설에서 상통하고 매장시설과 주구에서 수석리문화의 유물이 다량 발견된다는 공통점을 보인다. 또한 거의 모든 성립기 분구묘 유적에서 수석리문화의 다양한 유구인 주거지, 수혈, 구상유구, 분묘(적석목관묘·석관묘·토광묘·옹관묘), 토기가마 등이 발견되는데(표 4-1), 이것을 우연의 일치라고 보기는 어렵다.

성립기 분구묘의 분포 또한 수석리문화와의 관련성을 강하게 시사하는데, 널리 알려진 바와 같이 서해안의 연안항로는 수차례에 걸쳐 발생하는 북방 기원 수석리문화의 가장 중요한 교통로이다(박순발 1993; 이건무 1992). 그런데 대부분의 성립기 분구묘 역시 수석리문화와 마찬가지로 내륙보다는 서해안의 해안지대를 따라 발견된다(그림 4-18). 상대적으로 내륙에 위치한 완주 상운리와 익산 영등동·어랑리·간촌리는 서해안의 연안항로가 만경강의 상류까지 연결된다는 점(김승옥 2016; 송종열 2015)에서 서해안 일대의 분구묘유적들과 성격을 같이 한다. 영산강 중상류지역의 유적 역시 이러한 뱃길(김낙중 2015b; 윤명철 2000)과 밀접한 관련이 있다. 결과적으로 오늘날의 고속도로에 해당하는 바다와 강을 따라 수석리

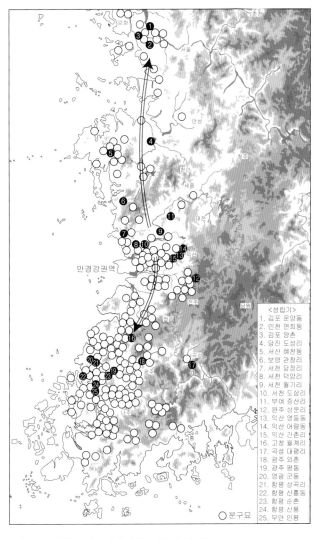

그림 4-18 마한 분구묘 성립기 주요 유적의 분포

문화와 성립기 분구묘가 함께 분포하며, 이는 양자가 '연안항로의 산물'이라는 점을 반영한다.

이와 같이 대부분의 성립기 분구묘는 수석리문화에서 발생했을 가능성이 높은데, 더욱 중요한 근거는 수석리문화의 구상유구와 출토유물이다(그림 4-19·20[30]). 구상유구는 완주 갈동·덕동, 전주 마전·정문동·중동A·중동 4·5지구 등 만경강 이남의 황방산 일대에서 집중 분

---

30) 〈그림 4-19·20〉은 주요 출토 유물만을 제시한 것이다. 예를 들어 광주 오룡동에서는 100여점에 이르는 토기편과 유물들이 파쇄상태로 발견되었다.

그림 4-19 전주 정문동 구상유구와 주요 출토 유물

포하며, 성립기 분구묘가 발견되는 대부분의 유적에서 함께 발견된다(표 4-1). 황방산 일대의 구상유구는 수 십여 기가 발견되었으며, 규모는 십여m에서 수십m까지 다양한데, 정문동 나 지구의 경우 66m에 이르고 있다. 구상유구의 단면은 'U'자형과 'V'자형으로 구분된다(김승옥 2016).

구상유구의 내부에서는 수십에서 수백 여점의 토기편과 방추차, 석촉, 미완성석기, 주조철 부 등이 대부분 파쇄상태로 발견되며 숯이나 소토가 함께 확인된다는 공통점을 보인다. 이 외 에도 주거지와 분묘에서는 출토된 바 없는 소형토기, 인물형 토우, 얼굴모양 토제품, 기능 미 상의 원형 토제품 등이 발견된다(그림 4-19).

이러한 유물상과 출토상태는 구상유구가 제의나 제천의식과 밀접하게 관련되었을 가능성 을 시사하며(장지현 2015; 최완규 2015), 제의 행사에는 사회적 연결고리를 지닌 지역 내의 여러 촌 락들이 공동으로 참여하였을 것으로 추정된다(김승옥 2020). 대부분의 구상유구에서 파쇄상태 로 발견되는 두형토기는 분묘에서는 발견되지 않고 전주 중동유적과 같은 극소수의 주거유 적에서 일부 발견된다. 이처럼 의례용기로 추정(심수연 2011)되는 두형토기가 구상유구에서 파 쇄상태로 가장 활발하게 발견된다는 점도 구상유구의 제의적 기능을 뒷받침한다. 한마디로 구상유구는 지역 연맹체의 '대제大祭의 장場'이라 할 수 있다.

그런데 분구묘의 주구는 평면 형태를 제외하면 사실 구상유구의 단면 형태와 구조에서 별반 차이가 없으며, 주구에서 발견되는 유물 구성과 파쇄상태도 동일하다고 볼 수 있을 정도로 흡사한 양상이다. 익히 아는 바와 같이 성립기 분구묘의 주구에서는 수석리문화의 구상유구와 마찬가지로 점토대토기와 두형토기가 거의 대부분 파쇄상태로 발견된다. 또한 수석리문화의 두형토기는 거의 대부분 구상유구와 수혈에서 발견되지만 매장시설에서는 발견 사례를 찾기 힘들다. 성립기 분구묘에서도 두형토기는 주구에서 발견되지만 매장시설에서는 전혀 발견

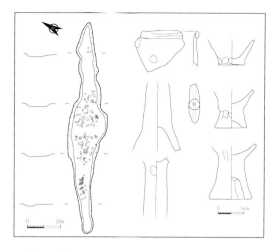

그림 4-20 광주 오룡동 3호 구상유구와 주요 출토 유물

되지 않고 있어 양자 간에 공통점을 보인다. 따라서 분구묘의 주구에서 발견되는 유물은 수석리문화의 구상유구와 마찬가지의 기능, 즉 당시 지역사회의 '제사'와 '축제'의 산물로 기능했을 것으로 판단된다.

상당수의 성립기 분구묘유적에서 수석리문화의 구상유구가 함께 발견된다는 점도 양자간의 문화적 관련성을 뒷받침하는 사실이다(표 4-1). 또한 대규모 노동력의 동원과 통제를 주목할 필요가 있다. 길이가 수십m에 이르고 잔존 깊이도 수십㎝에 달하는 구상유구를 축조하기 위해서는 분구묘 주구의 굴착 및 분구 성토와 마찬가지로 노동력의 대규모 동원이 전제되어야 한다. 수석리문화의 구상유구와 분구묘의 주구를 건설하기 위해서는 유사한 기술력과 도구가 필요했으리라는 점도 양자 간의 긴밀한 관계를 시사한다.

결과적으로 성립기 분구묘와 수석리문화는 분포, 입지, 출토유물, 구상유구와 주구의 형태 및 출토 유물의 양상에서 서로 간에 흡사하며, 이는 양자가 시간적, 문화적으로 긴밀하게 연결되었을 가능성을 강하게 시사한다.

서해안 일대의 성립기 분구묘는 수석리문화에서 내재적으로 발생했을 개연성이 가장 높지만 송국리문화에서 발전했을 가능성도 온전히 배제할 수는 없다. 대표적인 유적으로 곡성 대평리와 광주 외촌유적을 들 수 있는데, 대평리의 가장 이른 시기 분구묘에서는 송국리형 묘제인 석개토광이 매장시설로 안치되었고, 주구 평면형태가 장방형이라는 점에서 서해안 일대 성립기 분구묘와 차이를 보인다. 또한 매장시설과 주구에서 출토된 유물은 수석리문화의 요소가 거의 발견되지 않고 대부분 송국리문화의 것들이며 실제로 함께 발견된 송국리형 주거

지에서 흡사한 유물이 다수 발견된다(그림 4-11). 외촌 분구묘는 출토유물이 빈약하여 단정하기 어렵지만 매장시설에서 발견된 유경식석검은 송국리문화와의 관련성을 시사한다.

분구묘와 송국리문화는 매장시설의 일부(석개토광)에서 상통하고 구릉 정상부 입지와 출토유물에서 유사성을 보인다. 또한 상당수의 유적에서 양자의 문화가 함께 발견된다는 점이 주목된다(표 4-1). 양자의 문화는 동일 권역에서 함께 발견되지만 극히 일부유적을 제외하고는 서로 간에 중복을 보이지 않고 공간적으로 분리되어 있다.

이와 같이 마한 분구묘가 송국리문화에서 발생했을 가능성도 있다. 향후 서해안 일대 수석리문화 발생의 분구묘와 대평리나 외촌 분구묘의 상대적 등장 순서가 해결되어야 하겠지만 현재로선 후자의 송국리문화 집단이 전자의 수석리문화와 분구묘 전통을 수용한 결과로 추정된다. 이러한 근거로는 위에서 살펴본 바와 같이 성립기 분구묘는 거의 모든 측면에서 수석리문화와 더 높은 상관관계를 보인다는 점을 들 수 있다. 또한 대평리와 외촌유적은 공히 내륙지대라는 공통점을 보이는데, 이는 핵심지대인 서해안과는 상당히 떨어진 분구묘 문화권의 변방에 해당한다는 점도 고려할 필요가 있다.

성립기 분구묘는 서해안일대의 수석리문화에서 발생하였고 내륙 일부 지역의 경우 송국리문화에서 수용했을 것으로 여겨지지만 수석리 혹은 송국리문화라고 구분하기 어려운 지역집단에서 발생한 분구묘도 있을 것이라 추정된다. 수석리와 송국리문화의 접촉과 이로 인한 문화의 변화는 성립기 분구묘가 발견되는 유적에서도 확인된다. 예를 들어 송국리형 주거지에서 수석리문화 유물이 발견되는 유적이 상당 수 존재하며 동일 유적에서 적석목관과 토광목관, 석개토광과 토광목관이 혼재하는 유적도 있다(예를 들어 관창리, 당정리, 월기리, 도삼리, 대평리 등; 표 4-1). 또한 분구묘와 함께 발견되는 옹관의 형태를 보면 점토대나 파수를 제외하면 대부분 송국리형 옹형토기와 흡사하다는 점도 두 문화 간의 융합을 보여주는 사례이다.

사실, 분구묘 유적 외에도 성립기 분구묘가 가장 활발하게 발견되는 금강 중하류와 호남 일대에서는 수석리와 송국리문화 간의 접촉과 이로 인한 문화변화의 증거가 활발하게 확인된다(김승옥 2020; 이동희 2020; 이종철 2015). 이런 점에서 수석리와 송국리문화는 닫힌 문화라기보다는 열린 문화라고 볼 수 있다. 이처럼 수석리와 송국리문화의 접변문화에서 분구묘가 자체적으로 발생했을 가능성도 부정할 수 없지만 이들 문화 역시 수석리문화에서 발생한 분구묘 전통을 수용했을 가능성이 현재로선 더 높아 보인다.

이상에서 분구묘의 기원을 수석리문화와 송국리문화, 그리고 지역의 다원적 수용과 발전이란 관점에서 살펴보았지만 여전히 풀리지 않는 의문이 있는데, 분구묘의 고유한 속성인 축조방법과 분구의 성토이다. 이에 대한 명확한 답은 없지만 문화의 변화는 외부 요인과 내재적 요인으로 발생할 수 있는데, 고고학자들은 문화전파론에 치중한 나머지 내재적으로 발생하는 문화(요소)의 '창조'를 간과할 수 있다는 점을 강조하고자 한다. 수석리나 송국리문화에서 보이지 않던 분구의 고대화와 선분구 후매장이라는 축조방법 역시 얼마든지 자체적으로 개발되었을 가능성이 있다. 예를 들어 최근 마한의 성립지로 주목받고 있는 만경강권역의 수석리문화 분묘는 단독묘에서 군집묘로 변화 발전하고, 이는 인구의 증가와 사회적 위계화의 심화를 시사한다(김승옥 2011, 2020). 이러한 사회 발전과 함께 등장한 최상위 엘리트들은 자신의 정체성과 출계를 강화하고 합법화하기 위해 분묘의 고대화를 시도하였을 것이다. 분묘의 고대화를 도모하는 방법으로 먼저 주구에서 파낸 흙을 이용하여 지상에 분구를 마련하고, 이후에 분구의 흙을 되파서 시신을 매장하는 '분구묘 축조전통'을 자체적으로 개발했을 가능성이 있다.

3) 마한 분구묘의 성립시점과 확산

상술한 바와 같이 마한 분구묘 성립기 유적의 공통적인 특징으로는 구릉 정상 입지·독립 분포·방형계 평면형태와 단장을 들 수 있다. 성립기 분구묘는 이러한 유구상의 공통점을 지니면서 출토유물에 따라 4개의 유형으로 대별할 수 있다: 1) 수석리나 송국리문화 유물이 출토되는 것(①형), 2) 타날문연질토기가 수석리나 송국리문화 유물과 함께 출토되는 것(②형), 3) 낙랑계토기, 타날문토기, 철장검, 칠초철검 등이 출토되는 것(③형), 4) 유물이 발견되지 않는 것(④형).

유물이 발견된 분구묘 중 ①형 분구묘의 성립시점이 가장 빠르다고 볼 수 있다. 문제는 ①형 분구묘의 정확한 성립시점을 제시하기 어려운데, 그 이유는 수석리와 송국리문화 유물의 정확한 절대연대를 제시하기 어렵고, 주구의 유물이 모두 파편 상태로 발견되기 때문이다. 그럼에도 기원전 2세기 전후에 이르면 수석리문화의 발전 단계에서 대규모 군집묘가 만경강권역 일대에서 발생하고 이로 인한 사회 발전과 위계화의 심화가 이루어진다는 점이 주목된다(김승옥 2011, 2020). 이러한 사실은 분구묘가 최상위 엘리트의 등장과 분묘 축조에 필요한 대규모 노동력이 선행되어야 한다는 점과 연결된다. 또한 주조철기류, 유리, 칠기라는 신소재 최첨단유물이 이 시기에 본격 등장한다.

수석리나 송국리문화 단계의 유물과 사회적 상황 등을 고려하여 ①형 분구묘의 등장시점을 기원전 2세기 전후로 본 바 있지만(김승옥 2011, 2020) 이 연대는 상향 조정될 여지가 있다. 만경강 일대 철기유입 시점에 대해서는 기원전 2세기 초반이 주류(이남규 2002; 조진선 2005; 최성락 2009)를 점하고 있지만 이후 기원전 3세기설(김상민 2020)이나 기원전 3세기 중반설(박진일 2020)이 제기되었다. 또한 기원전 3~2세기로 편년되는 세죽리-연화보유형의 주조철기류에서 관찰되는 '형지공 형성'과 '상단부 파손' 특징이 만경강 일대 주조철기류에서도 발견된다는 주장도 주목된다(김새봄 2019; 정인성 2016) 이 외에도 곡성 대평리나 광주 외촌 분구묘의 상한을 기원전 3세기경으로 보기도 한다(영해문화유산연구원 2012; 한옥민 2001). 이러한 점을 종합적으로 고려하여 ①형 분구묘의 상한 연대를 기원전 3~2세기경으로 제시하고자 하며, 이 시기를 성립 1기 분구묘로 부르고자 한다(표 4-2)[31].

③형 분구묘의 연대는 매장시설에서 다수의 유물이 발견된 서산 예천동과 김포 운양동유적을 통해 추정해 보고자 한다. 예천동 18-1호 토광에서 칠초철검·2단관식과 관부돌출형 철모·주조철부·주조철착이 발견되었고, 그 연대를 2세기대로 비정하고 있는데 필자도 동의한다. 운양동 분구묘의 연대 역시 대부분 보고자의 견해에 동의하지만 1-11-27호에 대해서는 재검토의 여지가 있다고 판단된다. 보고자는 이 분구묘의 연대를 성주 백전유적의 세형동검 및 철모와 비교하여 1세기 후반에서 2세기 초로 비정하고 있다. 그러나 평양일대의 낙랑 목곽분에서는 1-11-27호와 유사하게 철장검과 철모, 세형동검 등이 함께 부장된 사례가 다수 발견되는데, 그 연대를 기원전 2세기 말부터 기원전 1세기 후반 정도로 비정하고 있다(高久健二 1995). 또한 철검+철모+단조제 농공구류에 낙랑(한식계)유물이 발견되는 유적이 남한지역 각지에서 발견되는데, 그 연대를 기원전 1세기경으로 비정하기도 한다(김상민 2020). 마지막으로 운양동에서 수석리문화의 유적과 유물이 함께 발견된다는 점을 고려할 필요가 있다. 이러한 점을 종합적으로 고려하여 1-11지점 27호의 상한연대를 기원 전후의 시점으로 비정하고자 한다.

①과 ③형의 연대에 비해 가장 논란이 되는 분구묘는 ②형이다. 예를 들어, 관창리 423호의 연대에 대해 보고자는 기원전 3~2세기경으로 보고 있는데, 필자도 이에 동의하는 바이다. 물론 이 연대는 함께 발견된 철모나 일부 타날문토기편과 상충된다. 그러나 발견된 수석리문화의 유물이 후대에 유입되었다고 보기에는 그 수가 너무 많고[32], 분묘의 지근거리에 수석리문화의 유구가 거의 없다는 점을 고려해야 한다. 적석목관의 매장시설 또한 수석리문화와 연결

---

31) 만경강 일대의 수석리문화에서 주조철기류의 등장은 군집묘의 등장과 궤를 같이한다(김승옥 2011, 2020). 따라서 전고와 달리 분구묘의 출현과 밀접한 관련이 있는 수석리문화 군집묘와 구상유구의 출현시점도 기원전 3~2세기경으로 조정한다.
32) 수석리문화 유물은 40여점에 이르지만 회백색연질토기편은 3점만이 발견되었다.

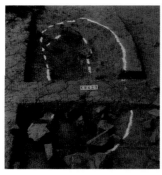
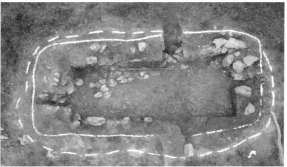

그림 4-21 보령 관창리 423호(좌)와 서천 장항 10호 매장시설(우)

되며 매장시설에 돌을 사용하는 전통은 이후 시기로 이어진다. 예를 들어 서천 장항 1구역 10호 분구묘 매장시설과 관창리 423호는 흡사하며(그림 4-21) 보강토 및 매장시설 상부에서 다량의 할석이 발견된다는 점도 공통으로 확인된다(임태현 2023). 마지막으로 관창리유적에서는 점토대토기와 두형토기, 무문토기 등이 발견되는 분묘, 즉 성립 1기에 조영된 것들이 26기가 발견되었다는 점도 고려할 필요가 있다. 따라서 철모와 타날문토기 등은 2세기대 이후 주구를 제사의 장으로 재사용한 결과이거나 자연작용으로 유입되었을 가능성이 높다.

익산 영등동의 2호 주구에서도 타날문토기편과 함께 두형토기편 2점, 지석, 토제 어망추 등이 함께 발견되었다. 그러나 유적 내에서 수석리문화 단계의 유구가 발견되지 않고 있어 후대에 수석리문화의 유물이 우연히 유입되었을 가능성은 희박하여, 이는 이 분구묘가 성립 1기에 조영되었을 가능성을 시사한다. 관창리와 영등동유적의 이러한 상황으로 볼 때, 서해안 일대에서 발견되는 ②형 분구묘의 대부분은 성립 1기에 조영되었을 가능성이 높아 보인다.

④형 분구묘는 유물이 전혀 발견되지 않는 유실고고학의 한계 때문에 정확한 연대를 제시하기 어렵지만 성립 1기에 조영되었을 가능성이 있다. 그 이유는 먼저, 성립 2기 이후 일부 분구묘가 사면부에 입지하기 시작하고, 3세기 이후의 전성기(마한 중기)에 이르면 거의 모든 분구묘가 사면부에 입지한다는 점(김승옥 2011; 박영민 2015; 이택구 2008)을 들 수 있다. 또한 전성기의 분구묘는 연접하거나 다장의 특징을 보이며 수十에 토광이나 옹관이 축조되거나 다양한 종류의 유물이 함께 발견된다는 점도 참고된다. ④형 분구묘는 본고에서 제시한 유적 외에도 다수가 존재하며, 이는 마한권역의 폭넓은 지역에서 상당히 많은 수의 성립기 분구묘가 존속하였음을 의미한다.

마지막으로 성립기 마한 분구묘의 최초 출현지점을 살펴보면, 가장 유력한 후보지역으로 만경강권역 일대를 꼽을 수 있다[33]. 먼저 만경강 일대에서는 완주 상운리, 익산 영등동·어량동·간촌리 등 가장 이른 시기의 분구묘가 밀집 분포한다는 점을 들 수 있다. 유물에서도 가장 이른 시기의 것들이 발견되는데, 예를 들어 상운리의 점토대토기는 모두 단면 원형의 형태를 보이고 있다. 다음으로 완주 갈동과 신풍 등 만경강 이남 지역에서 최대 규모의 수석리문화 군집묘들이 다수 발견된다는 점이다(김승옥 2011; 송종열 2015; 한수영 2015). 전술한 바와 같이 군집묘의 탄생은 급격한 인구 증가와 지역 연맹체의 결성을 시사하는 대규모 의례 행위(구상유구), 그리고 사회적 위계화의 심화를 의미하며, 이는 분구묘의 등장과 연결되었을 가능성이 있다.

만경강 일대에서 등장한 성립 1기(마한 조기)의 분구묘는 이후 서해안을 따라 북과 남으로 전파되고, 곡성 대평리와 광주 외촌 등 일부 내륙에도 영향을 미쳤을 것으로 이해된다(그림 4-18). 그런데 성립 2기(마한 전기)에 이르면 분구묘의 분포와 함께 발견되는 물질문화의 구성에서 눈에 띄는 두 가지 변화가 관찰된다. 하나는 기원전 1세기경에 이르면 만경강 일대의 마한 문화가 점차 쇠퇴의 길로 접어들면서 영산강과 서남해안 일대가 새로운 중심지로 부상하게 된다는 점이다(김승옥 2016; 김진영 2018; 하진영 2015). 영산강 일대에서는 수석리문화와 함께 광주 신창동처럼 대규모 옹관묘가 본격 유행하기 시작한다는 점에서도 성립 1기와 차이를 보인다. 또한 함평 신흥동·광주 신창동과 복룡동·나주 랑동·해남 군곡리의 낙랑계토기, 오수전, 화천처럼 활발한 교류관계의 산물이 발견된다는 점에서도 차이를 보인다.

표 4-2 마한 성립기 분구묘유적의 유형과 연대

유형	주요 출토유물	주요 유적	단계와 연대
①·②·④	수석리·송국리문화	도성리·당정리·덕암리·상운리·영등동·간촌리·대평리·군동·외촌·신풍 등	성립 1기: 기원전 3-2c ~기원 전후
③	낙랑토기·세형동검·칠초철검·2단관식 철모·주조철부	운양동·양촌·예천동·신흥동 등	성립 2기: 기원 전후 ~2c 전후

두 번째 변화는 성립 1기의 분구묘가 전혀 보이지 않던 한강 하류권역(운양동·연희동·양촌 등)과 아산만권역(예천동)에서 분구묘가 1세기 이후 유행한다는 점이다(표 4-2). 이러한 변화는 마

---

33) 금강 최하류인 서천 일대도 성립기 분구묘가 밀집되어 있으며 만경강과 바로 인접한다는 점에서 마한 분구묘의 발상지일 가능성이 있다.

한권역에서 1~2세기대의 문화는 주거지든 분묘든 인천과 경기 남부, 충청 북부 지역에 집중되어 나타난다는 연구결과(서현주 2019)와 궤를 같이한다. 또한 이 권역에서는 낙랑계의 유물이 분구묘에서 활발하게 발견되며, 다른 권역과 달리 역삼동형 방형 주거지들이 함께 발견된다는 점에서도 차이를 보인다(표 4-2). 결과적으로 이 일대에서는 역삼동문화 집단이 분구묘문화를 수용하였던 것으로 추정된다[34].

기원전 1세기 이후 영산강유역권, 한강 하류권, 아산만권에서 보이는 이러한 변화는 마한사회의 "다원적 사회구조에 따른 다양성"(이희준 1996)을 보여주는 대표적인 사례이다. 분구묘 전통을 지닌 성립 1기의 문화가 각 지역 토착문화와 만나 지역적으로 다양한 마한 문화를 건설하였던 셈이다. 또한 이러한 마한 문화의 변화는 고조선 준왕準王의 남분南奔 및 이후의 행보와 관련해서도 주목된다. 즉, "기자조선의 준왕은 위만에게 나라를 빼앗긴 후 한지韓地에 와서 스스로 한왕이 되었으나, 그 후 망하여 지금은 한인들이 제사를 지낼 뿐이다"라는 기록[35]이 있는데, 준왕 집단의 소멸 시점은 『삼국지』의 저술 연대로 볼 때 최소한 3세기 이전, 성립 2기의 어느 시점으로 볼 수 있다. 이와 같은 물질문화와 문헌기록을 종합하면 성립 1기의 정치체가 2기까지 이어졌다고 보기는 어렵지만(성정용 2018), 분구묘 전통은 지속되었던 셈이다. 정치체의 교체나 소멸이 문화의 붕괴를 동반하지 않는 또 하나의 역사적 사례인 셈이다.

이 장에서는 신자료와 기존자료의 검토를 통해 마한 분구묘 연구의 최대 쟁점인 기원과 성립시점을 살펴보았다. 논의한 내용을 정리하면 다음과 같다. 분구묘는 서해안 일대의 수석리문화에서 자체적으로 발생했을 가능성이 가장 높으며, 이후 서해안을 따라 남과 북으로 전파되었던 것으로 이해된다(성립 1기). 또한 수석리와 송국리의 융합문화나 내륙지역의 송국리문화에서도 성립 1기 분구묘 전통을 수용하여 지역 내의 독특한 분묘 전통을 건설하였던 것으로 추정된다. 성립 1기의 분구묘 전통은 만경강권역에서 시작되었을 가능성이 높고, 출현시점은 기원전 3~2세기경으로 생각된다.

기원 전후에 시작되는 성립 2기의 분구묘는 새로운 국면을 맞이하는데, 만경강 일대의 분구묘 선동이 점차 쇠퇴하고 영산강 일대가 새로운 중심지로 부상하게 된다. 또한 성립 1기에

---

34) 이와 같은 서해안 일대 남에서 북으로의 분구묘 확산은 마한 중기에 이르러서도 유사한 과정을 보여준다. 예를 들어 인천과 경기 남부의 사주식 주거 전통이 남쪽의 충청이나 전라지역에서 유입되었을 것이라는 주장이 제기된 바 있다(박경신 2019).

35) 『삼국지』위서 동이전 한조의 "候準(中略) 爲燕亡人衛滿所攻奪 將其左右宮人走入海 居韓地 自號韓王 其後絶滅 今韓人猶有奉其祭祀者" 참조.

분구묘 전통이 거의 보이지 않던 한강 하류와 아산만권 일대에 분구묘가 활발하게 등장하는데, 이는 역삼동문화 집단이 서해안 일대의 분구묘 전통을 수용한 결과로 추정된다. 따라서 마한 분구묘는 '수석리문화에서 발생하여 이후 지역에 따라 다원적으로 유행하였다'고 요약할 수 있다.

'문화와 역사는 끊임없이 접촉하며 생성된다'는 측면에서 분구묘의 기원과 성립과정을 밝혀내는 것은 지난한 작업이다. 또한 성립기 분구묘 자료, 특히 매장시설은 유실 혹은 '없음'고고학(송기호 2018)의 대표 사례이다. 이러한 한계에서 분구묘의 기원과 성립시점을 다양한 유적과 가능한 모든 문화적 맥락을 통해 살펴보았다. 고고학은 '증명되지 않는 것은 믿지 않는다'는 수학과는 다른 분야이다. 자료의 관찰을 넘어 합리적 추론을 시도했으나 이 글 역시 논리의 비약이나 억측이 있을 수 있고, 해결해야 할 숙제도 많지만 향후 증명하기 위한 하나의 소견으로 이해하고 혜량을 구한다[36].

---

36) 최근 남양주 금남리유적에서 수석리문화 단계의 목관(곽)묘 4기가 발굴되었다(한강문화재연구원 2022). 유적에서는 서북한계통의 유물과 함께 다양한 형태의 주구를 돌린 무덤이 발견되었고, 이러한 주구의 확인은 분구묘의 기원과 관련하여 주목된다. 매장시설과 출토 유물, 존속시기가 흡사하고 유사 형태의 주구가 확인된 무덤유적으로는 금남리 외에 경주 덕천리와 모량리, 대구 팔달동유적이 있다. 금남리의 주구는 성토부의 흙을 마련하기 위한 분구묘와 달리 무덤의 묘역이나 경계처럼 그 기능이 달랐을 가능성이 있고, 서해안 일대 분구묘와 상당한 거리를 두고 있어 현재로선 분구묘의 기원과 관련하여 구체적으로 논하기는 어렵다. 그럼에도 금남리유적의 발견은 기존에 조사된 서해안 일대 수석리문화 분묘 중에서 주구가 딸린 것들이 있었을 가능성을 시사하며 앞으로의 발굴조사가 기대된다. 이러한 수석리문화 단계의 분묘와 주구 발견의 가능성은 향후 수석리문화와 분구묘의 관련성을 한층 높여 주리라 예상되며, 양자 간의 적확한 역학관계의 설명에도 도움이 되리라 생각된다.

마한馬韓 분구묘墳丘墓의 이해

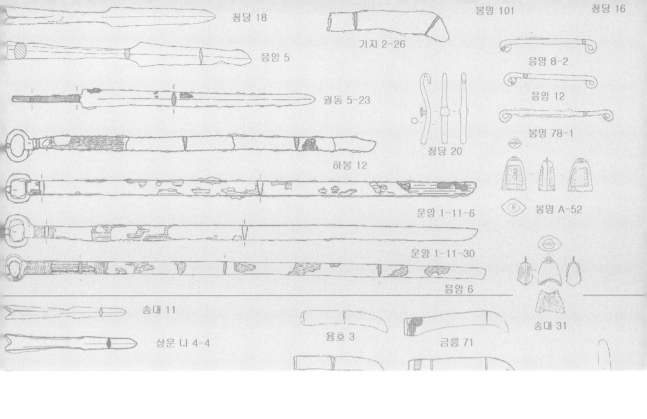

청당 18
기지 2-26
봉명 101
청당 16
응암 5
응암 8-2
궐동 5-23
응암 12
청당 20
봉명 78-1
하봉 12
운양 1-11-6
봉명 A-52
운양 1-11-30
응암 6
송대 11
상운 나 4-4
용호 3
금릉 71
송대 31

제5장
마한 역사의 분기 설정과 분구묘의 편년

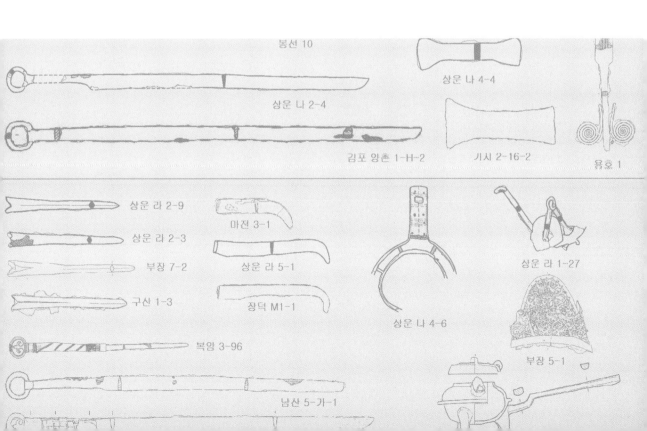

봉선 10
상운 나 4-4
상운 나 2-4
김포 양촌 1-H-2
기시 2-16-2
용호 1
상운 라 2-9
마전 3-1
상운 라 2-3
상운 라 5-1
부장 7-2
상운 라 1-27
구산 1-3
장덕 M1-1
상운 나 4-6
복암 3-96
부장 5-1
남산 5-가-1

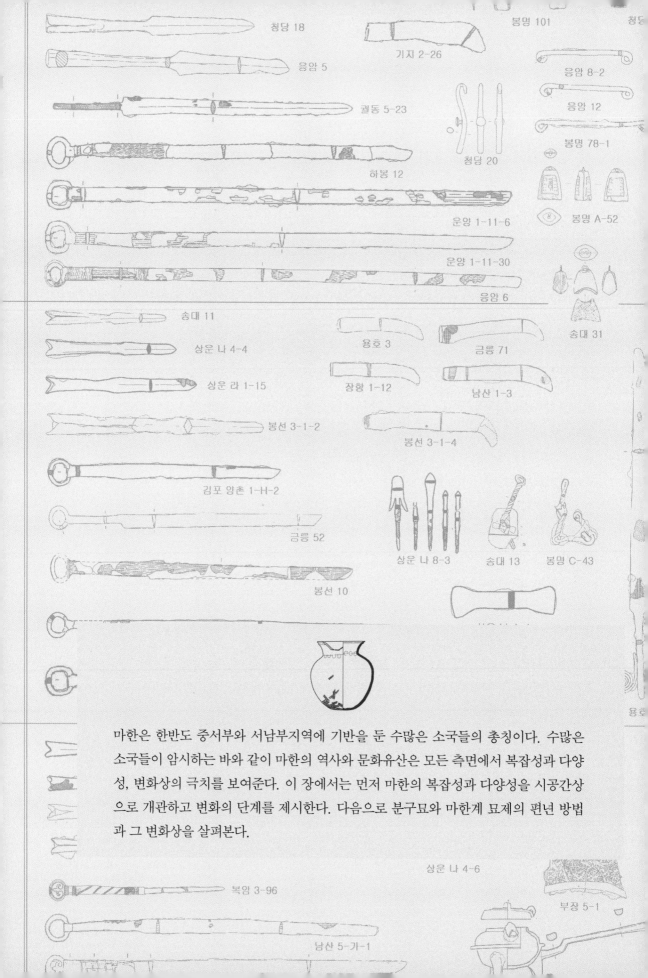

청당 18

기지 2-26

봉명 101

청딩

응암 5

응암 8-2

괄동 5-23

응암 12

하봉 12

봉명 78-1

청당 20

운양 1-11-6

봉명 A-52

운양 1-11-30

응암 6

송대 11

용호 3

금릉 71

송대 31

상운 나 4-4

상운 라 1-15

장항 1-12

남산 1-3

봉선 3-1-2

봉선 3-1-4

김포 양촌 1-H-2

금릉 52

상운 나 8-3

송대 13

봉명 C-43

봉선 10

용호

마한은 한반도 중서부와 서남부지역에 기반을 둔 수많은 소국들의 총칭이다. 수많은 소국들이 암시하는 바와 같이 마한의 역사와 문화유산은 모든 측면에서 복잡성과 다양 성, 변화상의 극치를 보여준다. 이 장에서는 먼저 마한의 복잡성과 다양성을 시공간상 으로 개관하고 변화의 단계를 제시한다. 다음으로 분구묘와 마한계 묘제의 편년 방법 과 그 변화상을 살펴본다.

상운 나 4-6

복암 3-96

부장 5-1

남산 5-가-1

1 마한의 시공간적 전개과정

마한은 언제, 어디에서 시작되었을까? 여기부터 학계의 의견이 분분하다. 마한하면 54개의 소국을 연상하기도 하지만 이것은 어느 시기의 마한을 의미하는가? 더불어 마한은 일정한 지배영역과 조직을 갖춘 정치체인가, 아니면 종족이나 문화적 동질성을 가지고 있던 집단에 대한 일반적인 호칭이었을까? 『삼국지』 위서 동이전 한조의 '마한'과 '한韓'은 동일 집단이었을까? 다르다면 어떻게 구분할 수 있을까? 마한과 관련된 이러한 수많은 의문은 아직도 쉽게 풀리지 않고 있는 난제들이다. 그럼에도 한 가지 확실한 점이 있다면, 그것은 마한이 시간의 흐름에 따라 그 성격과 공간적 범위가 매우 복잡하고 다양했으리라는 점이다.

선사시대와 역사시대는 문자 기록의 여부에 따라 구분되며, 원사原史(protohistory)시대는 선사시대와 역사시대를 연결하는 일종의 고리라 할 수 있다. 원사시대는 자체적인 문자 기록은 없지만 주변의 다른 집단에 의해 극히 단편적인 기록들이 남아있는 시기이다. 마한은 원사시대의 전형이라 할 수 있고, 이는 마한 역사의 세부 편년을 어렵게 하는 하나의 요인으로 작용한다. 또한 마한은 시간과 공간에서 수많은 소국의 수만큼 복잡하고 역동적이다. 이처럼 '격동의 원사시대 주역'이라 할 수 있는 마한의 시간적 전개과정에 대해서는 일부 문헌기록과 물질문화의 변화상에 근거하여 3기론부터 5기론까지 다양한 의견이 제시된 바 있다(권오영 2018; 김승옥 2011; 노중국 1988; 박순발 2000; 성정용 2018; 임영진 1997; 최완규 2009). 여기서는 이러한 연구성과와 필자의 의견을 종합하여 조기-전기-중기-후기의 4기로 나누어 분기별 특징을 순차적으로 살펴보고자 한다(표 5-1).

표 5-1 마한의 시공간적 전개과정

단계		시간	주요 공간	주요 물질문화	주요 문헌기록
조기	전반	BC 2C 전후 ~ 기원 전후	만경강, 금강 중하류 일대	원형점토대토기문화, 분구묘(단장); 방·원형 주거	『三國志』
	후반		영산강, 서남해안 일대	삼각점토대토기문화, 분구묘(단장); 방·원형 주거	『삼국지』
전기	전반	1C 전후 ~ 3C 중후반	서울·인천·경기 일부, 아산만 일대	분구묘(단장), 토광·옹관묘; 방(呂凸자형 포함)·원형 주거	『三國史記》
	후반		서울·인천·경기 일부, 충청, 전라 일대	분구묘(단장), 주구토광묘, 토광·옹관묘; 방(呂凸자형 포함)·원형 주거, 4주식 주거	『삼국지』
중기		3C 후반 ~ 4C 중후반	인천·경기 일부, 충청, 전라 일대	분구묘(다장), 주구토광묘, 토광·옹관묘; 방·원형 주거, 4주식 주거	『삼국사기』, 『삼국지』『晉書』
후기	전반	4C 후반 ~ 5C 중반	전북 일부, 전남 일대	분구묘(다장); 방형 주거, 4주식 주거	『삼국사기』,『宋書』
	후반	5C 후반 ~ 6C 중반	전북 일부(주진천 일대), 영산강 일대	분구묘(다장), 원형·방대형·전방후원형·옹관고분; 방형 주거	『삼국사기』,『송서』

1) 조기

마한의 정체성과 구체적인 성립시점에 대해 학계에서 어느 정도 의견이 일치하는 부분은 마한의 성립이 첫째, 당시의 요동치던 국제정세와 맞물려 있으며 둘째, 요령지역 점토대토기문화의 남하와 깊은 관련이 있다는 점이다. 예를 들어 한반도 중서부지역 점토대토기문화(수석리水石里문화)의 시작은 중국 전국시대 연燕나라의 진개秦開와 고조선의 무력 충돌(기원전 311~279년) 이후 남하한 이주민과 관련된다(박순발 1993; 이건무 1992). 이후에도 진秦의 전국 통일(기원전 221년)과 이로 인한 유이민 남하, 고조선 준왕의 남천(기원전 194~180년) 등 다양한 정치적 사건과 결부되어 한반도의 고대 정치체와 그들의 문화는 역동적인 변화를 겪게 된다.

　동북아시아의 국제 정세가 요동을 치던 이 시기, 한반도의 중부 이남지역에서는 토착 전통의 송국리松菊里문화나 지석묘를 중심으로 한 다양한 문화가 전개되고 있었고, 이때부터 이들 지역에서는 외래 전통의 수석리문화가 광범위하게 발견된다(박진일 2007; 이형원 2011; 임설희 2010)[37]. 이러한 재지와 외래 기반의 문화들은 각자 독립적으로 발견되기도 하지만 동시에 활

---

37) 송국리문화와 수석리문화의 정의와 분포, 성격 등 구체적인 정보는 『한국청동기문화개론』(중앙문화재연구원 2015) 참조.

발한 문화접촉과 변화를 보이기도 한다(김승옥 2016; 이종철 2015; 이형원 2011). 결과적으로 기원전 5세기 무렵 이후 요령 일대의 점토대토기문화는 한반도 중부 이남지역에 위치한 다양한 문화의 형성과 변화에 깊은 영향을 미쳤다고 볼 수 있다.

문제는 정확히 언제 마한이 성립되었느냐 인데, 여기에 대해서는 다양한 의견이 개진되고 있다. 이와 관련하여 가장 주목되는 것은 고조선 준왕의 남천과 이후의 행적과 관련된 기록이다. 즉, "기자조선의 준왕은 위만에게 나라를 빼앗긴 후 한지韓地에 와서 스스로 한왕이 되었으나, 그 후 망하여 지금은 한인들이 제사를 지낼 뿐이다"[38]라는 기록이다. 이 기록에 따르면 준왕의 남천 시점이 마한의 시작이 되거나 그 이전부터 존재하던 한이 마한이었을 개연성이 있다(성정용 2018). 따라서 문헌기록에 의하면 마한의 성립은 최소한 준왕의 남천 이전이며, 구체적인 시점은 기원전 2세기 이전으로 볼 수 있다.

다음으로 준왕 집단의 최초 남천 지점에 대해 살펴보면, 먼저 문헌기록에서는 서해안을 지목하고 있다(전진국 2020; 정재윤 2022). '도입해走入海', 즉 바다를 통해 도달할 수 있는 곳은 한반도 서쪽인 경기·충청·전라지역의 서해안 일대에 해당한다. 익히 아는 바와 같이 이 시기 서해안 일대 물질문화의 주체는 수석리와 송국리문화이다. 그런데 마한의 시작을 종족보다는『삼국지』의 '(마)한왕'처럼 지역 기반의 정치연맹체로 본다면 마한의 시작과 송국리문화와의 관련성은 상대적으로 떨어지게 된다. 기원전 2세기 전후에 이르면 남해안 일대의 송국리문화는 여전히 맹위를 떨치고 사회적 발전은 절정에 도달하지만, 서해안 일대에서는 오히려 점차 쇠퇴하면서 동시에 수석리문화와의 접촉을 활발하게 보여준다(김승옥 2006, 2007; 이종철 2015). 또한 이 시기 마한권역의 수석리문화는 서해안 일대에서 그 꽃을 피우게 된다. 따라서 서해안 일대의 송국리문화에서는 한왕을 칭할 정도의 물질자료를 찾기 어렵고, 결국 유력한 후보는 수석리문화가 되는 셈이다(김승옥 2023a).

그렇다면 기원전 5세기 전후부터 시작되었다고 주장되는 수석리문화의 어느 단계에 정치적 지역연맹체가 성립되었을까? 이 질문과 관련해서는 수석리문화 분묘의 변화, 즉 소규모 단독묘에서 대규모 군집묘로의 변화를 주목할 필요가 있다(표 5-2; 김승옥 2016). 군집묘의 탄생은 인구의 급격한 증기의 결집, 사회적 위계회의 심화를 시사한다. 또한 군집묘와 비슷한 시기에 등장한 최첨단 신소재의 철기와 유리제품, 칠기 등도 사회적 변화를 촉진한 요인으로 볼 수

---

38) 『삼국지』위서 동이전 한조의 "候準(中略) 爲燕亡人衛滿所攻奪 將其左右宮人走入海 居韓地 自號韓王 其後絶滅 今韓人猶有 奉其祭祀者" 참조.

있다. 대규모의 구상유구 또한 이 시기에 등장하는데, 구상유구는 중심과 주변 촌락의 구성원이 모여 대규모 의례행위가 이루어진 제사와 축제의 장으로 이해된다. 상당한 규모의 지역연맹체가 결성되었음을 알리는 강력한 물증인 셈이다. 따라서 고고자료로 볼 때, 마한의 성립시점은 문헌기록과 유사하게 II단계 이후, 즉 기원전 2세기 전후였을 것으로 판단된다(표 5-2).

표 5-2 만경강권역 수석리문화 단계 분묘의 변화와 특징

단계	묘제	분포 유형	주요 출토유물	대표 유적	비고
I-1	적석목관·토광	단독A	조문경·선형동부·동단추	여의동·다송리·덕동G-2·오룡리5-2	단독묘
I-2	적석목관·토광	단독B	동검·정문경·유견동부	효자4-III유적·신풍나-1·덕동G-1; 신풍 나 a군·덕동D(1·2호)와 F	단독묘; 군집화 초기
II	토광	단독B·군집A	동검·정문경·동사·동착·동부·동사	신풍 가 a군·나 b군	중소형 군집묘 등장; 상위 단독묘 군집 외곽 위치
III	토광	단독C·군집B	철기류; 유리 제품·칠기	가지구 b와 c군·갈동 a와 b군·신동리·계문동	대형 군집묘 유행; 상위 분묘 군집 내 특정 공간 위치
IV	토광·옹관	단독C, D·군집C	단조철겸·철모·전한경·삼각형점토대·봉상파수	평장리·갈산리·어양동·구평리IV·서정동II	군집묘 쇠퇴; 옹관묘 등장

다음으로 『삼국지』 동이전의 '한지'는 만경강 이남지역이었을 것으로 생각된다. 준왕의 '한지'에 대해 『제왕운기』, 『고려사』, 『세종실록지리지』 등에 근거하여 만경강 이북의 금마군을 중심으로 한 익산 일대로 비정하는 것이 통설이었으며, 고고학계 역시 김원용(1977)이 '익산 문화권'을 설정한 이후 익산 일대로 보는 것이 대세였다. 그러나 지역연맹체 수준의 고고학적 증거가 최초로 밀집하여 발견되는 지역은 기원전 2세기 전후의 만경강 이남, 특히 황방산 일대이다(그림 5-1·2). 이에 비해 익산 일대는 기원전 2세기 전후 지역연맹체를 상정할 만한 물질적 증거가 거의 발견되지 않고 있다. 물론 III단계에 축조된 다송리나 신동리의 극소수 단독묘에서 발견되는 위신재에 주목할 수도 있을 것이다. 그러나 이러한 유적의 하위 공동체로 볼 수 있는 취락이나 분묘가 전혀 발견되지 않는다는 점에서 '한지'를 익산일대로 비정하기에는 어려움이 따른다.

이상과 같은 물질자료와 문헌기록으로 볼 때, 마한은 최소한 기원전 2세기 무렵 준왕의 남천 이전에 성립되었으며, 준왕 세력이 자리를 잡았던 지역은 만경강 이남의 황방산 일대였을

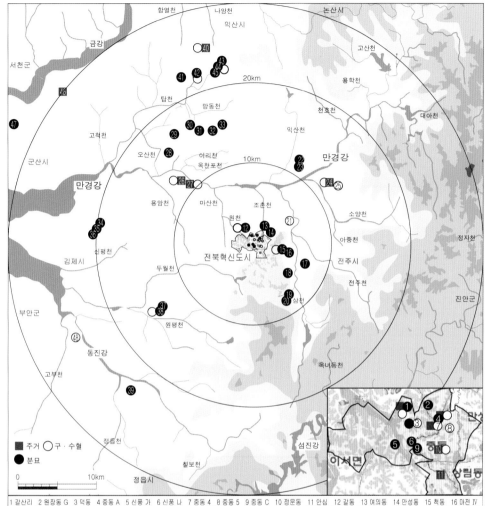

그림 5-1 만경강권역 수석리문화 유적 분포

1 갈산리 2 원장동 G 3 덕동 4 중동 A 5 신풍 가 6 신풍 나 7 중동 4 8 중동 5 9 중동 C 10 정문동 11 안심 12 갈동 13 여의동 14 만성동 15 척동 16 마전 Ⅳ 17 중화산동 18 효자4-Ⅲ 19 중인동 하봉 20 중인동 21 반용리 22 둔산리 서당 23 수계리 24 상운리 25 용흥리 26 반월리 27 석담리 D 28 송학리 29 계문동 30 어양동 31 신동리 32 평장리 33 부송동 133-9 34 산치리 35 수록리 36 부거리 37 서정동 38 서정동 Ⅱ 39 정토 40 용기리 Ⅰ 41 다송리 42 서두리 1 43 구평리 Ⅱ 44 구평리 Ⅳ 45 오룡리 46 도암리 47 둔율 48 백산성

것으로 추정된다(그림 5-1)[39]. 이후 기원전 1세기 전후에 이르면 영산강과 섬진강권역이 새로운 삼각 형짐도대도기 문화의 중심지로 부상하게 되는데(김승옥 2016; 하진영 2015), 이는 마한 중심지의 이동을 시사한다(그림 5-3). 이러한 공간의 이동을 고려하여 마한 조기는 전반과 후반으로 세

---

39) 일각에서는 금강 및 동진강 일대를 『삼국지』에 기록된 건마국乾馬國으로 이해하기도 한다(노중국 2018). 이 주장과 관련하여 일부 논란이 있지만, 이 주장이 사실이라면 준왕 집단 정치체의 성장이나 부침과 모종의 관련이 있을 것이다.

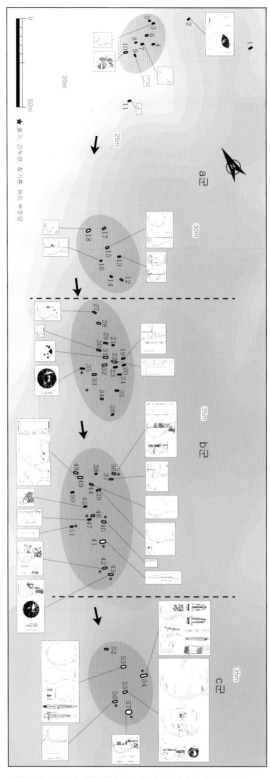

그림 5-2 신풍 가지구 유적의 시공간상 전개와 출토유물

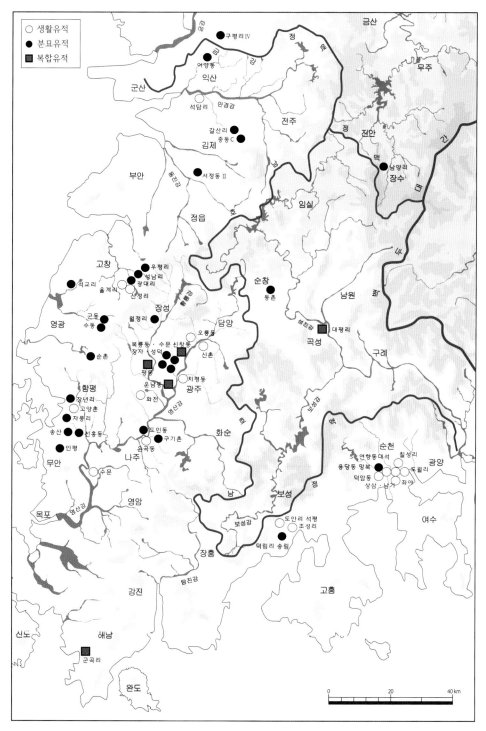

그림 5-3 호남지역 마한 조기 후반 유적 분포

분할 수 있다(표 5-1).

마한의 시작과 관련하여 주목해야 할 또 다른 자료는 분구묘이다. 출현 시점과 관련하여 논란이 분분(권오영 2015; 김기옥 2015; 김승옥 2011; 이택구 2015; 정해준 2015; 최완규 2020)하지만 제4장에서 상세히 살펴본 바와 같이 필자는 수석리문화와 깊은 관련을 보이는 마한 조기의 묘제로 인식한다.

2) 전기

1세기 이후 마한권역에서는 수석리문화가 서서히 자취를 감추고, 분구묘와 주구토광묘, 토광묘, 옹관묘 등의 묘제와 방·원형 주거지가 유행하며 외반구연의 경질무문토기와 연질의 타날문토기 등이 사용된다. 그런데 이러한 물질문화는 전기의 전반과 후반에 분포 양상을 달리하여 주목된다. 1~2세기대 전기 전반의 문화는 주거지와 분묘 모두 인천과 경기 남부, 충청 북부 지역에 집중되어 나타난다(서현주 2019). 이는 제7장 대외교섭의 양상에서도 입증된다. 이에 비해 금강이남 지역의 호남 서해안과 남해안에서는 전기 전반에 해당하는 패총이나 주거지, 묘제가 일부 발견[40]되지만 상대적으로 소수에 그치고 있다[41]. 그러나 3세기 무렵의 전기 후반이 되면『삼국지』한조의 기록처럼 서울·인천·경기부터 충청, 호남에 이르는 광범위한 지역에서 마한의 물질문화가 다양하게 발견된다(김승옥 2011).

마한 전기에 이르면 주요 정치체는 이처럼 금강 이북지역으로 이동했을 가능성이 상당히 높다. 주요 물질문화 역시 조기의 수석리문화 점토대토기 중심에서 전기에 이르면 연질의 타날문토기와 외반구연의 경질무문토기로 변화한다. 물질문화의 이러한 변화와 공간적 이동을 어떻게 설명할 수 있을까? 이 점과 관련하여 만경강권역의 준왕 집단이 얼마 후 소멸되었다는 문헌기록이 주목되는데, 그 소멸 시점은『삼국지』의 저술 연대로 볼 때 최소한 3세기 이전,

---

40) 금강 이남의 전북 지역에서 전기 전반으로 볼 수 있는 유적으로는 서해안의 일부 패총(김승옥 2007)과 부안 백산성과 전주 동산동·장동, 남원 세전리 등 극소수 생활유적을 들 수 있다(김은정 2017). 따라서 대부분의 전북지역은 문화적 단절, 혹은 공백이라고 부를 수 있을 정도로 현재까지의 자료로 보는 한, 마한 전기 전반의 문화상이 극히 미약하고 불분명하다. 이에 비해 영산강유역, 특히 상류에서는 전기의 유적도 상당 수 발견되고 있어(김진영 2018), 이 지역이 조기 후반에 이어 전기까지 마한 문화가 연속되고 있었음을 보여준다. 또한 광주 신창동과 복룡동, 나주 랑동, 해남 군곡리의 오수전과 화천처럼 활발한 대외 관계의 산물이 발견된다. 따라서 영산강 일대는 조기 후반에 이어 전기 전반 마한 문화의 또 다른 중심지대로 볼 수도 있지만 공간적 범위나 문화의 확장성에서 한계를 보이고 있다. 결과적으로 유적이나 위세품의 분포와 밀도, 문헌기록 등을 종합할 때 이 시기 마한 문화의 중핵지대는 인천과 경기 남부, 충청 북부 지역으로 추정된다.

41) 마한 전기 전반의 생활유적과 분묘 모두 서해안과 동부 산악지대의 사이인 충청·전북의 서부 내륙지대에서는 발견되지 않는데, 이에 대한 추정은 전고(김승옥 2023b) 참조.

마한 전기의 어느 시점으로 볼 수 있다. 이와 같은 물질문화와 문헌기록을 종합해보면 마한 조기의 정치체가 전기까지 이어졌다고 보기는 어렵고(성정용 2018), 이는 조기와 전기의 마한이 최소한 정치적으로 상이했을 가능성을 시사한다[42].

조기와 전기의 마한이 정치적으로 상이했을 가능성이 높지만 그렇다고 문화적 친연성이 전혀 없었다고 부정할 수도 없다. 그 이유는 무엇보다도 조기의 분구묘가 전기에도 지속적으로 축조된다는 점에서 찾을 수 있다. 또한 제4장에서 살펴본 바와 같이 조기의 분구묘 축조 집단은 수석리문화와 여러 측면에서 밀접한 관련성이 관찰된다.

3) 중기

마한은 중기에 이르면 분포와 공간, 문화내용, 대외교섭 양상에서 전기와 현저한 차이를 보이게 된다. 먼저 서울 강남에서 성장한 백제국이 중부지역 마한 문화의 주도권을 서서히 장악하게 되고, 기원후 3세기 중반경이 되면 고대 국가로서의 면모를 갖추게 된다. 이후 백제는 기리영崎離營 전투의 혼란기를 이용하여 점차 한반도 중부 이남의 마한 소국들을 순차적으로 흡수, 병합해 간 걸로 추정된다(노중국 2003). 결과적으로 금강을 경계로 이북의 마한문화는 급격히 쇠퇴하게 된다.

마한 중기의 공간적 범위는 백제에 의해 일부 축소되었다고 볼 수 있지만, 금강 이남의 마한 문화는 급격한 변화와 성장을 이룩하게 된다. 예를 들어 취락의 물질문화는 내용상 전기와 별로 다르지 않지만 중기에 접어들면 분포 수와 밀도에서 폭발적인 증가를 보이게 된다(김승옥 2004, 2007; 김은정 2017; 이영철 2013). 무덤 유적 역시 취락의 폭증과 궤를 같이한다(김승옥 2011). 사회적 복잡도와 위계화에서도 한층 심화된 모습을 보이는데, 소형→중형→대형 취락의 순으로 취락 구성원의 수뿐만이 아니라 경제적 부와 사회적 지위에서 차이를 보이게 된다(김승옥 2014; 이영철 2018). 무덤에서도 충청 일대의 주구토광묘가 서서히 사라지고 단장에서 다장분구묘로의 변화와 함께 분구묘 간 차이가 심화한다(김승옥 2011). 따라서 중기의 마한은 마한이 54여개의 소국으로 구성되었으며, 각 소국이 국읍을 중심으로 복수의 주변 읍락과 마을로 구성되있다는『삼국지』의 기록과 가장 흡사한 모습을 보이게 된다. 이런 점에서 조기와 전기를 마한 문화의 '형성기'라면, 중기는 '발전기' 혹은 '최전성기'라 부를 수 있을 것이다.

---

42) 전고(김승옥 2016)에서 준왕 집단의 소멸과정을 만경강에서 영산강·섬진강권역으로의 수석리문화 이동과 관련하여 추정한 바 있다. 이 가능성도 배제할 수는 없다.

마한 문화는 중기에도 지속적으로 백제에 의해 흡수, 통합되며 4세기 중후반 근초고왕의 남정으로 절정에 도달하게 된다. 이러한 남정의 결과, 전북 이북 지역에서는 마한 고유의 취락과 분묘가 자취를 감추게 되고, 서산 부장리와 서천 장항, 완주 상운리와 수계리, 전주 마전 등 일부 지역에서만 분구묘 전통이 지속된다(김승옥 2007, 2011). 반면, 정읍 일부와 고창을 포함한 영산강 일대는 이 시기 이후에도 여전히 마한 문화가 성행한다.

4) 후기

마한 후기는 백제 근초고왕 남정 이후의 시기를 의미하는데, 역사학계에서는 『일본서기日本書紀』 신공기神功紀 49년조에 기록된 근초고왕의 남정과 마한 정치체의 소멸 시점을 동일하게 보기도 한다(노중국 2018; 이병도 1976; 정재윤 2022). 그러나 물질문화로 보는 한 후기에도 마한 고유의 문화 전통은 지속되며 정치적 자율성을 상정할 수 있을 정도의 정치체가 존재한다는 점에서 획기로서의 마한 후기는 타당성이 있다. 예를 들어 전북 고창을 포함한 영산강권역과 섬진강 및 보성강 일대에서도 6세기 전후까지 마한 문화는 지속된다. 특히 영산강 일대에서는 마한 전통의 대형 옹관고분이 집중적으로 조영되며, 백제의 석실분이 축조되는 6세기 전반 이후에 마한은 백제에 편입되었다고 본다(김낙중 2009; 박순발 2000; 임영진 1995, 1997; 최완규 2000).

마한 후기는 백제의 웅진 천도(475년)를 기점으로 5세기 중반까지를 후기 전반, 5세기 후반부터 마한의 문화 전통이 소멸하는 6세기 중반까지를 후기 후반으로 상정할 수 있다. 후기 전반의 주요 무대는 전북 일부와 전남 일대이며 다장분구묘가 여전히 유행한다. 취락에서도 전 단계와 마찬가지로 마한계의 4주식 방형 주거가 발견된다. 후기 후반에 이르면 전북지역 내의 동진강권역 일부 지역에서도 마한 분구묘가 잔존하지만(김승옥 2021) 마한의 주요 활동무대는 영산강권역이 된다. 후자의 지역에서는 고총고분의 등장과 함께 새로운 평면 형태, 즉 원형·방대형·장고형의 분구묘가 유행하게 된다.

2 분구묘와 마한계 묘제의 편년

편년編年이란 유물, 유구, 유적 등 고고학적 자료들을 시간의 순서로 배열하고 고고학적 방법에 의해 그 연대를 부여하는 것으로 고고학적 자료의 시간적인 분포상을 말한다. 그런데 한국 고고학에서의 편년은 편년단위(유물과 유적, 유물복합체, 문화)와 편년기준(각각의 편년단위에 대하여 속성, 속성이나 형식, 속성이나 형식과 형식복합체)이 명확하게 설정되고 명시적인 절차를 거치는 것이 합리적 이지만(이희준 1984) 그렇지 않은 사례가 상당히 발견된다. 예를 들어 한국 고고학에서는 무질 서하게 나열된 속성과 형식 중에서 자신의 취향에 맞는 것만을 선택하는 소위 '뷔페식 편년방 법'(안재호 2009)이 유행한 바 있다. 뷔페식 편년을 지양하기 위해 여기서는 출토 유물의 시간적 속성과 유구상의 특징을 종합적으로 고려한다(김승옥 2009, 2011). 연구자에 따라서는 특정 종류 의 유물에서 관찰되는 속성에 근거하여 세부 편년을 시도하기도 하지만 이러한 편년 방법 역 시 여러 가지의 한계를 지니고 있다.

마한계 무덤에서 발견되는 유물은 다원적이고 복잡한 지역정치체 만큼이나 지역적으로 매 우 다양한 출토 유물의 양상을 보이고 있다. 또한 전통성과 보수성을 보이는 분묘 유물의 특 성상 지역 내 생산이 어려운 위세품이나 외래기원의 교역물을 제외한 대부분의 유물 형식은 단절적 대체보다는 시간적 중복을 보이게 된다. 예를 들어 마한계 분묘에서 보편적으로 발견 되는 원저단경호의 동체형은 말각방형→역삼각형→편구형→구형으로 변화한다는 주장(성정 용 2000b)이 대부분의 연구자에 의해 암묵적으로 지지를 받고 있다. 그러나 이러한 편년안이 지역적 다양성을 간과하였고(김성남 2000), 실제로 말각방형의 원저단경호는 시기적으로 후행 하는 형식으로 판단된다.

유적의 편년 방법에서 유물 형식의 시간적 중복을 극복하기 위해 빈도순서배열법을 적용 할 수 있지만, 표본의 수가 적은 경우에는 이 방법의 적용 또한 어렵게 된다. 결과적으로 유물 형식의 지역적 다양성, 시간적 중복, 표본 수의 문제를 극복하기 위해서는 시간의 변화에 민 감한 유물의 종류와 형식을 선택하고 이들 간의 공반관계를 다각적으로 체크할 수 있는, 소위 '총체적 편년법'이 요구된다. 여기서도 먼저 시간적 속성을 보이는 유물을 선택하고, 시간성에 민감한 유물의 형식을 최대한 단순화하며, 이들 유물 형식간의 공반관계와 유구상의 특징에 의해 분구묘의 편년을 시도한다. 분구묘의 시공간적 전개과정의 논의에 필요한 주구토광묘 의 편년에 대해서노 산략하게 언급한다.

마한 분구묘 중 조기의 물질문화는 전기 이후와 확연하게 구분되고 제4장에서 상세하게 설명 하였기 때문에 여기서는 전기 이후의 편년 방법을 살펴보기로 한다(표 5-3). 전기 이후 분묘를 편년할 수 있는 대표적인 유물로는 토기와 철기[43]를 들 수 있다. 마한 토기는 일반적으로 기형상 변화가 뚜렷하지 않고 더욱이 부장용 토기는 그 종류가 한정되며, 토기의 기종별 편년을 여기서 상세하게 다룰 수도 없기 때문에 시간적 변화가 비교적 뚜렷한 원저단경호와 광구장경호만을 살펴본다. 전기에 등장하는 원저단경호는 3세기 중엽경에 이르면 그 수가 감소하기 시작하고, 4세기를 전후하여 광구장경호가 본격 등장하게 된다(성정용 2006). 3세기 중반 이후에는 원저단경호의 수가 감소하기 시작하면서 동체형도 편구형과 구형이 다수를 차지하고 경질화된다. 결과적으로 마한 전기의 분묘에서는 연질계의 원저단경호가 대부분을 차지하고, 중기에 접어들면 원저단경호는 수가 감소하면서 경질화되며 광구장경호와 함께 장란형토기, 시루, 양이부호, 이중구연호, 거치문토기 등 전형적인 마한 토기가 유행한다. 또한 중기 후반부터 백제토기가 서서히 등장하기 시작한다(그림 5-5·6). 후기에 접어들면 경질의 원저단경호가 일부 잔존하며 마한 토기와 함께 직구호와 평저호, 병, 고배, 기대 등 백제계 토기가 상당 수 발견된다.

표 5-3 마한계 유물과 백제토기의 획기별 특징

단계	원저단경호		백제토기	환두도			철모			철검			철정	대구·고리형철기
	연질	경질		A	B	C·장식	i	ii	iii	가·나	다	라		
전기	●	•		○	○		●	•		○			•	○
중기	•	●	•		○	○		●			○		●	○
후기		●	●			○		●	●		○	○	●	

* ● • 의 크기는 상대적 비중

마한의 철기 중에서 시간적 변화에 가장 민감한 대표 유물로는 철검, 철제환두도, 철모, 철겸, 마구류 등을 들 수 있다(그림 5-7). 먼저 철검은 현재까지 30여점이 발견될 정도로 소수가 확인되었는데, 김포 운양동, 서산 예천동, 연기 용호리, 평택 마무리 등 경기와 충청 서해안에서 출토되었다. 이러한 철검은 거의 대부분 마한 전기의 유적에서 낙랑, 진·변한과 관련을 보이는 유물과 함께 발견되는 특징을 보인다(이보람 2018).

환두도의 시간적 속성은 관부 형태와 제작방식, 도신부의 형태 등에서 확인할 수 있지만 이 중 관부 형태가 시간적 속성을 가장 민감하게 반영한다(이보람 2009). 예를 들어 관부 형태는 무관無關(A형), 편관片關(B형), 양관兩關(C형)으로 대별할 수 있는데, 전기의 환두도는 무관과 편관이 나타나지

---

43) 구체적인 변화상은 『마한고고학개론』(중앙문화재연구원 2018) 참조.

만 중기에 접어들면 편관의 비중이 높아지며, 후기에는 양관과 삼엽문과 같은 장식환두도의 비중이 높아지게 된다.

마한권역에서 철모는 기부 형태에 따라 직기형直基形→연미형燕尾形으로, 관부 형태에 따라 이단관→돌출형→유관→무관으로 변화한다고 알려지고 있다. 신부 형태에 따라서는 광형廣形→세형細形으로 변화하고 전체 길이는 점차 짧아지는 경향을 보인다(성정용 2000c; 이보람 2018). 철모의 발전순서를 보면, 전기에는 거의 대부분 직기유관형(i형)이

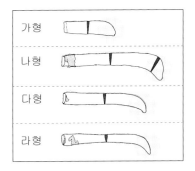

그림 5-4 마한유적 출토 철겸의 분류

발견된다. 중기에는 연미유관형(ii형)이 대부분을 차지하며 후기에는 연미유관형과 연미무관형(iii형)이 발견된다. 또한 후기에는 반형盤形 철모가 새롭게 등장하게 된다.

마한의 철겸(그림 5-4)은 선단부先端部의 형태가 직선에 가까우며 최대폭이 선단부에 위치하는 형태(가형), 선단부가 살짝 휘어지면서 최대폭이 선단부에 위치하는 형태(나형), 선단부의 폭이 좁아들면서 살짝 굽은 형태(다형), 선단부의 폭이 좁아들면서 급격히 휘어지는 형태(라형)로 대별될 수 있다(김상민 2007). 마한 전기에는 가와 나형이 주로 유행하고, 중기에는 다형이 등장하며 후기에 이르면 다형과 라형이 성행하게 된다[44].

이러한 유물 외에도 시공간적 특징을 보이는 유물을 세부편년에 활용하였는데, 예를 들어 마구는 마한계 무덤에서 대부분 중기 이후에 발견된다. 철정은 현재까지의 조사결과로 보는 한 분구묘에서만 발견되는데, 전기에도 일부 발견되지만 대부분은 중기와 후기의 분구묘에서 발견되고 있다. 이 외에도 주구토광묘 권역에서만 발견되는 청동마형대구, 곡봉형대구, 동탁, 고리형철기는 전기에 유행하고 중기 초반에 소멸하는 특징을 보인다(그림 5-7).

마한계 무덤유적에서는 유물의 변화에 함께 유구상에서도 단계별 변화가 일부 발생한다. 예를 들어 조기의 분구묘에서는 방형계의 단장독립형이 유행하지만 전기 후반부에는 단장연접형이 등장한다. 또한 경기 남부의 주구토광묘에서는 중기를 전후하여 매장시설의 장축방향이 평행과 함께 직교하는 현상이 발생한다(김승옥 2009, 2011). 중기에 접어들면 다장분구묘가 본격적으로 유행하며, 후기에는 다장연접형의 비중이 높아지면서 '||'형이나 부정형의 주구가 증가하게 된다(제2장 참조).

---

44) 이 외에도 마한의 철촉은 무경식無莖式→유경식有莖式→단경식短頸式→장경식長頸式으로 변화한다고 알려지고 있다(이보람 2018).

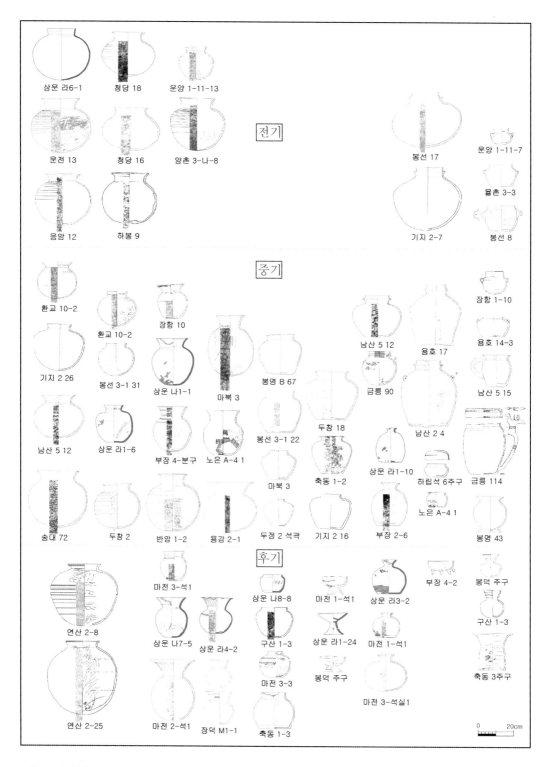

상운 라6-1 청당 18 운양 1-11-13

전기

운전 13 청당 16 양촌 3-나-8 봉선 17 운양 1-11-7

율촌 3-3

응암 12 하봉 9 기지 2-7 봉선 8

중기

환교 10-2 장항 1-10

환교 10-2 장항 10 남산 5 12 용호 17 용호 14-3

기지 2 26 봉선 3-1 31 상운 나1-1 마북 3 봉명 B 67 금릉 90 남산 5 15

남산 5 12 상운 라1-6 부장 4-분구 노은 A-4 1 봉선 3-1 22 두창 18 남산 2 4 하립석 6주구 금릉 114

두정 2 석곽 기지 2 16 상운 라1-10 노은 A-4 1

송대 72 두창 2 반암 1-2 용강 2-1 마북 3 축동 1-2 부장 2-6 봉명 43

후기

마전 3-석1 상운 나8-8 마전 1-석1 상운 라3-2 부장 4-2 봉덕 주구

연산 2-8 상운 나7-5 상운 라4-2 구산 1-3 상운 라1-24 마전 1-석1 구산 1-3

마전 3-3 봉덕 주구 마전 3-석실1 축동 3주구

연산 2-25 마전 2-석1 장덕 M1-1 축동 1-3

0   20cm

그림 5-5 마한 분묘 분기별 토기류의 변화

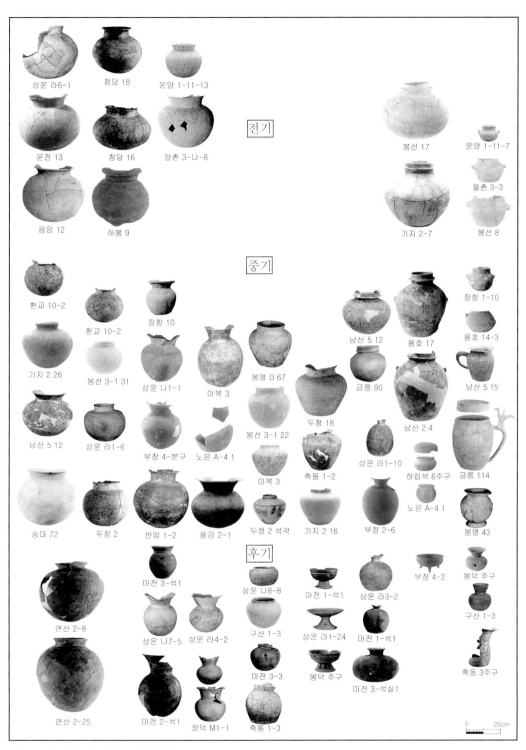

상운 라6-1　　청당 18　　운양 1-11-13　　전기　　봉선 17　　운양 1-11-7

운전 13　　청당 16　　양촌 3-나-8

응암 12　　하봉 9　　기지 2-7　　율촌 3-3

봉선 8

중기

환교 10-2

환교 10-2　　장항 10　　남산 5 12　　용호 17　　장항 1-10

기지 2 26　　봉선 3-1 31　　상운 나1-1　　마북 3　　봉명 B 67　　금릉 90　　용호 14-3

남산 5 12　　상운 라1-6　　부장 4-분구　　노은 A-4 1　　봉선 3-1 22　　두창 18　　남산 2 4　　남산 5 15

마북 3　　축동 1-2　　상운 라1-10　　하립석 6주구　　금릉 114

송대 72　　두창 2　　반암 1-2　　용강 2-1　　두정 2 석곽　　기지 2 16　　부장 2-6　　노은 A-4 1　　봉명 43

후기

마전 3-석1　　상운 나8-8　　마전 1-석1　　상운 라3-2　　부장 4-2　　봉덕 주구

연산 2-8　　상운 나7-5　　상운 라4-2　　구산 1-3　　상운 라1-24　　마전 1-석1　　구산 1-3

마전 3-3　　봉덕 주구　　마전 3-석실1　　축동 3주구

연산 2-25　　마전 2-석1　　장덕 M1-1　　축동 1-3

0　　20cm

그림 5-6 마한 분묘 분기별 토기류의 변화

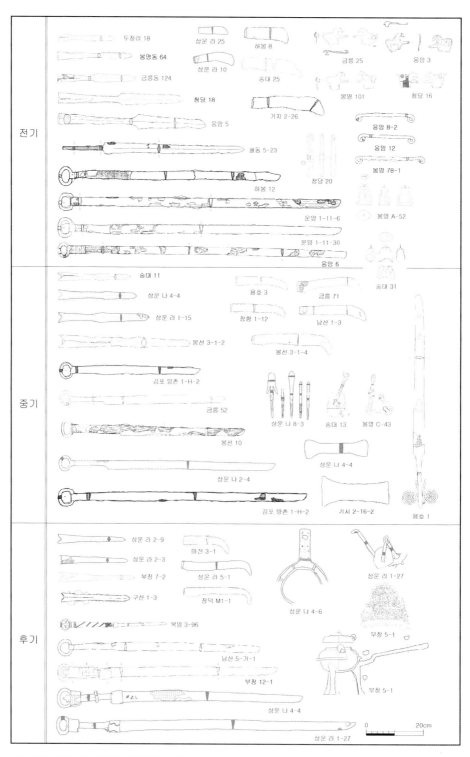

그림 5-7 마한 분묘 분기별 철기류의 변화

마한馬韓 분구묘墳丘墓의 이해

제6장
분구묘의 시공간적 전개과정

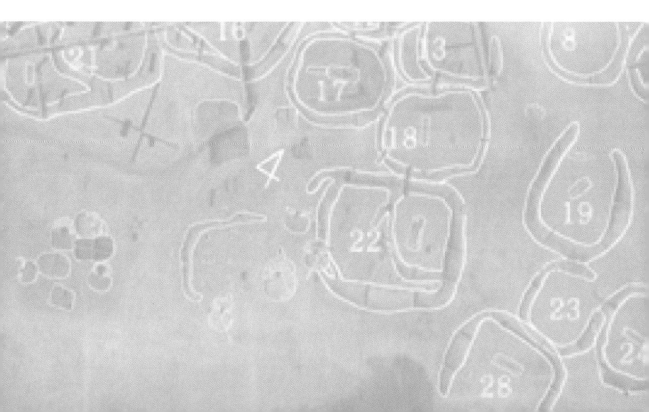

마한의 분구묘는 시간과 공간, 형태에서 그 변화가 복잡하고 다양하게 나타난다. 이 장에서는 제5장에서 검토한 마한의 물질문화와 문헌기록에 따라 조기-전기-중기-후기의 순서로 분구묘의 시공간적 변화양상과 특징을 살펴본다. 함께 발견되는 주구토광묘와 토광묘, 옹관묘 등 기타 마한계 묘제의 변화도 간략하게 언급한다.

제5장에서 논의한 분구묘와 출토 유물의 특징에 근거하여 마한 분구묘와 주구토광묘의 편년을 비정하였고 그 결과를 <부록 2·4>에 제시하였다. 이번 장에서 논의하는 분구묘의 시공간적 전개양상은 이 자료에 근거하였다. 가능한 모든 무덤 유적의 조영 시기를 추정하였지만 시기 설정이 불가능한 일부는 불명으로 표시하였다. 무덤이나 출토 유물의 수가 극소수로 발견된 일부 유적은 조영 연대의 추정에 어려움이 따랐고, 결과적으로 논란과 수정의 여지가 있다. 그럼에도 이러한 편년 문제는 이 책의 목적이 시간과 공간에 따른 분구묘의 전반적인 흐름과 변화를 파악하는데 있기 때문에 논지전개와 결과에 별다른 영향을 미치지는 않는다.

1 마한 조기(기원전 3-2세기~기원 전후)

마한 조기는 대한민국의 서해안 일대에서 분구묘가 형성되었던 시기로서 분구묘는 거의 모두 주변 조망에 유리한 구릉 정상부나 능선의 평탄면에서 발견된다. 곡성 대평리와 광주 평동의 분구묘는 충적대지에서도 상대적으로 가장 높은 곳에 입지한다는 점에서 이 시기 다른 분구묘의 입지와 궤를 같이한다. 분포에서도 공통점을 보이는데, 구릉 정상에 독립적으로 분포하거나 다수가 발견되더라도 일정 거리를 유지하며 독립 분포한다. 또한 분구와 주구의 평면

형태는 거의 모두 방형계라는 공통점을 보이지만 관창리에서는 일부 마제형이 발견되고 대평리와 상곡리·신풍에서는 세장방형과 장방형의 이질적인 형태가 발견되기도 한다.

조기 분구묘의 매장시설은 지상에 위치하는 분구묘의 특징과 후대의 다양한 훼손과 삭평으로 인해 거의 대부분 유실되어 발견되지 않는다(김승옥 2011; 이택구 2008). 잔존하는 경우 군동처럼 대부분 토광(그림 6-1)이며 예외적으로 관창리에서 적석목관(그림 4-21), 대평리에서 석개토광(그림 6-2)이 발견되었다. 이 시기 분구묘는 하나의 분구에 하나의 주검이 안치되는 단장을 기본으로 한다.

조기 분구묘의 매장시설과 주구에서 공통적으로 발견되는 유물로는 송국리문화와

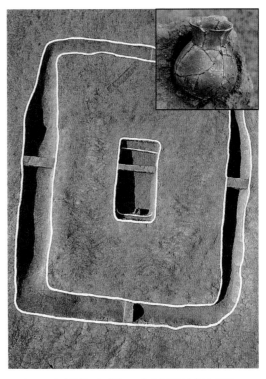

그림 6-1 영광 군동 라지구 A18호 분구묘와 출토 유물

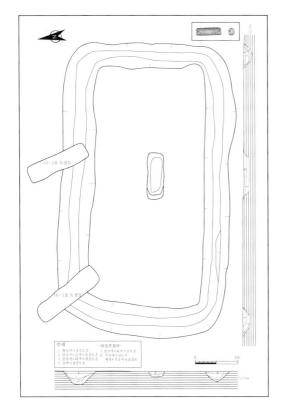

그림 6-2 곡성 대평리 B구역 16호 분구묘와 출토 옥

수석리문화의 것으로 대별된다. 전자의 유물로는 무문토기와 석기 등을 들 수 있고, 후자의 것으로는 점토대토기, 두형토기, 대부토기, 경질무문토기, 흑도단경호, 우각형 파수 등이 있다. 이외에도 타날문연질토기 등이 간혹 발견되는데, 이에 대한 논의는 제4장에서 상세하게 기술하였다.

조기 분구묘의 분포를 보면(그림 6-3), 금강 하류와 만경강, 영산강권역에서 분구묘가 발견되었고 아산만권역에서 1기가 확인되었다. 한강 하류와 동진강권역에서는 아직까지 이 시기의 분구묘가 발견된 바 없다. <그림 6-3>은 조기에 조영되었을 가능성이 농후한 분구묘만을 제시한 것이다. 그러나 이 외에도 마한권역에서는 매장시설이 발견되지 않았지만 구릉 정상 입지·독립 분포·방형계 평면형태를 가진 분구묘가 다수

발견되었고, 이들은 조기에 축조되었을 개연성이 높다고 여겨진다(제4장 참조).

조기의 분구묘는 언제, 어디에서 등장하여 어떻게 확산되었을까? 제4장에서 상세히 살펴본 것처럼 이 시기의 분구묘는 서해안 일대 수석리 문화와 깊은 관련을 보이며 등장시점은 기원전 3-2세기로 추정된다. 또한 만경강권역에서 가장 먼저 등장했을 것으로 판단된다. 그 이유로는 먼저 만경강권역의 완주 상운리, 익산 영등동·어량동·간촌리 등지에서 가장 이른 시기의 분구묘가 밀집 분포한다는 점을 들 수 있다. 유물에서도 가장 이른 시기의 것들이 발견되는데, 예를 들어 상운리의 점토대토기 구연부는 모두 단면 원형의 형태를 보이고 있다. 다음으로 분구묘와 긴밀한 관계를 보이는 수석리문화 군집묘들이 완주 갈동과 신풍 등 만경강 이남 지역에서 최대 규모로 다수 발견된다는 점이다(김승옥 2011; 송종열 2015; 한수영 2015). 분구묘는 이후 서해안을 따라 북과 남으로 전파되며, 곡성 대평리와 광주 외촌 등 일부 내륙지대로도 확산되었던 것으로 추정된다.

마한馬韓 분구묘墳丘墓의 이해

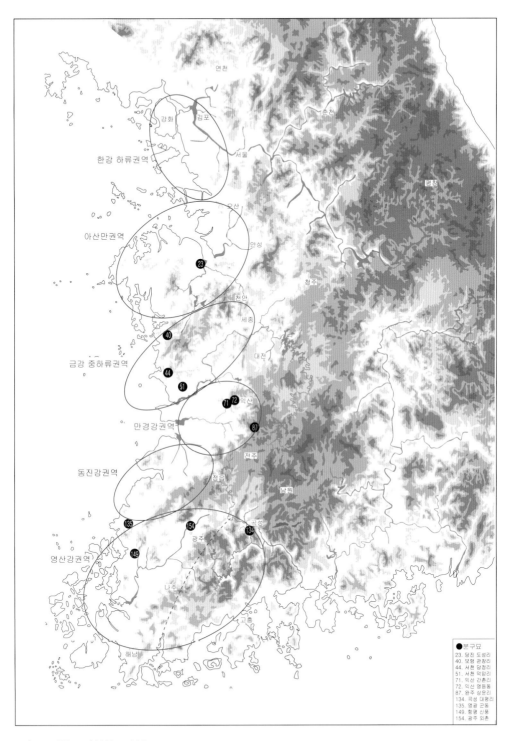

그림 6-3 마한 조기 분구묘의 분포

2 전기(1세기 전후~3세기 중후반)

전기의 분구묘는 조기와 마찬가지로 구릉의 정상부에서 일정한 거리를 두고 단독으로 발견되기도 하지만, 정상부에 근접한 사면부에도 조성되기 시작한다. 매장시설로는 대상부의 중앙에서 목관이 발견된다. 사면부에 위치하는 경우 대부분 목관의 장축이 등고선과 직교한다는 점에서 동시기 주구토광묘와 현저한 차이를 보여 준다.

전기부터 분구묘는 금강을 경계로 지역적 차이를 보이기 시작한다. 금강 이북에서는 서산 예천동처럼 방형의 평면 형태를 지닌 분구묘가 주로 발견된다(그림 6-4). 이에 비해 금강 이남에서는 마제형馬蹄形의 분구묘가 등장하며, 영산강권역에서는 마제형과 함께 제형梯形의 주구를 지닌 분구묘가 서서히 등장하기 시작한다. 예를 들어 고창 성남리 III(그림 6-5)에서는 방형계와 함께 마제형이 발견되고 함평 월야 순촌에서는 마제형과 단제형短梯形이 함께 확인된다. 이러한 분형의 차이에도 불구하고, 전기 전반의 분구묘는 거의 대부분 1기의 목관만이 대상부의 중심에 위치하는 단장독립형이다. 그러나 전기 후반부터 단장독립형의 분구묘들이 서로 연접하거나 주구를 공유하는 단장연접형이 등장하기 시작한다(그림 6-4·5).

전기 분구묘의 주요 출토 유물을 보면, 토기는 연질소성의 원저단경호와 이중구연호가 세트로 출토되며 토기의 경도는 모두 연질이다. 금강 이북 일대에서는 낙랑토기가 공반되며 금속류로는 세형동검, 칠초철검, 2단관식 철모, 주조철부, 환두도(A형), 철겸(가·나형) 등이 주로

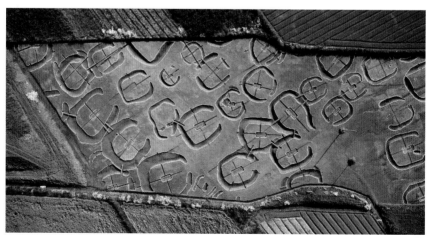

그림 6-4 서산 예천동 분구묘

발견된다.

전기의 분구묘는 조기에 비해 전반적으로 분포 범위가 넓어지고 밀도도 증가하는 경향을 보여준다(그림 6-6). 그런데 전기를 전반과 후반으로 대별하여 살펴보면 흥미로운 현상이 관찰된다. 예를 들어 전기 전반에는 조기에 분구묘가 전혀 발견되지 않았던 한강 하류권역(운양동·연희동·양촌 등)에서 주로 확인되고 아산만권역(예천동 등)에서도 일부 발견된다. 이 권역들에서는 낙랑계의 유물이 분구묘에서 활발하게 발견되며, 다른 권역과 달리 역삼동형 방형 주거지들이 함께 발견된다는 점에서도 차이를 보인다. 이에 비해 금강 이남에서는 현재까지 전기 전반으로 상정할 수 있는 주거지나 패총이 일부 확인되지만 분구묘가 거의 발견되고 있지 않아 금강 이북과 대조를 이룬다. 금

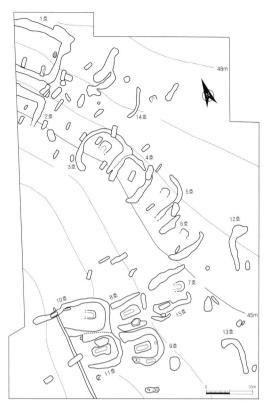

그림 6-5 고창 성남리 Ⅲ 분구묘

강 이남 지역에 분구묘가 다시 등장하는 시점은 3세기경의 전기 후반으로 판단된다.

전기 전반 분구묘의 이러한 분포는 마한의 주요 정치체가 문헌기록처럼 금강 이북지역으로 이동했을 가능성을 시사한다(제5장 참조). 이 문제와 관련하여 전기 전반에는 분구묘 외에도 생활유적과 기타 마한계 분묘가 서해안과 동부 산악지대의 사이인 충청·전북의 서부 내륙지대에서 발견되지 않는다는 점(김승옥 2007, 2023b; 김은정 2017)을 상기할 필요가 있다. 마한의 공간을 달걀로 비유하면 전형적인 농경사회의 노른자 부위가 문화적 단절, 혹은 공백이라고 부를 수 있을 정도로 이 지역들에서는 전기 전반의 문화상이 극히 미약하고 불분명하다. 전기 전반 마한 문화의 이러한 소강이 현재로선 기후의 한냉화(박정재 2021)와 이로 인한 수전농경의 불리함(서현주 2001)으로 기인했을 가능성이 높지만 조사의 지역 간 편차라는 문제도 완전하게 배제할 수는 없다.

한편, 전기에 들어서면 주구토광묘가 본격적으로 유행하게 되는데, 거의 대부분 구릉의 사면부에서 발견되며 주구의 형태는 눈썹형이나 마제형을 보이게 된다(그림 6-7). 또한 매장주체

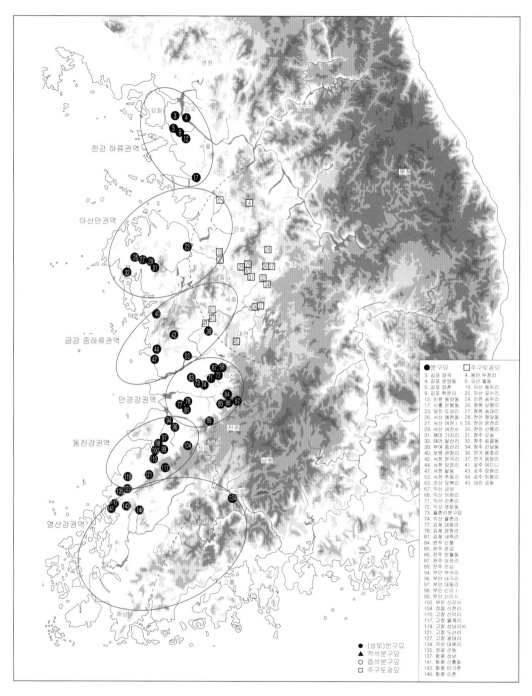

범례:
- ● 분구묘 □ 주구토광묘

3. 김포 양곡　　4. 용인 두창리
4. 김포 운양동　6. 오산 궐동
5. 김포 양촌　　19. 아산 용두리
9. 김포 학운리　20. 아산 공수리
12. 인천 동양동　24. 진천 송두리
17. 시흥 은행동　26. 청원 상평리
23. 당진 도성리　27. 청원 송대리
26. 서산 예천동　28. 천안 청당동
27. 서산 여천 I・II　29. 천안 운전리
29. 서산 여천III　30. 천안 신풍리
31. 해미 기지리　31. 청주 오송
32. 태안 달산리　32. 청주 송절동
40. 부여 증산리　34. 청주 신봉동
42. 서천 문곡리　36. 연기 용호리
44. 서천 당정리　37. 연기 응암리
47. 서천 밤들　　41. 공주 여드니
53. 서천 추동리　43. 공주 장원리
63. 군산 신관리　44. 공주 하봉리
67. 익산 어량리　45. 대전 궁동
68. 익산 금성
71. 익산 간촌리
72. 익산 영등동
73. 율촌리분구묘
74. 익산 율촌리
77. 김제 대동리
78. 김제 양청리
81. 김제 내축리
84. 완주 신뭄
85. 완주 운교
86. 완주 반월동
87. 완주 상운리
89. 전주 안심
94. 부안 부곡리
96. 부안 내기리
97. 부안 대동리
98. 부안 신리 I
99. 부안 신리II
100. 부안 신리III
104. 정읍 신천리
110. 고창 신덕리
117. 고창 율계리
119. 고창 성남리III
121. 고창 광산리
127. 고창 광대리
134. 곡성 대평리
135. 영광 군동
137. 함평 성남
141. 함평 신흥동
143. 함평 만가촌
146. 함평 순촌

범례:
- ● (성토)분구묘
- ▲ 적석분구묘
- ○ 즙석분구묘
- □ 주구토광묘

그림 6-6 마한 전기 분구묘와 관련 묘제의 분포

마한馬韓 분구묘墳丘墓의 이해

부는 예외 없이 등고선과 평행하게 배치된다는 점에서 분구묘나 중기 이후의 주구토광묘와 차이를 보인다. 이 시기의 주구토광묘는 구릉의 사면부에서 일정 거리를 두며 단독으로 분포하며, 1기의 목관이 대상부의 중앙에 위치하는 단독장의 전통을 보인다. 집중적으로 발견되는 지역은 곡교천, 미호천, 정안천과 갑천 일대 등 충청 내류지대이다.

마한의 또 다른 묘제인 토광묘는 대부분 분구묘와 주구토광묘 분포권에서 함께 발견되지만 남한강 상류의 충주 금릉동(그림 2-9)에서는 토광묘만이 발견되는 특징을 보인다. 토광묘가 분구묘나 주구토광묘들과 동일 유적에서 혼재하여 발견되는 경우에는 매장시설의 형태와 구조, 출토유물에서 후자의 묘제들과 유사성을 보이게 된다. 예를 들어 주구토광묘 분포권의 토광묘는 구릉의 사면에 위치하며 장축방향은 등고선과 평행하며 합장묘가 발견되어 분구묘권의 토광묘와 차이를 보인다. 출토유물에서도 마형대구, 동탁, 고리형철기 등이 주구토광묘권의 토광묘에서는 발견되지만 분구묘권의 토광묘에서는 발견되지 않는다. 결과적으로 이들 묘제들이 혼재하는 경우는 묘제 간의 시간적 차이와 함께 상대적 위계를 고려할 필요가 있다. 주구토광묘의 묘광의 크기나 출토유물이 단순 토광묘보다 현저하게 우세하다는 연구결과

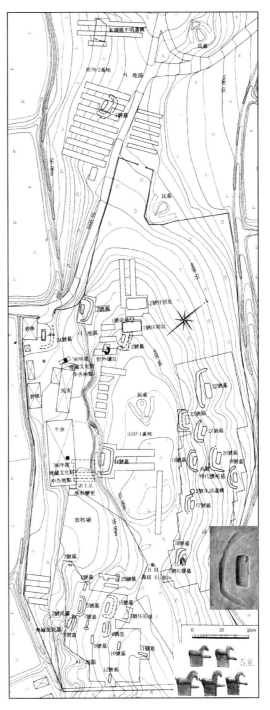

그림 6-7 천안 청당동 주구토광묘와 18호 모습, 5호 출토 마형대구

(이미선 2008)는 이러한 추정을 뒷받침하는 근거가 될 수 있다.

　토광묘는 함께 발견되는 분구묘나 주구토광묘와 많은 유사성을 보이지만 차이점도 일부 발견된다. 예를 들어 분구묘의 매장시설 장축방향은 등고선에 평행하거나 직교하지만 함께 발견되는 토광묘의 장축방향은 등고선에 평행한다는 차이점을 보이고 있다. 이러한 차이는 분구묘와 토광묘의 축조방식에서 그 원인을 찾을 수 있을 것으로 판단된다(김승옥 2023c). 매장시설을 축조하기 이전에 사면부에 성토를 하고 성토부의 평면을 정지하는 분구묘에서는 매장시설 장축방향의 선택이 상대적으로 자유로울 수 있을 것이다. 그러나 분구의 정지작업이 먼저 이루어지지 않는 토광묘에서는 매장시설의 축조시 자연지형을 고려하는 것이 경제적이었을 것이다. 예를 들어 매장시설 바닥의 수평을 유지하는 무덤의 특성상, 장방형의 매장시설을 구릉의 등고선에 평행하게 축조하는 방법은 직교에 비해 분묘 조영시의 노동력을 절감할 수 있었을 것이다.

　옹관묘 또한 전기에 본격적으로 등장하는데, 이 시기의 옹관은 지역을 불문하고 거의 대부분 일상생활 용기를 사용한다는 점에서 이후 시기와 차이를 보인다(이승태 2008). 토광묘와 마찬가지로 단독으로 발견되기도 하지만 대부분 분구묘나 주구토광묘의 묘역 밖이나 묘역의 외곽, 주구 내에서 발견된다.

3 중기(3세기 후반~4세기 중후반)

제5장에서 살펴본 바와 같이 역사상 마한 중기는 모든 측면에서 '대전환기'를 맞이하게 되는데, 분구묘 역시 그러한 변화의 모습을 보여주게 된다. 이 시기의 분구묘는 영산강권역을 제외하면 거의 대부분 구릉의 사면부에서 발견되며, 상운리 라지구 1호분처럼 구릉의 능선부에 입지하는 사례가 일부 확인된다. 분구묘의 주구는 기지리유적과 상운리 나지구 1호처럼 방형을 보이는 예도 일부 발견되고, 동진강 남부를 포함한 영산강권역에서는 제형 주구가 본격 유행한다. 그러나 이들을 제외한 거의 대부분의 분구묘는 마제형의 주구를 갖추게 된다.

　분구묘의 매장시설은 영산강권역을 제외한 거의 모든 지역에서 목관이 중심이고 주변으로 다수의 목관이나 옹관이 안치된다. 전술한 것처럼 상운리에서는 점토곽이 분구의 중심에서 발견되기도 한다. 이에 비해 영산강권역에서는 매장시설의 중심이 목관에서 점차 옹관 중심으로 대체된다. 목관에서 옹관으로의 이러한 변화는 4세기 중엽경에 발생하며 다수의 옹관이 중심축을 따라 일렬로 배치되는 특징을 보인다. 영산강권역의 제형 분구묘는 사다리꼴이라는 분형의 이형성異形性, 하나의 분구에 목관과 옹관이 공존하는 다장성多葬性, 추가장을 조성하기 위한 분구의 확장성擴張性이라는 지역적 특징을 보이게 된다(이영철 2023).

중기 분구묘의 형식은 서산 예천동과 해미 기지리(그림 6-8)에서 보는 바와 같이 일부 권역에서는 전기에 이어 단장연접형이

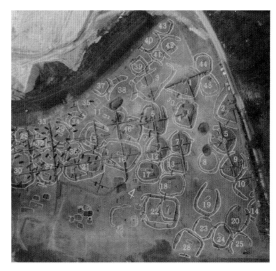

그림 6-8 해미 기지리 분구묘

유행한다. 그러나 부장리, 장동, 상운리, 양청리유적에서 보는 바와 같이 다장독립형과 연접형이 중기부터 본격적으로 유행하기 시작하여 후기까지 지속된다. 이러한 다장 전통의 확립은 중기에 등장하는 두정동의 즙석분구묘에서도 확인된다.

분구묘의 매장시설은 전기까지 목관 중심의 단장이고, 중기에서도 일부 지역에서는 단장연접형의 분구묘가 축조되기도 한다. 그러나 중기부터는 분구묘의 형식에서 획기적인 변화가 발생하게 되는데, 이 단계부터 대상부 중앙에 목관이 안치되고, 주위로 다수의 목관과 옹관이 하나의 분구에 안치되는 다장의 전통이 확립된다(그림 6-9·10). 단장연접형의 분구묘는 하나의 분구에 1기의 목관이 안치된다는 점에서 기본적으로 단장을 원칙으로 하지만 주구를 공유하거나 연접하면서 분구묘가 축조된다. 따라서 단장연접형의 분구묘는 친족적으로 가까운 자들을 근접한 공간에 함께 매장한다는 점에서 다장분구묘와 마찬가지로 다장의 전통을 지녔다고 볼 수 있다. 결과적으로 전기까지의 분구묘가 단장 전통의 '단순분구묘'라면, 중기 이후는 친족적으로 가까운 자들을 하나의 공간에 부장하는 다장 전통의 '복합분구묘' 시대라 부를 수 있을 것이다.

마한 중기에 이르면 분구묘의 규모와 수에서 폭발적인 증가를 보이며(그림 6-11), 분포 범위에서도 앞 시기에 비해 동쪽의 내륙지역까지 분구묘가 확산된다. 예를 들어 충청 내륙지대에서도 분구묘가 발견되며, 전 시기와 달리 영산강권역의 거의 모든 지역에서 분구묘가 발견된다. 또한 사회적 복잡화와 위계화가 심화되었다는 증거가 다수 발견되는데, 다양한 수평과 수직확장

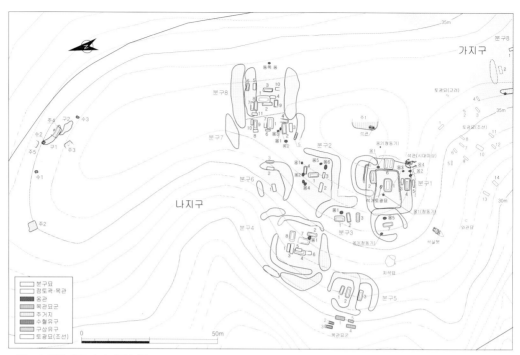

그림 6-9 완주 상운리 나지구 분구묘

을 통해 분구묘의 복잡화와 거대화가 이루어지는 시기가 바로 중기이다. 분구묘 간의 상대적 차이도 전기에 비해 대폭 심화된다(김승옥 2011; 이택구 2008). 이러한 분구묘의 급증과 사회적 위계화의 심화는 취락의 연구(김승옥 2004, 2007, 2011, 2014; 김은정 2017, 2018; 이영철 2013, 2018)에서도 뒷받침된다. 따라서 마한 중기는 마한이 54여개의 소국으로 구성되었으며, 각 소국이 국읍을 중심으로 복수의 주변 읍락과 마을로 구성되었다는 『삼국지』 기록과 가장 흡사한 모습을 보이게 된다.

그림 6-10 함평 예덕리 만가촌 분구묘

3세기 중후반의 이러한 마한의 소국 분포가 『삼국지』가 저술된 3세기경과 시간상으로도 흡사하다는 점도 주목할 필요가 있다. 이상에서 논의한 중기까지의 마한 전개과정을 요약한다면, 조기와 전기는 마한 문화의 성립기, 중기는 발전기 혹은 최전성기라 할 수 있을 것이다.

중기 분구묘의 또 다른 특징으로

마한馬韓 분구묘墳丘墓의 이해

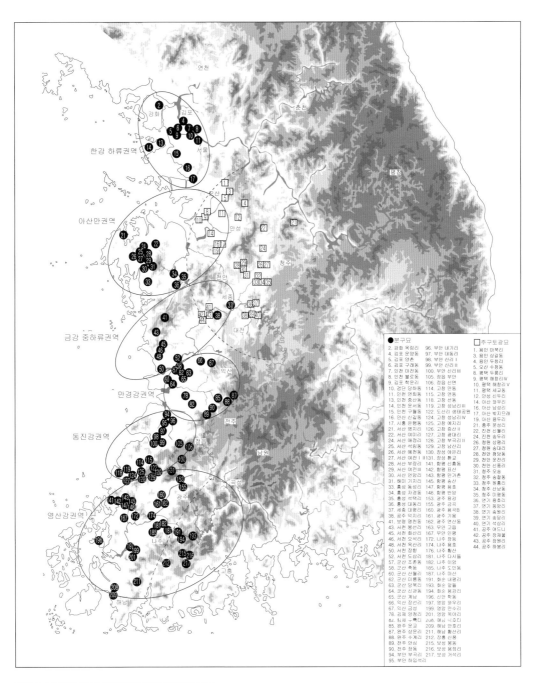

그림 6-11 마한 중기 분구묘와 관련 묘제의 분포

는 금강을 경계로 이북과 이남지역이 현저한 차이를 보인다는 점이다. 먼저 전반적인 분포에서 금강 이남 지역의 밀집도가 높다는 점을 들 수 있다(그림 6-11). 또한 금강 이북 지역에서는 인천 검단과 중산동, 서산 부장리 등 일부를 제외하고는 대부분 단장연접형의 분구묘인 반면, 이남 지역에서는 다장연접형이 주류를 이룬다. 출토 유물에서도 금강 이북 지역에서는 대부분의 유적에서 백제계의 유물이 발견된다. 예를 들어 기지리와 부장리에서는 경질의 원저단경호, 광구호, 직구평저호, 흑색마연토기, 병형토기, 개배, 고배 등 백제 토기가 다수 발견되고, 마한의 장검이 사라지면서 장식환두도가 상당수 발견된다. 마구류도 서서히 등장한다. 이에 비해 금강 이남 지역에서는 백제계 토기도 일부 발견되기는 하지만 이중구연호, 양이부호, 연질의 원저단경호 등 마한계의 유물이 대부분 발견된다(〈부록 2〉 참조)[45].

마한 중기 금강 이북과 이남의 이러한 차이는 경기와 충청지역의 정치적 변화와 궤를 같이한다. 익히 아는 바와 같이 3세기 중후반경에 이르면 한강권역에서 백제가 등장하고 백제의 성장에 따라 금강 이북의 마한 문화는 점차 쇠퇴하기 시작한다. 예를 들어 이 권역들에서는 4세기경에 이르면 분구묘와 주구토광묘가 서서히 사라지며(박경신 2023; 송만영 2021; 정수옥 2023), 취락의 변천양상에서도 3세기 중엽 이후 천안 일대에서부터 백제의 영향을 받은 취락이 등장하기 시작한다(김승옥 2007). 따라서 금강 이남 마한 중기 문화의 급격한 성장은 한강유역 백제의 성장과 이로 인한 금강 이북 지역 마한 정치체의 점진적 쇠퇴, 그리고 농경 생산성의 증가와 이와 관련된 인구 증가가 복합적으로 맞물려 발생한 현상으로 이해할 수 있다.

금강 이남지역 다장분구묘의 등장과 유행은 중기의 이러한 국내 정세와 일련의 관계가 있을 것으로 추정된다. 다장분구묘의 최대 특징은 수 명에서 수십 명에 이르는 다수의 피장자가 한 분구내에 안치된다는 점이고, 이는 '친족집단의 공간적 결집'을 시사한다. 예나 지금이나 공동체는 다양한 친족집단으로 구성되고, 이러한 친족집단의 경쟁과 협력을 통해 공동체가 발전한다는 점은 주지의 사실이다. 다장분구묘의 한 분구 내에는 친족적으로 가까운 자, 예를 들어 직계와 방계가족으로 구성된 혈연집단이 안치되었을 것으로 추정된다. 따라서 다장분구묘의 등장은 공동체를 구성했던 각 친족집단이 자신들의 정체성을 확립하고 재생산하려는

---

45) 경기와 충청지역의 마한과 백제문화의 관계를 단절론적 시각으로 볼 수는 없다. 정치체의 해체가 문화의 해체를 의미하지 않는 것처럼 백제의 지배영역으로 편입된 이후에도 마한의 문화는 잔존하며, 전통성과 보수성을 지닌 장송문화는 더욱 그러하다. 따라서 마한의 분구묘 문화 전통은 백제의 지배 하에서도 일정 기간 지속되며, 이는 마한과 백제문화의 관계를 대체나 단절보다는 연속적이고 점진적인 시각으로 보아야 한다는 점을 의미한다. 사실, 마한이 아니면 백제라는 이분법적 사고 지양의 필요성은 충청과 호남지역에서도 마찬가지로 요구된다. 마한과 백제의 모든 권역에서 양자의 문화적 관계를 물과 기름처럼 분리할 수 없는 셈이다.

사회적, 이념적 기제와 높은 관련이 있을 것으로 판단된다(제7장 참조).

다장분구묘의 또 다른 특징은 다수의 피장자를 안치하기 위해 다양한 수평과 수직확장이 발생하며, 결과적으로 분구의 거대화와 고대화가 이루어진다는 점이다. 분묘의 거대화와 고대화를 달성하기 위해서는 지역공동체 내에 대형 분묘를 축조할 수 있을 정도의 대규모 사회집단과 다수의 지역 공동체를 통합하여 수많은 노동력과 장인을 동원할 수 있는 사회정치적 권력이 전제되어야 한다. 마한계 분묘에서 보이는 이러한 공동체의 거대화와 사회적 결속력 및 위계화의 진전은 3세기 중후엽경 백제가 한강유역에서 고대국가로 성장하여 마한을 위시한 지역정치체를 통합하는 과정과도 관련이 있을 것이다. 예를 들어 백제의 남정정책에 따라 마한계 세력이 점차 남쪽으로 밀렸을 가능성이 있고, 결과적으로 남쪽 마한계 사회에서는 공동체의 수와 규모가 급증했을 것이다.

이러한 정치 지형의 변화와 함께 4세기 중엽 이후 농경 생산성의 제고와 이로 인한 인구의 폭증 및 사회적 위계화의 심화도 다장 분구묘의 성행에 영향을 미쳤을 것으로 추정된다. 이 시기에 이르면 기후의 온난화가 발생하고 만경강과 영산강처럼 강 연안의 염해를 극복할 수 있는 수리관개 기술의 발달과 수자원의 통제(황등제, 벽골제 등)가 어느 정도 이루어졌을 것으로 판단된다. 철제 농기구의 본격적인 보급이 발생했던 시기도 4세기 이후로 추정하고 있다(정재윤 2016). 이러한 수전 환경의 변화는 수전 농경의 확대와 대규모 인구를 부양할 수 있는 농경 생산성의 제고로 이어지게 된다. 대규모 인구증가와 수전 환경의 변화는 취락 입지의 변화에서도 알 수 있는데, 4세기대 이전 마한 취락은 구릉상에 입지한다(김승옥 2000a). 그러나 4세기대 이후에 이르면 초대형 취락이 새로이 충적대지에 들어서는데, 그 예로 청주 송절동, 세종 대평리, 전주 여의동 2가, 고창 황산, 담양 태목리, 광주 평동유적 등을 들 수 있다(김승옥 2023d).

이상에서 제시한 다양한 요인으로 중기의 마한 사회에서는 대규모 공동체가 등장하며 이는 친족집단의 다양성을 높이는 계기가 된다. 각각의 친족집단은 출자의 정통성을 확립하고 정치경제적 위상을 제고하기 위해 다장분구묘를 축조했었던 것으로 이해된다.

한편, 주구토광묘와 토광묘는 전기에 이어 중기에도 축조된다. 토광묘는 유구와 출토 유물에서 별다른 변화를 보이지 않지만 주구토광묘는 중요한 변화가 발생하는데, 그 기제는 분구묘와의 문화접촉이다. 예를 들어 경기 남부권의 주구토광묘와 토광묘는 용인 두창리와 상갈동처럼 전기부터 축조되기 시작하여 중기에도 지속되며, 수청동유적에서는 후기까지 축조된다. 이 지역에서도 마한 중기의 주구토광묘는 대부분 주구의 형태와 분리형 목관의 존재, 매장시

설의 축조방법 등에서 충청 내륙권의 주구토광묘와 맥을 같이 한다. 그러나 서해안의 분구묘와 유사성을 보이기도 하는데, 예를 들어 주구토광묘 매장시설의 장축방향이 등고선과 평행하기도 하지만 직교하기도 하며 충청 내륙권의 주구토광묘에서 보이는 마형이나 곡봉형의 청동대구, 동탁, 유공토기 등이 출토되지 않는다. 결과적으로 경기 남부권은 지리적 위치에서 서해안의 분구묘 전통과 충청 내륙권의 주구토광묘 전통이 만나는 접경지대이고, 물질문화의 내용에서도 이를 뒷받침하고 있어 양 문화가 혼재된 점이지대라 할 수 있다.

곡교천, 미호천, 정안천과 갑천 일대의 충청 내륙지역에서는 4세기 중반을 전후하여 마한계의 주구토광묘와 토광묘가 점차 사라지고 주구가 탈락된 백제계의 단순 토광묘가 등장하기 시작한다(성정용 2006). 예를 들어 재지의 마한계와 외래의 백제계 요소가 혼재하는 송대리와 봉명동유적에서 신봉동유

그림 6-12 청주 오송 4지점 주구토광묘와 47호 출토 호형대구

적처럼 백제 토광묘로 이행하게 된다. 후자의 유적에서는 직구호와 평저호, 병, 고배, 기대 등 백제토기 일색으로 변화한다.

그런데 미호천 일대의 일부 주구토광묘에서도 서해안 일대 분구묘와의 접촉 증거가 발견되기도 하는데, 청주 오송유적이 대표적이다(그림 6-12). 이 유적의 출토 유물은 주구토광묘 문화권에서 발견되는 것들과 대동소이하지만 주구의 형태는 세 유형으로 대별된다. ①형은 주구토광묘의 전형적인 형태이고, ②형은 주구가 서로 연접(단장연접A형)하거나 중복(단장연접B형)되는 형태이며 ③형은 주구를 서로 공유하는 형태(단장연접C형)이다. 등장 순서는 ①→②→③형으로 이해되고 있다(강지원 2021; 중앙문화재연구원 2018).

오송유적의 주구토광묘를 분기별로 보면, ①형은 마한 전기에 조영되었고 ②와 ③형은 중기

부터 순차적으로 축조되었던 주구토광묘이지만 주구의 형태가 이전과 다르게 이질적이라는 점에서 주목된다. 예를 들어 단장연접A와 B형(②형)은 서해안의 서산 예천동·예전·여미리 방죽골, 해미 기지리, 홍성 석택리 분구묘의 주구와 흡사한 형태이다. 따라서 오송 주구토광묘에서 관찰되는 이러한 주구 형태는 분구묘 문화권과의 교섭을 시사하는 강력한 증거로 볼 수 있다.

오송 주구토광묘 중에서 가장 마지막에 등장하는 단장연접C형(③형)은 분구묘 문화권에서도 거의 보이지 않는 매우 이질적인 형태이다. 유일한 예로 안성 승두리 분구묘(그림 3-5)를 들 수 있다. 그런데 이 유적은 구조와 출토 유물상 마한 후기의 분구묘로 볼 수도 있지만 출토 유물이 빈약하며 지정학적 위치가 주구토광묘 권역이라는 점을 고려하면 주구토광묘일 가능성도 배제할 수 없다. 이러한 모든 맥락을 고려할 때, 오송유적의 단장연접C형은 분구묘 문화권과의 접촉결과이거나 재지집단의 문화적 창조[46]라는 두 가지 가능성을 생각해 볼 수 있다.

서해안의 분구묘와 충청내륙권의 주구토광묘 문화가 만나는 또 하나의 길목은 정안천과 갑천 일대이다. 대평리와 도계리, 장원리와 하봉리, 증산리, 응암리유적의 주구토광묘에서는 분구묘의 요소가 발견되기도 하는데, 예를 들어 공주 장원리 1호와 2호는 구릉의 정상부에 위치하면서 주구는 방형과 원형을 보이고 있으며, 증산리[47]의 주구 또한 방형과 마제형의 형태를 보이고 있다. 장원리 1호에서는 주구 내에서 2기의 옹관이 발견되는데, 이는 분구묘와 통하는 요소이다. 응암리유적 역시 매장시설의 장축방향이 등고선과 평행하거나 직교하며 8·11·12호는 주구가 서로 연접된 단장연접형 분구묘의 형태를 보이고 있다(그림 6-13). 또한 응암

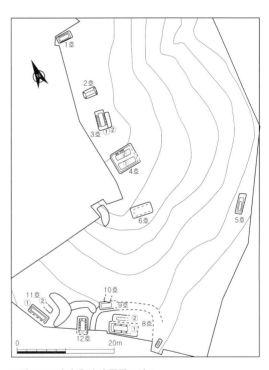

그림 6-13 연기 응암리 주구토광묘

---

46) 특히 동서 방향으로 깊고 넓게 굴착된 중심 구획구는 분구묘와 주구토광묘 권역에서 전혀 볼 수 없는 이질적인 형태라는 점에서 자체 발생의 가능성이 있다.

47) 증산리유적에서는 매장주체부가 발견되지 않고 주구 형태가 방형과 마제형이기 때문에 마한 전기의 분구묘로 볼 수도 있지만 여기서는 분포지역을 중시하여 주구토광묘로 분류하였다.

리 8호의 주구에는 장축방형을 달리하는 또 다른 목관들이 안치되어 있어 다장연접형 분구묘의 요소를 보이고 있다. 그럼에도 불구하고 장원리와 응암리유적에서는 대부분의 매장시설이 눈썹형이나 마제형의 주구를 갖추고 있으며, 구릉 사면에 일정 간격을 유지하며 분포하고 있다. 또한 분리형 목관(장원리와 하봉리)이나 합장묘, 마형대구, 고리형철기(응암리) 등의 발견도 이들 유적이 주구토광묘의 요소를 갖추고 있다는 점을 보여주는 증거이다.

충적대지의 미고지 상에 위치한 대평리에서는 109기의 분구묘가 발견되었는데, 마제형, 타원형, 방형, 장방형 등 다양한 형태의 주구를 갖추고 있으며 단장연접A와 B형을 보여 준다. 유물은 원저단경호와 발형토기가 공반되며, 마형대구, 철모, 철겸 등이 출토되었다. 따라서 대평리유적 역시 외형과 입지는 분구묘의 속성을 보여주지만 부장 유물은 주구토광묘의 것들과 흡사한 양상을 보여준다고 정리할 수 있다.

결과적으로 경기 남부와 미호천, 정안천, 갑천의 일부 지역은 서해안의 분구묘 전통과 충청 내륙지역의 주구토광묘 전통이 서로 만나는 곳으로서 문화적 교차로의 모습을 보여준다. 마한 중기의 취락에서도 이와 흡사한 문화적 접촉현상이 발생하는데, 서해안의 사주식 방형주거지 전통과 충청 내륙지역의 비사주식 원형계 주거지 전통이 교차하는 지역이 바로 이들 지역이다 (김승옥 2007).

마지막으로 옹관의 종류와 분포를 살펴보면, 분포에서도 분구묘와 마찬가지로 금강 이북과 이남이 대조를 이루면서 지역 내에서도 차이를 보여준다. 예를 들어, 금강 이북 지역에서는 일상 용기를 사용하는 대용관이 대부분을 차지한다(이승태 2008). 서울 풍납토성이나 파주 주월리유적처럼 일부 유적에서 대옹이 발견되기도 하지만 모두 주거지와 생활유구에서 발견될 뿐 무덤유적에서는 확인되지 않는다는 특징을 보인다(김낙중 2009). 이에 비해 영산강권역에서는 전용관이 등장하여 유행하기 시작한다(그림 6-14). 만경강과 동진강권역에서는 이러한 두 종류의 옹관묘가 함께 발견되어 문화적 점이지대로서의 특징을 보여준다. 이 외에도 만경강과 동진강 북부권역에서는 평저단경호가 유행하지만 동진강 남부권역에서는 양이부호, 평저직구호 등이 성행하기 시작하며(김승옥 2018; 서현주 2006), 주거지의 출토품 또한 유사한 지역적 차이를 보인다(김은정 2018).

이상에서 살핀 바와 같이 3세기 중후반경부터 시작되는 마한 중기는 분구묘 문화의 최전성기로서 분구묘가 다장화되고 지역

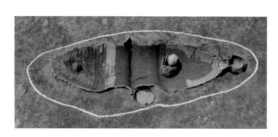

그림 6-14 함평 성남 1호 옹관 출토 모습

적으로 다양하며 사회적 위계화가 심화된다. 분구묘의 이러한 복합다장화는 3세기 중후엽경 백제국伯濟國에서 출발한 백제가 고대국가로 성립되는 시점(박순발 2001)과 맞물린다. 이 시기에 이르면 서울과 천안 일대에서 즙석분구묘가 등장하며 임진강 일원의 적석분구묘와 충청 내륙지역의 주구토광묘가 서서히 사라지게 된다. 또한 취락의 변천양상에서도 천안 일대에 서부터 백제의 영향을 받은 비사주식 방형 주거가 본격적으로 유행하기 시작한다(김승옥 2007). 따라서 3세기 중후엽 이후 마한권역 내 분구묘와 관련묘제의 변화는 백제 고대국가의 등장 및 영역확장과 밀접한 관련을 맺었던 것으로 이해할 수 있다.

4 후기(4세기 후반~6세기 중반)

분구묘를 포함한 마한계 묘제는 후기에 들어서면, 영산강권역과 극히 일부 지역을 제외하고는 대부분의 지역에서 자취를 감추게 된다. 분구묘는 아산만권의 화성 요리, 충청 서해안의 당진 가곡 2리, 서산 부장리 (그림 6-15), 만경강권역의 익산 묵동, 완주 상운리, 전주 마전과 장동유적 등 극소수를 제외하고는 거의 대부분의 지역에서 소멸하는 양상을 보이게 된다. 그러나 동진강

그림 6-15 서산 부장리 분구묘

남부를 포함한 영산강권역에서는 옹관고총고분시대가 본격 열리게 된다는 점에서 다른 마한 권역과 현저한 차이를 보인다. 이 점과 기술의 편의를 고려하여 영산강권역 이북 지대와 영산 강권역(동진강권역 남부 포함)으로 대별하여 후기의 분구묘를 검토한다.

영산강권역 이북 지대 후기의 분구묘는 다강독립형과 다강연접형이 유행하지만 상대적으로 후자의 비중이 높은 양상을 보인다. 이 시기에 들어와서도 여전히 목관이 분구묘의 중심 묘제이고 목관과 옹관뿐만이 아니라 상운리와 마전유적에서는 석곽이 대상부와 주구에 안치되기도 한다. 또한 분구묘의 주구는 중기에 이어 마제형이 축조되지만 상운리와 마전유적에서 보이는 바와 같이 분구의 양쪽 변에 'II'형의 주구를 추가하거나 부정형의 주구가 굴착된다(그림

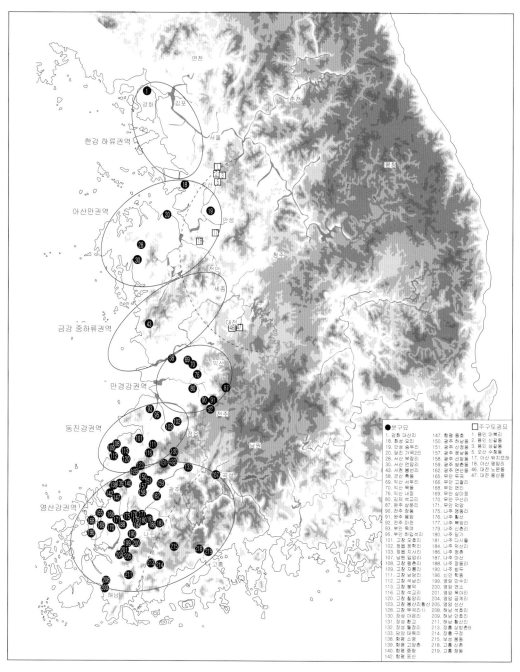

그림 6-16 마한 후기 분구묘와 관련 묘제의 분포

마한馬韓 분구묘墳丘墓의 이해

6-9). 다장독립형과 다장연접형의 분구묘가 분구의 수평과 수직확장에 의해 이루어진다는 점을 감안하면 '‖'형이나 부정형의 주구 형태는 채토장으로서의 주구의 기능이 이전 시기보다 강화되었다는 점을 시사한다.

충청 내륙지역의 주구토광묘와 단순 토광묘는 중기 말부터 백제 토광묘와 석곽묘로 대체되기 시작하여 대전 노은동이나 용산동과 같은 극소수를 제외하면 후기의 분묘는 모두 백제화된다. 그러나 수청동 등의 경기 남부 일대에서는 후기에 들어와서도 주구토광묘의 전통이 잔존한다는 점에서 충청내륙지역과 차이를 보인다.

마한의 후기 묘제는 거의 대부분의 지역에서 점차 사라지게 되지만 중기와 마찬가지로 금강이북과 이남지역은 약간의 차이를 보이게 된다(그림 6-16). 먼저 금강 이북 일대에서는 소수의 분구묘와 주구토광묘가 발견되는 반면, 전북 일대에서는 상대적으로 많은 수의 분구묘가 발견되어 대조를 보인다. 또한 경기 남부의 주구토광묘와 부장리의 분구묘는 축조방식에서는 마한계 전통을 보여주지만 백제의 주구토광묘, 성토분구묘라 불러도 무방할 정도로 백제 유물이 대부분 출토된다. 그러나 금강 이남의 마한계 분묘는 후기에도 백제 분묘로의 점진적 변화를 보이게 된다. 예를 들어 상운리와 수계리, 마전유적에서는 중기부터 백제 유물이 서서히 등장하여 점차 그 비중이 높아지게 된다. 상운리유적에서는 5세기 중엽경에 이르면 분구 내에 석곽이 안치되기 시작하고, 마전유적에서는 석곽이 분구의 중심 묘제로 안치되며 석실분이 분구내에 들어서기도 한다. 익산 모현동 2가와 서두리2 분구묘에서도 석곽과 석실이 매장시설로 등장한다. 또한 상운리 분구묘의 최말기에 이르면 분구 내 옹관묘에서도 옹관 바닥에 자갈을 시설하는데, 이 또한 백제 석곽묘의 영향으로 추정된다(전북대박물관 2010).

이처럼 영산강권역을 제외한 마한권역의 분구묘는 후기에 들어오면 거의 대부분의 지역에서 자취를 감추게 된다. 충청 서해안과 내륙지역에서는 중기부터 마한계 묘제가 감소하기 시작하였다는 점은 위에서 살펴본 바 있다. 이에 비해 전북지역은 후기에 이르면 일부 지점을 제외한 대부분의 지역에서 분구묘를 포함한 마한계 묘제의 전통이 사라지는데, 분묘의 분포와 출토 유물의 변화로 볼 때 백제의 마한 편입은 전북의 북쪽에서 남쪽으로 순차적으로 이루어진다(김승옥 2021). 다시 말해 금강 하류권역→만경강권역→동진강권역→주진천권역의 순으로 백제의 영역화가 이루어졌을 가능성이 있다. 이와 같이 전북지역 마한 문화는 변화무쌍한 전개를 보이지만 5세기 중반의 후기 전반에 이르면 대부분의 지역에서 사라지게 되고 6세기 중반 경에 이르면 완전히 그 막을 내리게 된다. 이는 이 시기 물질문화의 변천양상과 사비기 백제 중방이 정읍 고부일대에 설치되었다는 문헌기록에서도 입증된다.

그림 6-17 영암 옥야리 방대형고분

그림 6-18 영암 태간리 자라봉 장고분

취락의 연구결과도 이러한 사실을 뒷받침하는데, 4세기 후반부터 금강유역과 전북 서해안의 마한계 사주식 주거지는 소멸하게 되고, 백제계 취락들이 본격적으로 등장하기 시작한다(김승옥 2004, 2007). 전북지역의 이러한 분묘와 취락의 변화(김승옥 2021, 2022b)는 4세기 중후반 근초고왕의 남정과 함께 충청과 전북지역이 백제의 직접 지배하에 들어섰다는 문헌사학계의 연구 성과와 어느 정도 일치하는 증거이다.

익히 아는 바와 같이 마한의 문화전통이 가장 늦은 시기까지 유지되는 지역은 동진강 남부 일대를 포함한 영산강권역이다. 이 점은 분구묘 전통에서도 입증되는데, 분구묘 역사상 가장 높은 밀도를 자랑하는 권역이 영산강 일대이다(그림 6-16). 분포 범위에서도 확장성을 보여주는데, 예를 들어 이전 시기와 달리 남해안을 따라 동쪽의 고흥 일

대에서도 분구묘가 발견된다. 이런 점에서 보면, 영산강권역 후기는 가히 마한 분구묘의 최전성시대라 할 만 하다.

영산강권역의 후기 분구묘는 중기에 이어 장제형長梯形이 지속되며, 다장의 전통도 여전히 유행한다. 후기 전반에는 중심 매장시설이 복수화되고, 목관과 함께 옹관이 중심 매장시설로 사용되고 점차 'U'자형 전용옹관으로 구성된 옹관고총문화가 열리게 되고, 5세기 중엽경에 이르면 그 정점을 찍게 된다. 또한 분구의 고대화와 분형의 변화가 이루어지는데, 제형梯形도 일부 존재하지만 원대형圓臺形과 방대형方臺形, 원형이 주류를 점하게 된다. 5세기 중엽경부터 등장하는 방대형 고분(그림 6-17) 중 나주 신촌리 9호분과 복암리 3호분은 규모와 사회적 위계상 정점이라 할 수 있다.

원형분은 5세기 후엽부터 등장하기 시작하며 6세기를 전후한 시점에 이르면 영산강권역의 외곽에서는 장고분長鼓墳도 활발하게 발견된다(그림 6-18). 그러나 이 지역에서도 6세기에 접어

마한馬韓 분구묘墳丘墓의 이해

들면 마한 분구묘 전통의 묘제가 점차 사라지고 백제 석실분 문화가 그 자리를 대체하게 된다.

영산강권역은 이처럼 마한과 백제의 관계가 가장 복잡하고 모호하며 늦은 시기까지 전개되는 지역이다. 결과적으로 영산강권역은 마한과 백제의 이분법적 구분이 가장 어렵고, 이는 수많은 학설과 치열한 논쟁으로 이어지게 된다. 이 책에서 이 문제를 상세하게 다룰 수는 없지만, 하나만 논한다면 다음과 같다. 고고학계에서는 대부분 영산강권역의 마한이 5세기 말까지 정치적 독립을 유지하고 있었다고 보는 편이다. 그럼에도 이 시기 분구묘에서 발견되는 백제계 유물(특히 최상위 위세품)의 유행이나 5세기 중엽경 황룡강·극락강권역의 백제 신도시의 건설(광주 동림동·산정동·하남동·평동 등) 등으로 볼 때, 마한과 백제는 일부 거점지역에 대해 직접 지배나 공납적 관계가 전제되는 '중심(백제)과 주변 정치체(마한)간 교호관계'가 성립되었을 가능성이 있다(김승옥 2019a). 후기의 전반과 후반 경계인 5세기 중엽경에 이르면 영산강권역 이북 일대에서는 분구묘 전통이 완전하게 소멸한다. 이에 비해 영산강권역에서는 'U'자형 전용옹관의 성행, 방대형 고분의 등장과 유행, 분구의 고대화와 거대화가 발생하는데, 이 역시 마한과 백제의 사회정치적 관계를 함의하는 중요한 고고학적 증거이다.

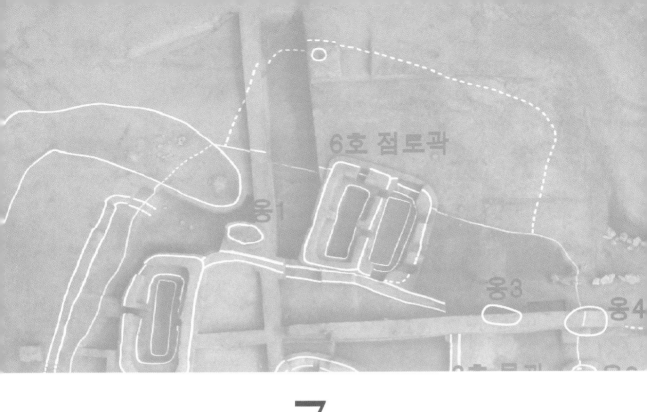

제7장
분구묘로 본 마한제국의
사회조직과 계층의 변화

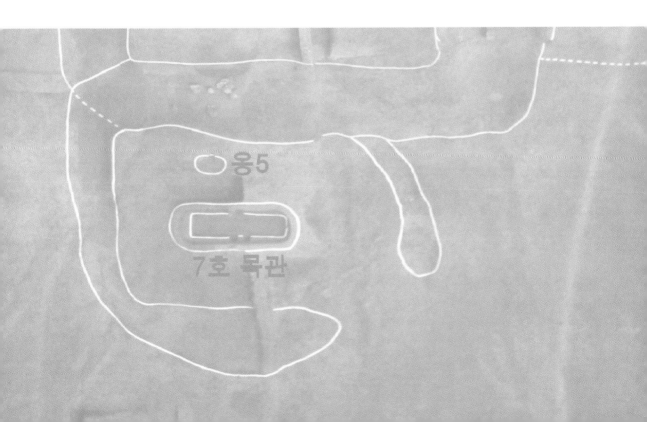

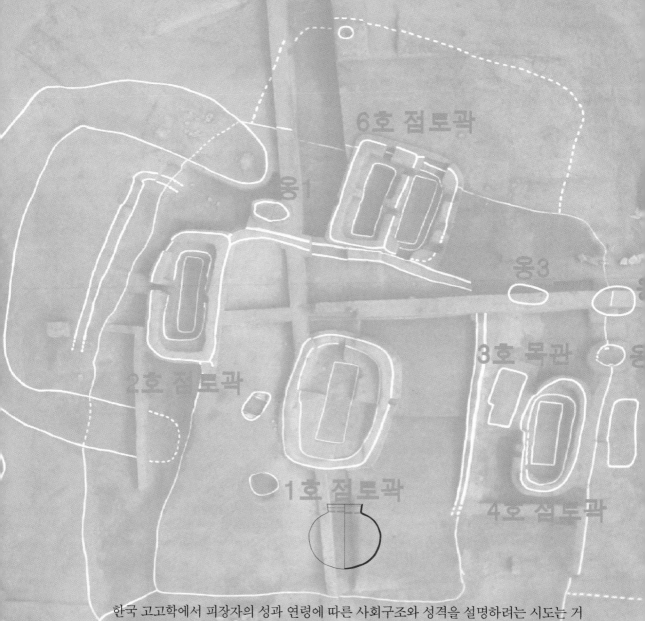

한국 고고학에서 피장자의 성과 연령에 따른 사회구조와 성격을 설명하려는 시도는 거의 없었다고 해도 과언이 아니며 마한 분구묘 역시 마찬가지이다. 그러나 유적과 유물은 당시 사람들의 생각과 정신을 반영한다. 따라서 고고학자는 침묵의 고고자료를 살아 숨쉬는 역동적 생명체로 치환해야 한다. 이 장에서는 마한 분구묘 출토 유물과 공간분석 등 다양한 정보를 이용하여 피장자의 성과 정치경제적 위치를 유추하고, 이를 통해 당시 사회의 사회조직과 계층구조를 추적한다[48].

---

48) 이 장의 내용은 전고(김승옥 2022a)를 책의 체계와 내용에 맞춰 일부 수정하고 보완한 것임을 밝혀둔다.

1 이론적 검토와 분석 자료의 소개

고고학에서 무덤 자료란 고대사회의 조직과 사회적 분화과정을 규명할 수 있는 가장 핵심적인 아카이브 중의 하나이다. 무덤의 규모와 형태적 변이, 부장유물과의 상관관계, 무덤의 공간적 배치양상을 통해 고고학자는 당시 사회의 조직체계 및 변천과정을 연구할 수 있고 매장과 관련된 이념체계를 설명할 수 있다(O'Shea 1984; Parker 1999; Peebles and Kus 1977). 이처럼 무덤 유적의 분석을 통해 고대사회의 다양한 측면을 복원할 수 있는 이유는 무엇보다도 무덤에 잔존하는 유구와 유물의 변이가 피장자 생존 당시의 정치경제적 위치와 관계를 반영한다는 '역할이론(role theory)'에 근거하기 때문이다(Binford 1971).

고대사회 무덤의 변이와 사회구조는 높은 상관관계를 보인다는 이러한 전제에서 가장 중요한 정보는 피장자의 인골이라 할 수 있는데, 인골은 피장자의 성과 연령, 신장, 수명, 식생활, 질병, 친족관계 등을 판별할 수 있기 때문이다. 간단한 예로 영유아묘에서 신분 세습을 암시하는 위신재가 발견되면 이는 당시 사회가 족장사회 단계 이상의 복합사회였다는 강력한 증거로 해석할 수 있다. 다시 말해 무덤에서 보이는 상대적 차이가 단순히 성이나 연령에 따른 차이인지, 귀속지위(ascribed status)의 사회적 제도화를 반영하는 것인지를 규명할 수 있는 가장 결정적인 자료가 인골자료인 셈이다. 그러나 한국의 인골 자료는 산성토양이라는 환경적 특징과 다양한 자연작용 및 후대 인간의 개발로 인해 거의 대부분 망실되었거나 발견되더라도 극히 일부만 잔존하게 된다.

피장자의 생물학적 정보가 거의 유실된 상황에서 고고학자는 무엇을 할 수 있을까? 이 점과 관련하여 역할이론을 다시 언급할 필요가 있다. 사회학에서 역할은 자아自我와 타자他者와의 상호작용에 있어서 각 행위자의 행위가 조직화·구조화되어 있을 경우, 그 시종일관된 행위를 의미한다. 또한 역할은 '사회적 상호작용'에 기초한 경험을 통해 학습되고 학습의 결과는 특정한 행위 패턴 혹은 정형성으로 귀결된다(유동원 2017).

역할이론에 의하면 인간은 자신의 사회적 지위와 역할이 규정되어 있고, 이 역할은 무덤이라는 사후 공간에 정형화된 패턴으로 남겨질 수 있다. 예를 들어 남성과 여성은 성에 따라 정치와 생업경제, 기술 등 다양한 측면에서 사회적 역할의 범주가 구조화되어 있을 수 있고 연령에 따른 역할도 마찬가지이다. 이러한 사회적 역할은 무덤의 변이, 특히 부장유물에 반영되어 있을 수 있으며, 이는 무덤의 변이와 패턴을 분석하면 피장자의 정체성을 추적할 수 있다는 점을 시사한다.

피장자의 사회적 역할이 무덤에 그대로 반영되지 않을 수도 있고, 역으로 무덤의 변이가 무덤 주인공의 실체를 보여주지 않을 수 있음은 물론이다. 또한 하나의 자아나 물질에는 복수의 역할이 있을 수 있다는 점을 유념할 필요가 있다. 가령, 무덤에서 발견된 마한의 환두대도는 남성의 사회적 역할을 상징하면서 동시에 소유자의 사회적 위치를 의미할 수 있다. 따라서 환두대도는 신분이 높은 여성의 분묘에서도 얼마든지 발견될 수 있는 것이다. 사회적 역할의 이러한 다중성은 분묘 자료를 종합적으로 검토해야 한다는 점을 함의한다.

장송의례의 인식과 실천은 문화와 민족에 따라 상이할 수 있고, 심지어 동일 정치체라 하더라도 시기와 지역에 따라 다른 모습을 보일 수도 있다. 다시 말해 무덤에 반영된 변이가 피장자 생전의 사회정치적 지위를 그대로 투영한다는 단정적 전제는 당시의 사회상을 왜곡할 소지가 있어 주의를 요한다. 그럼에도 불구하고 많은 고고학적 연구사례는 역할이론에 기초하여 무덤 축조에 소요되는 노동력과 부장되는 유물, 특히 유물의 질적 가치는 피장자의 사회적 역할 및 지위와 높은 상관관계가 있음을 보여준 바 있다(김승옥 2001a; Carr 1995; Tainter 1975).

또한 이 장의 논지전개와 관련하여 시기와 사회복합도의 발전이 유사한 정치체에서는 성에 따른 사회적 역할이 흡사할 수 있다는 점을 지적하고자 한다. 예를 들어 마한과 변·진한은 원삼국시대의 상이한 정치체로서 서로 다른 역사를 남겼던 정치체들이지만 이들의 문화와 경제시스템, 사회복합도가 유사했던 사실은 익히 아는 바다. 또한 이들 정치체가 서로 간에 긴밀한 상호접촉과 경쟁관계를 형성하였다는 사실 역시 널리 알려지고 있다(권오영 2018; 김진영 2018; 이범기 2017; 홍보식 2013). 소위 '동등 정치체간 교호관계'(peer-polity interaction: Renfrew 1996)가 활발했던 셈이다. 결과적으로 정치체는 다를지라도 성과 연령에 따른 사회적 역할과 그 의미를 무덤에 남기는 풍습은 얼마든지 유사할 수 있는 것이다.

마한 유적에서도 인골자료의 발견이 거의 이루어지지 않고 있다. 따라서 마한 사회의 성과 사회조직을 이해하기 위해서는 몇 가지의 전제가 필요한데, 먼저 아래에서 살펴보는 김해 예안리 고분군처럼 성과 밀접한 관련성을 보이는 대규모의 철기 유물이 발견되어야 한다는 점이다.

또한 출토유물간의 통계적 상관관계를 추출하기 충분할 정도로 유구의 수가 많아야 한다.

성의 추정과 관련하여 마한 사회만의 특수성도 존재하는데, 그 대표적인 예로 옥을 들 수 있다. 마한 사람들은 "구슬을 재보財寶로 삼아 옷에 매달아 장식을 하거나 목이나 귀에 매달지만, 금·은과 비단·자수는 보배로 여기지 않았다"라는『삼국지』의 기록처럼 마한은 가히 '옥의 나라'라 할 수 있다. 마한의 이러한 옥 사랑은 역사적 사실로 입증되고 있다(김미령·김승옥 2018). 예나 지금이나 옥은 대표적인 장신구로서 남성보다는 여성과 밀접한 관련이 있다는 점 또한 사실이다.

이러한 점을 고려하여 철기와 옥이 대량으로 발견되는 완주 상운리와 수계리, 오산 수청동 유적을 통해 마한 사회의 성과 사회조직을 먼저 검토한다. 이후에는 이러한 분석을 토대로 상운리유적의 사회조직과 계층화의 전개, 그리고 그 특징을 살펴보고자 한다.

2 성의 동정과 사회조직에 관한 선행 연구: 김해 예안리고분군

상술한 바와 같이 인골 자료가 거의 발견되지 않는 한국에서는 성과 연령에 따른 사회조직의 연구가 거의 없다고 표현해도 무방할 정도이다. 이러한 특수성에도 불구하고 영남지역의 김해 예안리, 동래 복천동, 경산 임당동, 대구 시지동 등의 고분군에서는 상대적으로 많은 수의 무덤에서 인골자료가 출토되었고 이를 기반으로 당시의 사회조직과 계층화 문제에 대한 접근이 이루어진 바 있다(김두철 2000; 田中良之 1996; 武末純一 1992). 2001년에는 예안리 고분군의 성과 연령에 따른 사회조직을 진단한 연구가 발표(김승옥 2001a)된 바 있는데, 논지전개를 위해 이 연구의 개요를 소개한다.

예안리유적은 1976년 이후 수차에 걸쳐 조사되었는데 1976년 조사에서는 석곽묘, 목곽묘, 옹관묘 등 총 32기의 무덤이 발견되었다(강인구 1976). 이후 부산대학교박물관에 의해 4차에 걸쳐 조사가 이루어졌고, 그 결과 목곽묘 59기, 석곽묘 93기, 석실분 13기, 옹관묘 17기 등 총 182기의 무덤이 발견되었다(부산대학교박물관 1985, 1993). 인골자료는 목곽묘에서 56체, 석곽묘에서 86체, 석실분에서 65체가 발견되었다(김진정 외 1993). 연대에 대해서는 목곽묘와 석곽묘가 공존하는 시기도 일부 존재하지만 대체적으로 목곽묘 4세기대, 석곽묘 5세기~6세기 중엽, 석실분 6세기 후엽~7세기 전엽까지로 보고 있다(부산대학교박물관 1993).

표 7-1 예안리 고분군 성과 철기류 상관관계: 목곽묘

		남(총수)	여(총수)	ρ
철촉	+	7(79)	4(10)	0.004
	-	3	18	
철모	+	6(7)	0	0.001
	-	4	22	
철도자	+	4(5)	7(7)	0.652
	-	6	15	
철겸	+	5(5)	7(7)	0.325
	-	5	15	
단조철부	+	7(10)	4(4)	0.004
	-	3	18	
주조철부	+	1(2)	2(3)	0.935
	-	9	20	
기타철기	+	2(7)	3(3)	0.646
	-	8	19	

예안리고분군의 성과 사회조직에 관한 분석결과[49]를 보면, 목곽묘와 석곽묘 조영집단은 모두 성에 따른 구조화된 정형성을 보여준다(표 7-1·2). 예를 들어 철모·철촉·철부[50]는 남성과 유의미한 상관관계를 보여주지만 철겸과 철도자는 표본 수가 충분함에도 목곽묘와 석곽묘에서 모두 성과 특별한 관련이 없음을 보여주고 있다. 석곽묘에서 발견된 기타 철기는 성과 유의미한 관계를 보이지만 표본 수가 절대적으로 적어 상관관계를 논하기에 부적절하다.

부장 토기에 대해서도 상관관계 분석이 이루어졌지만 목곽묘와 석곽묘 단계 모두 어떠한 기종도 성과 유의미한 관계를 보여주지 않는다. 방추차는 성별을 알 수 있는 무덤 중에서 여성의 묘에서만 발견되기 때문에 여성과 직접적으로 관련되는 유물로 판단된다(김두철 2000).

철기와 토기의 종류 및 수량에서도 성의 차이가 대비된다. 예를 들어 남성묘에서는 여성묘보다 철기가 훨씬 다양하게 발견되고 수량도 많이 출토되는데, 이러한 차이는 통계상으로도 유의미한 관계를 보여 준다. 이에 비해 토기는 여성묘에서 약간 많이 출토되는 경향을 보이지만 통계학적으로 의미있는 관계를 가지고 있지는 않다.

결과적으로 예안리사회의 남성은 전반적으로 철기와 관련이 깊고 특히 철모·철촉·철부는 당시 사회에서 남성의 역할을 표지하는 이기利器로 볼 수 있다. 이러한 유물이 발견된 남성묘는 묘광면적에 있어서도 여성묘에 비해 유의미한 차이를 보여주는데, 이는 당시 사회에서 이들 묘의 주인공이 최상위의 지위와 역할을 차지했다는 사실을 강력하게 시사한다.

---

49) 분석결과에 의하면 예안리사회는 성과 연령에 의해 조직된 사회였지만(김승옥 2001a) 이 장의 논지전개상 성과 사회조직만을 소개한다.

50) 단조철부는 유의미한 관계를 보이지만 주조철부는 표본이 워낙 적어 상관관계 파악이 불가하다. 그럼에도 목곽묘와 석곽묘 모두 주조철부를 단조철부에 포함하여 분석하면 유의미한 관계를 보이게 된다.

철모·철촉·철부는 거의 대부분 남성묘에서 발견되지만 극히 일부는 여성묘에서도 확인되는데, 그 이유는 무엇일까? 이 의문에 대한 답은 일부 이기, 특히 위신재는 복수의 사회적 역할을 가지고 있다는 점에서 찾을 수 있다. 예를 들어 여성이 부장된 100·109·138호에서는 철촉·철부가 함께 발견되고 부장유물도 상대적으로 풍부한 편이다. 또한 57호와 90호는 보고서에서 여성묘일 가능성이 높다고 기술한 무덤인데, 이들 무덤에서 나온 부장품은 다른 무덤에 비해 매우 이질적이다. 57호는 초대형 무덤에 속하고 부장유물도 다량의 철촉(22점)과 함께 철모, 철도가 발견되었다. 이 외에도 철제비轡, 교구鉸具, 금동이식耳飾 등 다

표 7-2 예안리 고분군 성과 철기류 상관관계: 석곽묘

		남(총수)	여(총수)	ρ
철촉	+	9(32)	2(3)	0.014
	-	11	18	
철모	+	8(9)	1(1)	0.008
	-	12	19	
철도자	+	15(16)	9(9)	0.053
	-	5	11	
철겸	+	10(10)	9(9)	0.752
	-	10	11	
단조철부	+	9(10)	3(3)	0.038
	-	11	17	
주조철부	+	2(2)	0	0.167
	-	10	20	
기타철기	+	4(11)	0	0.035
	-	16	20	

른 무덤과 차별적인 속성을 내포하는 유물이 부장되어 있어 피장자의 신분이 최상위 여성이었을 가능성을 시사하고 있다. 90호 또한 초대형이고 철부(3점)와 철사鐵鉈가 다량의 철촉(10점)과 함께 발견되었다. 결과적으로 예안리유적의 분석결과는 특정 성과 상관관계를 보이는 유물일지라도 다양한 사회정치적 요인 때문에 성을 초월하여 부장될 수 있다는 점을 보여주고 있다.

3 마한계사회의 성과 사회조직

1) 완주 상운리유적

상운리유적의 마한 분구묘는 가·나·다·라지구에서 총 30기가 확인되었으며, 분구 내에서 점토곽·목관 116기, 옹관 38기, 석곽 9기 등 총 163기의 매장시설이 확인되었다. 나지구와 라지

구에서는 분구묘 외에 단독으로 조성된 토광(목관)묘 35기와 옹관묘 5기도 확인되었다.

분구묘 피장자의 성을 추정하기 위해 먼저 철기류의 상관관계를 분석하였다(표 7-3[51]). 그 결과, 환두도[52]·철모[53]·철촉·철부는 상호간에 모두 유의미한 관계를 보이고 있다. 단야구[54]는 환두도·철모·철부와 유의한 상관관계를 보이고 철촉과도 밀접한 관계가 있다(ρ=0.08)고 보아도 무방하다. 마구류는 상대적으로 표본 수가 적음에도 불구하고 철모·철촉·단야구와 깊은 상관관계를 보이고 환두도·철부와도 유의미한 관련이 있을 가능성(ρ=0.13 내외)을 시사하고 있다. 이에 비해 철겸과 철도자는 환두도·철모·철촉·철부·단야구·마구류의 일부와 관계를 보

표 7-3 상운리유적 철기류의 상관관계

	환두도	철모	철촉	철부	단야구	마구류	철겸	철도자	살포	철정	기타
환두도 (n=43)											
철모 (n=20)	0.00										
철촉 (n=12)	0.01	0.01									
철부 (n=45)	0.00	0.00	0.02								
단야구 (n=20)	0.00	0.00	0.08	0.00							
마구류 (n=8)	0.13	0.00	0.02	0.14	0.03						
철겸 (n=31)	0.23	0.03	0.34	0.03	0.07	0.13					
철도자 (n=21)	0.11	1.00	0.49	0.18	0.78	0.68	0.07				
살포 (n=5)	0.07	0.12	0.19	0.15	0.12	0.45	1.00	1.00			
철정 (n=5)	0.07	0.61	0.03	0.15	0.12	0.45	1.00	1.00	0.04		
기타 (n=21)	1.00	0.56	0.09	1.00	0.02	0.01	0.79	0.78	1.00	0.14	

---

51) 〈표 7-3~5〉의 유관표는 표의 단순화를 위해 χ² 검증법의 ρ값만을 제시한다.

52) 이 책에서는 기술의 편의상 성의 추정을 위해 극소수로 발견되는 철검을 기능과 용도가 유사한 환두도에 포함하여 분석하였다. 철도는 100cm내외의 장도와 30cm 내외의 단도로 구분되는데 전자는 환두대도에 포함하고 후자는 철도자로 분류하여 분석하였다. 철검과 철대도는 거의 대부분 환두대도와 공반하기 때문에 이러한 분류가 상관관계 분석결과에 영향을 미치지는 않는다.

53) 극소수의 철제 삼지창도 기능과 용도가 유사한 철모에 포함하여 분석하였다.

54) 원삼국~삼국시대 분묘에서 출토되는 단야구는 망치(鎚), 집게(鉗), 줄(鑢), 철착(鐵鑿), 모루(砧) 등으로 구성된다(김승옥·이보람 2011). 단야구와 관련하여 김도헌(2007)은 일종의 끌로 불리는 철착을 철참鐵鏨(단야구)와 철착鐵鑿(목공구)로 구분하였는데, 철참이 집게, 망치 등의 단야구와 공반되는 점, 부장빈도가 낮은 점에 근거하여 철참을 단야구로 판단하였다. 철착은 목공구의 기능도 상정되지만 망치로 쳐서 철관을 절단하는 도구로 추정되며 상운리유적에서 단야구와 공반된다. 이러한 이유로 철착을 단야구에 포함하여 분석하고 오산 수청동유적의 철참과 철착 역시 단야구로 인식한다.

이기도 하지만 모두와 유의미한 상관성을 보이지는 않고 있다. 나머지 철기는 표본 수가 절대적으로 적어 상관관계 측정이 어렵다. 여기서는 기술의 편의상 철기간 유의미한 상관관계를 모두 보이는 환두도·철모·철촉·철부·단야구·마구류를 A형 철기라 하고, 나머지 철기류를 B형 철기라 부르고자 한다.

상술한 바와 같이 인골의 동정이 이루어진 예안리유적에서 철모·철촉·철부는 남성과 관련이 있고 철겸이나 철도자는 성과 특별한 관련을 보이지 않는다. 상운리유적에서도 전자의 철기류는 서로 간에 강한 상관관계를 보이지만 후자는 전자의 철기류와 깊은 관련을 보이지 않고 있다. 상운리에서 철모·철촉·철부와 깊은 상관관계를 보이는 또 다른 철기류는 환두대도와 단야구, 마구류이다. 환두대도와 마구류는 무기와 전쟁도구로서 기능과 용도상 철모·철촉·철부과 연결된다. 철부의 용도는 농공구로 볼 수 있지만 전쟁에서 무기로 사용되었을 가능성도 배제할 수 없으며, 목공예품으로 사용되었을 경우에도 철제무기에 끼우는 목병木柄이나 무기를 보호하는 목갑木匣 등의 생산과 깊은 관련이 있었을 것으로 추정된다(전북대박물관 2010). 단야구는 집단의 생존과 직결된 무기류를 생산한다는 점에서 무기와 직접적으로 관련되는 도구라 할 수 있다. 결과적으로 상운리유적의 A형철기는 집단의 생존과 연결되는 무기류와 관련 공구로서 남성과 깊은 관련을 보인다고 정리할 수 있다.

다음으로 철기와 옥의 관계를 살펴보기 위해 무덤을 옥이 전혀 발견되지 않는 무덤, 1~40점, 41점 이상의 옥이 발견된 무덤으로 대별하였다(그림 7-1)[55]. 이러한 옥과 철기의 발견 여부를 보면, 옥의 수량이 증가할수록 철기의 부장은 현저하게 감소하는 현상을 볼 수 있다(그림 7-2). 철기 종류와 옥의 관계에서는 옥의 수량이 증가할수록 A형 철기는 급감하는 반면, B형 철기는 변화를 거의 보여주지 않고 있다(그림 7-3).

따라서 상운리유적 출토 옥은 남성과 깊은 관련을 보이는 A형철기와 부정적 공반관계를 보이는 경향이 있다고 볼 수 있다. 그럼에도 A형철기가 부장된 소수의 무덤에서 옥이 소량 발견되고 일부 극소수의 무덤에서는 옥이 다량 발견되기도 한다. 이러한 이유로는 철기와 옥이 당시 사회에서 성과 함께 다양한 복수의 역할을 내포하고 있다는 점에서 찾을 수 있는데, 그 대표적인 예로 세층성을 들 수 있다.

---

55) 환옥 수백점이 발견되는 사례가 있어 〈그림 7-1〉은 100점 이하의 옥이 출토된 무덤을 대상으로 작성하였지만 이후에는 100점 이상도 41점 이상의 옥이 발견된 무덤에 포함하여 분석하였다.

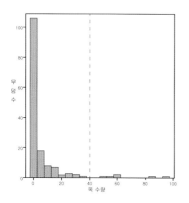

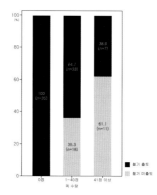

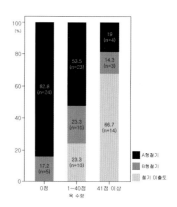

그림 7-1 상운리유적 옥 수량 분류

그림 7-2 상운리유적 옥 수량과 철기 관계

그림 7-3 상운리유적 옥 수량과 철기 종류 관계

철기와 옥의 계층성을 파악하기 위해 묘광면적과의 관계를 살펴보았다. 상운리 점토곽과 목관의 묘광 면적은 소형, 중형, 대형, 초대형으로 대별(그림 7-4)할 수 있는데, 면적이 증가함에 따라 A형철기의 비중이 급증하는 반면, B형철기의 비중은 거의 변함이 없다는 사실을 알 수 있다(그림 7-5). 다음으로 옥의 수량과 묘광면적과의 관계를 보면, 면적이 증가함에 따라 옥의 수량 역시 증가하는 경향을 보이지만 A형철기와 같은 급증현상은 보이지 않는다(그림 7-6).

이상에서 논한 상운리유적 출토 유물과 성의 관련성을 정리하면, 먼저 A형철기는 남성의 표상물일 개연성이 높고 이들 철기가 발견되는 대형과 초대형의 무덤은 당시 사회에서 최상위 신분의 남성이었을 가능성을 강하게 시사한다. 이에 비해 옥은 여성과 밀접한 관련이 있으며 옥이 다량 출토되는 대형과 초대형 무덤의 여성 역시 사회적 신분이 높았을 것으로 판단된다. 또한 사회적 신분이 높았던 자들의 무덤에서는 성을 초월한 유물이 부장되기도 하는데 이

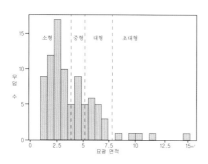

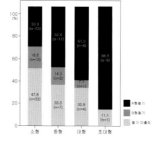

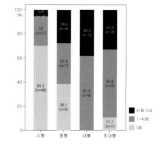

그림 7-4 상운리유적 묘광면적의 분류

그림 7-5 상운리유적 묘광면적과 철기종류의 관계

그림 7-6 상운리유적 묘광면적과 옥의 관계

마한馬韓 분구묘墳丘墓의 이해

점은 아래에서 다시 검토한다.

2) 오산 수청동유적

2005년부터 2008년까지 조사된 수청동유적에서는 4개의 지점(4, 5-1·2·5지점)에서 주구토광묘(170기)와 단순토광묘(132기)가 대규모로 발견되었다. 수청동유적은 보고자가 기술한 바와 같이 3세기 중반 이후에 조영된 백제분묘군으로 볼 수 있지만 주구토광묘의 구조와 일부 출토유물에서 마한의 전통을 보이고 있다. '마한계 백제분묘군'으로 볼 수 있는 셈이다.

표 7-4 수청동유적 철기류의 상관관계

	환두도	철모	철촉	철부	단야구	마구류	철겸	철도자	철정	기타
환두도 (n=45)										
철모 (n=72)	0.00									
철촉 (n=22)	0.01	0.02								
철부 (n=27)	0.00	0.00	0.02							
단야구 (n=21)	0.02	0.00	0.00	0.00						
마구류 (n=12)	0.02	0.01	0.03	0.00	0.00					
철겸 (n=69)	0.20	0.17	0.00	0.00	0.00	0.00				
철도자 (n=69)	0.59	1.00	0.25	0.67	0.64	0.76	0.73			
철정 (n=6)	0.02	0.21	0.25	0.00	0.00	0.00	0.01	1.00		
기타 (n=35)	0.12	0.63	0.09	0.00	0.00	0.00	0.09	1.00	0.00	

수청동유적 역시 철기류의 상관관계를 먼저 살펴보았는데, 서로 간의 관계가 통계상 모두 유의미한 철기는 환두도·철모·철촉·철부·단야구·마구류로 나타난다(표 7-4). 철겸은 이 철기들 일부와 관계를 보이기도 하지만 철도자는 어떠한 철기와도 관련성을 보이지 않고 있다. 철정은 표본 수가 워낙 적어 상관관계를 논하기에 부적절하다. 결과적으로 수청동유적 철기류의 상관관계는 상운리유적과 거의 동일한 양상을 보인다고 정리할 수 있으며, 수청동에서도 환두도·철모·철촉·철부·단야구·마구류를 A형철기라 하고 나머지를 B형철기라 한다.

다음으로 수청동 출토 철기와 옥의 관계를 살펴보기 위해 옥의 수량을 상운리유적과 동일하게 분류하였다. 옥과 철기의 전반적인 관계를 먼저 살펴보면, 옥의 수량이 증가할수록 철

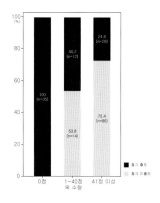

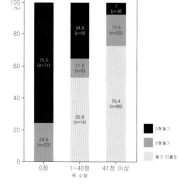

그림 7-7 수청동유적 옥 수량과 철기 관계　　**그림 7-8** 수청동유적 옥 수량과 철기 관계

기 부장이 급감하는 현상을 볼 수 있다(그림 7-7). 옥과 철기 종류의 관계에서는 옥의 수량이 증가할수록 A형 철기는 급감하지만 B형 철기는 변화가 거의 발생하지 않고 있다(그림 7-8). 옥과 철기의 관계 역시 수청동과 상운리유적은 동일한 양상을 보이는 셈이다.

수청동유적의 묘광 면적은 소형, 중형, 대형으로 대별된다(그림 7-9). 철기와의 관계를 살펴보면, 묘광면적이 증가함에 따라 A형철기는 비중이 급증하지만 B형철기는 눈에 띄는 차이를 보여주지 않고 있다(그림 7-10). 옥의 수량에서는 면적이 증가함에 따라 옥의 수량 역시 증가하는 경향을 보이지만 A형철기와 같은 급증현상은 보이지 않는다(그림 7-11).

이상에서 논한 수청동유적의 분석결과를 정리하면, 먼저 상운리와 동일하게 A형철기는 서로 간에 깊은 관련성을 보이고 있으며 옥은 A형철기와 부정적 관계를 보이는 경향이 있다. 또한 철기와 옥은 성 이외에 사회적 계층과 밀접한 관련을 맺을 가능성이 있다는 점이 확인되었다.

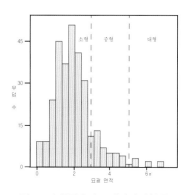

그림 7-9 수청동유적 묘광면적의 분류

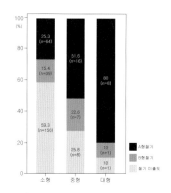

그림 7-10 수청동유적 묘광면적과 철기종류의 관계

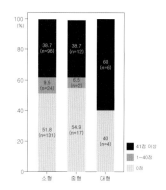

그림 7-11 수청동유적 묘광면적과 옥 수량의 관계

3) 완주 수계리유적

수계리유적은 만경강의 충적대지에 형성된 유적으로서 상운리와는 4㎞ 정도 거리를 두고 있다. 분구묘 15기, 주구토광묘 16기, 토광묘 191기, 옹관묘 17기가 발견되었으며 분구묘와 주구토광묘[56]로 보고된 유구의 매장시설은 총 39기에 이르고 있다. 상운리유적과는 입지가 다르며 분구묘의 형태나 구조에서 약간의 차이를 보이며 대규모의 토광묘가 발견되었다는 점에서 일정 부분 차이를 보이지만 수계리 역시 마한계의 분구묘유적으로 볼 수 있다.

분구묘의 규모나 출토유물로 볼 때, 수계리유적은 사회 복합도에서 상운리유적보다는 하위 등급의 사회였을 것으로 판단된다. 철기의 종류와 양, 옥의 출토 수량에서도 수계리는 상운리에 비해 현저하게 떨어진다. 단순 토광묘의 비중이 상대적으로 높은 점도 이 점을 뒷받침한다. 또한 이러한 사실은 출토유물을 통한 성의 추정을 어렵게 하지만 글의 논지를 강화하기 위해 분석을 시도하였다.

철기의 상관관계를 먼저 살펴보면, 수계리에서도 환두도·철모·철촉·철부는 서로 간에 유의미한 관련을 보여주고 있다(표 7-5). 철촉은 철부와의 유의도 값이 0.12이지만 0.05에 근접하고 표본의 수가 상대적으로 적다는 점을 감안하면 상호간에 관련이 있을 가능성이 농후하다. 상관관계 측정이 가능한 철겸은 환두도·철모·철촉·철부와 어떠한 관련성도 보여주지 않고 있으며 철도자는 환두도를 제외하고 관련성을 볼 수 없다. 나머지 철기류는 표본의 수가 절대적으로 적어 카이자승 검증이 어렵다. 단야구와 마구류는 표본의 수가 극히 적지만 상운리와 수청동의 사례로 볼 때 환두도·철모·철촉·철부와 관련이 있을 가능성이 있다. 따라서 수계리에서도 환두도·철모·철촉·철부·단야구·마구류를 A형 철기라 하고, 나머지를 B형 철기라 명명한다[57].

---

56) 주구토광묘로 보고된 무덤들의 성격에 대해서는 향후 논란이 예상된다(김승옥 2019b). 주구토광묘로의 인식은 주구의 잔존 형태가 눈썹형을 보이고 성토층이 확인되지 않으며 토광의 바닥면이 모래 또는 자갈층에서 확인된다는 점에 근거하는 것으로 보인다. 일부 매장시설이 이혈합장의 토광이라는 점도 또 다른 근거인 듯하다. 그런데 이혈합장은 상운리 분구묘에서도 발견되며 주구토광묘로 보고된 무덤의 주구와 토광들의 장축이 서로 평행하거나 직교하지 않고 어긋나는 형태를 보이고 있다. 무엇보다도 수계리의 이러한 분묘에서 출토된 유물이 분구묘의 것들과 거의 차이를 보이지 않는다는 점이 주목된다. 다시 말해 충청내륙지역 주구토광묘에서 발견되는 특징적인 유물이 수계리에서는 거의 발견되지 않는다는 점이다. 따라서 주구토광묘로 보고된 수계리의 유구들은 분구묘의 주구이거나 단순 토광묘의 매장시설이었을 가능성이 더 높아 보인다.

57) 물론 상관관계 측정이 어려운 단야구와 마구류를 B형철기로 분류하여 분석을 하더라도 옥이나 묘광면적과의 상관관계에 영향을 미치지는 않는다.

표 7-5 수계리유적 철기류의 상관관계

	환두도	철모	철촉	철부	단야구	마구류	철겸	철도자	살포	철정	기타
환두도 (n=28)											
철모 (n=18)	0.05										
철촉 (n=12)	0.03	0.03									
철부 (n=34)	0.00	0.00	0.12								
단야구 (n=1)	0.44	1.00	0.19	1.00							
마구류 (n=3)	1.00	0.19	0.09	0.60	1.00						
철겸 (n=32)	0.62	0.41	1.00	1.00	1.00	1.00					
철도자 (n=13)	0.03	1.00	0.43	0.55	1.00	0.51	0.76				
살포 (n=1)	1.00	1.00	1.00	0.46	1.00	1.00	0.49	1.00			
철정 (n=5)	0.65	0.14	0.24	1.00	1.00	0.02	0.20	0.57	1.00		
기타 (n=4)	0.62	0.32	1.00	0.33	1.00	1.00	0.05	0.57	1.00	1.00	

수계리유적의 옥 역시 전체 유구의 4.6%(n=14)에서만 발견되어 철기와의 관련성을 논하기에 표본 수가 절대적으로 부족하다. 이 점을 감안하여 철기와 옥의 전반적인 공반관계만을 살펴보았는데, A형철기는 대부분 옥이 발견되지 않는 무덤에서 출토되고 있다는 점이 눈에 띤다(그림 7-12). 따라서 수계리유적에서도 철기와 옥은 부정적 관계를 가질 가능성이 있다.

묘광면적은 소형, 중형, 대형으로 대별되는데(그림 7-13), 면적이 증가할수록 A형철기는 그 비중이 점진적으로 증가하지만 B형철기는 변화를 거의 보여주지 않고 있다(그림 7-14). 옥 역시 묘광면적의 증가에 따라 옥이 출토되는 경향이 있지만 그 차이는 미미하다(그림 7-15). 결과적으로 수계리에서도 A형철기는 계층과 관련이 있지만 그 관련성은 상운리나 수청동에 비해 낮은 것으로 판단된다. 그 이유는 이 유적의 사회발전 정도가 상운리와 수청동에 비해 떨어진다는 점에서 찾을 수 있을 것이다.

이상의 분석 결과를 종합하면, 인골의 동정이 이루어진 예안리사회에서는 남성과 깊은 관련을 맺는 유물로 철모·철촉·철부가 확인되었는데, 위에서 분석한 마한계의 모든 유적에서 이 철기들은 상호 간에 밀접한 공반관계를 갖는다는 사실을 알 수 있었다. 마한계유적에서

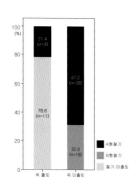

그림 7-12 수계리유적 옥 수량과 철기 관계

마한馬韓 분구묘墳丘墓의 이해

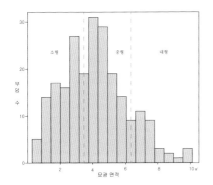

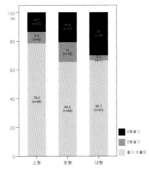

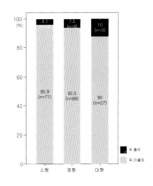

그림 7-13 수계리유적 묘광면적의 분류　　**그림 7-14** 수계리유적 묘광면적　　**그림 7-15** 수계리유적 묘광면적
　　　　　　　　　　　　　　　　　　　　　과 철기종류의 관계　　　　　　과 옥의 관계

는 이러한 철기들과 통계적으로 유의미한 관련성을 맺는 또 다른 철기류가 발견되었는데, 환두대도·단야구·마구류가 그것이다. 환두대도는 모든 유적에서 철모·철촉·철부와 유의미한 관계를 보여주고, 단야구·마구류는 표본의 수가 절대적으로 적은 수계리를 제외한 유적들에서 밀접한 관련성을 나타내고 있다. 결과적으로 마한계사회에서 A형철기(환두도·철모·철촉·철부·단야구·마구류)는 모두 상호간에 깊은 상관관계를 갖는다고 볼 수 있다. 그런데 A형철기는 기능과 용도상 집단의 사회적 경쟁력이나 방어와 직결되는 무기류와 관련 공구라는 공통점을 내포하고 있다. 예안리의 사례나 이러한 기능상의 공통점을 감안할 때, 마한계사회의 A형철기는 '남성의 표상물'일 개연성이 충분하다고 판단된다.

예나 지금이나 옥은 장신구로서 남성보다는 여성과 밀접한 관련을 보여 주는데, 마한계 유적들에서도 옥은 A형철기와 부정적 공반관계의 경향을 보여 주고, 이는 옥이 당시 사회에서 '여성의 표상물'로 기능했을 가능성을 보여 준다. 또한 철기와 옥에 관한 이러한 분석결과는 마한계사회의 사회적 역할과 범주가 구조화되고 조직화되었을 개연성을 강하게 시사하고 있다

그렇다면 A형철기=남성, 옥=여성이라는 이분법은 성립할 수 있을까? 여기에 대한 답은 물론 '성립될 수 없다'이다. 그 이유는 인간이 사용하는 모든 물자는 성 외에도 다중의 사회적 역할, 예를 들어 연령이나 계층이 개입되어 있기 때문이다. 이러한 사실은 예안리유적에서도 확인된 바 있고, 위의 마한계사회에서도 철기와 옥은 성 이외에 계층이라는 역할이 내포되어 있다는 사실을 확인하였다. 이는 마한계사회의 성과 사회조직을 논하기 위해서는 유구의 형태와 구조, 공간적 맥락 등 다양한 정보를 폭넓게 볼 필요가 있다는 점을 시사한다. 상운리유적을 통해 이 점을 살펴보겠다.

4 상운리유적으로 본 마한의 사회조직과 계층화, 그리고 특징

1) 성과 사회조직

상운리유적에서 철기와 옥의 공반여부에 따라 성의 동정이 가능한 무덤으로는 먼저, A형철기가 발견되면서 옥이 전혀 발견되지 않거나 소량으로 확인되는 A①·②형을 들 수 있고, 이 무덤의 피장자들은 남성으로 볼 수 있다(표 7-6)[58]. 이에 비해 옥이 다량으로 발견되며 극소수의 B형 철기가 출토되거나(B③형) 철기가 전혀 공반되지 않은 무덤(C③형), 옥이 어느 정도 발견되지만 철기는 전혀 출토되지 않는 무덤(C②형)들에서는 여성이 안치되었을 가능성이 매우 높다고 추정할 수 있다.

남성과 여성묘로 추정되는 무덤들을 상운리 나지구 1호와 4호 분구묘를 통해 보면 그 차이가 극명하게 드러난다(그림 7-16 19). 예를 들어 1-1호(A②형)에서는 A형철기와 함께 소량의 옥이 발견된다. 이에 비해 1-2호와 4호(C③)에서는 수 백점의 옥 장신구가 확인되고 있다. 옥의 구성과 색상에서도 전자에서는 펜던트 위주의 단조로운 색상을 보이는 반면, 후자에서는 화려하고 다채로운 색상의 옥이 발견되어 분명한 대조를 보이고 있다[59]. 이러한 철기와 옥의 차이는 4-4호(A②형)와 4-8호(C②)에서도 흡사한 양상을 보인다.

공간배치에서도 남성묘와 여성묘는 차이를 보이는데, 예를 들어 남성묘인 1-1호와 4-4호는 분구의 정중앙에 위치하는 반면, 여성묘들은 모두 남성묘의 주위나 분구 외곽에 분포한다. 성에 따른 이러한 공간배치는 상운리 분구묘의 전역에서 확인된다. 〈그림 7-21~23〉에서 보는 바와 같이 구조와 형태가 정연한 거의

표 7-6 상운리유적 철기와 옥의 공반관계

철기 \ 옥	①형 (n=61)	②형 (n=43)	③형 (n=21)
A형 (n=51)	24 (남)	23 (남)	4 (?)
B형 (n=18)	5 (?)	10 (?)	3 (여)
C형 (n=56)	32 (?)	10 (여)	14 (여)

---

58) 기술의 편의상 A형과 B형 철기는 앞의 것과 동일하고 철기가 출토되지 않는 무덤을 C형으로 분류하였다. 옥은 출토되지 않은 무덤을 ①형, 1~40점 무덤을 ②형, 41점 이상 무덤을 ③형으로 구분하였다.

59) ③형의 옥은 일반적인 목걸이로 사용되었을 것으로 추정된다. 이에 비해 ②형의 옥은 목걸이로 사용되었을 가능성도 있지만 『삼국지』의 기록처럼 펜던트 위주의 장신구로 옷에 매달아 사용했을 개연성도 있다.

모든 분구묘에서 (초)대형의 남성묘는 예외 없이 각 분구의 중앙에 안치되지만 여성묘는 묘광의 크기에 상관없이 분구의 외곽에 분포한다는 공통점을 보인다. 영유아묘로 상정되는 옹관묘 또한 공히 분구의 외곽이나 주변에 배치된다는 점도 상운리사회가 성과 연령에 의해 조직되었을 가능성을 시사한다.

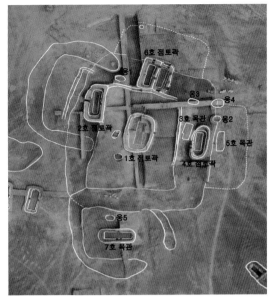

그림 7-16 상운리유적 나지구 1호분 모습

이처럼 출토 유물과 무덤의 규모, 공간 배치를 통해 상운리유적 무덤 피장자의 성을 추정할 수 있지만 해상도가 불분명하거나 추정이 불가능한 무덤도 일부 존재한다. 가령, 나지구 4-7호(A③형)에서는 A형철기가 대부분 발견되지만 옥의 수량도 50여점에 이르고 있다. 이 무덤이 분구의 중앙에 위치하고 발견된 옥의 구성과 수량도 A②형 남성묘와 흡사한 점을 고려하면 남성묘일 가능성은 있지만 논리의 비약과 억측을 자제하기 위해 심증으로 남기고자 한다. 결과적으로 A③형은 A형철기와 다량의 옥이 공반한다는 점에서 위신재가 부장된 상위계층의 무덤이라 할 수 있지만, 그 주인공의 성은 향후 숙제로 남길 수밖에 없다.

성의 추정이 거의 불가능한 무덤으로는 A③·B①·B②·C①형을 들 수 있다. 다만, 성의 추정이 이루어진 무덤의 비율이 남성 63.5%, 여성 36.5%라는 점에서 이들 무덤의 상당수가 여성일 가능성이 있다는 점 정도만 지적할 수 있다(표 7-6). 아래에서 보는 바와 같이 이 무덤들의 규모는 거의 모두 중소형이고, 이는 피장자가 중하위 계층이었을 가능성을 시사한다(표 7-7).

다음으로 무덤의 형태와 규모, 출토유

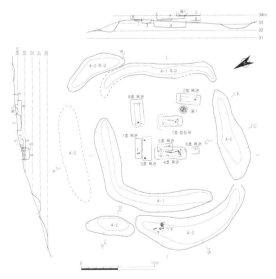

그림 7-17 상운리유적 나지구 4호분 모습

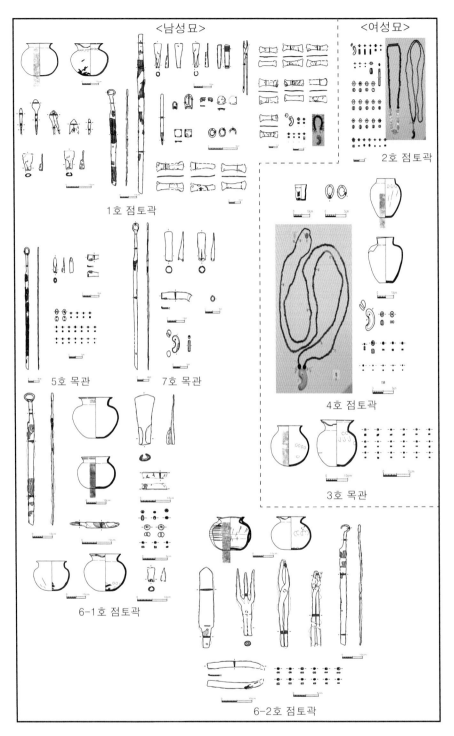

그림 7-18 상운리유적 나지구 1호 분구묘 출토유물

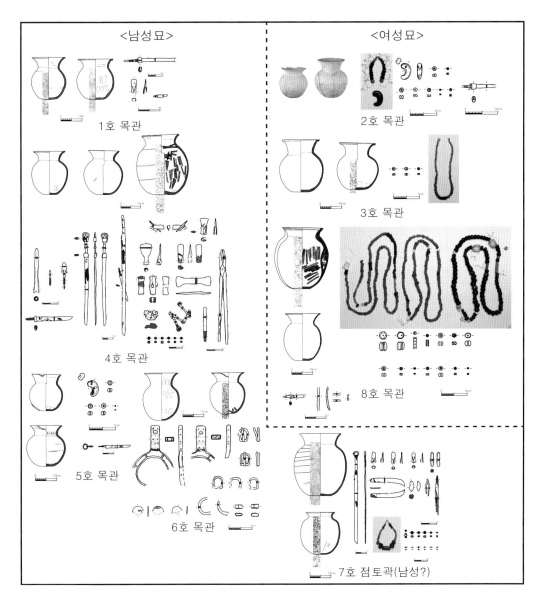

그림 7-19 상운리유적 나지구 4호 분구묘 출토유물

물, 공간적 위치 등 다각적 정보를 통해 상운리사회의 성과 사회조직을 살펴본다. 이를 위해 먼저 상운리유적에서 발견된 점토곽을 상세하게 논할 필요가 있다. 상운리의 점토곽은 일본 고분시대 전방후원분의 것과 일면 유사한 형태를 보이는데, 현재까지 국내에서 발견된 예로

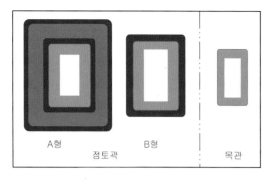

그림 7-20 상운리유적 점토곽과 목관의 분류 모식도

는 상운리가 유일하다[60]. 점토곽은 묘광을 마련한 후 찰진 점토로 곽을 시설하고 그 안에 목관을 안치하는 방식으로서 상운리에서 총 7기가 확인되었다. 점토곽은 그 형태에 따라 두 종류의 축조방식으로 세분할 수 있는데, 하나는 토광내에 점토곽 시설(내곽)이 설치되어 있고, 주구 내측면에 또 다른 점토곽이 시설(외곽)된 형태(A형)로서 나지구 1-1호와 2호가 이 형식에 속한다(그림 7-20). 다른 하나는 점토곽 시설만 있는 것(B형)으로 나지구 1-4·6호, 4-7호, 라지구 1-20·28호가 여기에 해당된다. 상운리의 이러한 점토곽들은 모두 분구의 중앙부에 위치하고 있으며, 규모가 모두 공히 초대형을 보인다는 공통점을 지니고 있다. 또한 유물의 질과 양에서 다른 무덤들을 압도하고 있다(표 7-7). 따라서 점토곽의 피장자들은 상운리사회에서 정치경제적 지위가 가장 높았던 최상층으로 볼 수 있으며 남성묘는 분구의 중앙에 위치하지만 여성묘는 남성묘의 주위나 외곽에 자리를 잡고 있는 점으로 보아 남성이 여성에 비해 우월적 지위를 지녔을 가능성이 있다.

표 7-7 상운리유적 무덤의 형태와 규모, 출토유물과의 관계

		철기 종류 평균	철기 수량 평균	옥 수량 평균	무덤 형식	위계	비고
점토곽	남(n=5)	5.8	10.6	12.8	A②	최상층	분구 중앙
	여(n=2)	0	0	597.8	C③		분구 외곽
	불명(n=1)	5.0	9.0	53.0	A③		분구 중앙
(초)대형 목관(곽)	남(n=11)	5.3	9.7	8.6	A①(2기), A②(9기)	상층	대부분 분구 중앙
	여(n=5)	0.8	0.8	268.4	B③(2기), C②(1기), C③(2기)		분구 외곽
	불명(n=1)	6.0	13.0	133.0	A③		분구 외곽

---

60) 최근 김제 석교리에서도 유사한 형태와 구조의 매장시설이 발견되어 주목된다(기호문화재연구원 2022).

		철기 종류 평균	철기 수량 평균	옥 수량 평균	무덤 형식	위계	비고
(중)소형 목관	남(n=32)	3.3	6.4	1.8	A①(24기), A②(8기)	중층	대부분 분구 외곽
	여(n=20)	0.1	0.1	105.4	B③(2기), C②(9기), C③(9기)		대부분 분구 외곽
	불명(n=47)	0.5	0.5	15.8	A③(2기), B①(7기), B②(8기)	중층, 하층	대부분 분구 외곽
	n-124	1.9	3.4	48.1			

상운리의 사회구조상 점토곽 피장자의 하위 계층으로 추정할 수 있는 무덤은 초대형과 대형의 목관(곽)[61]이다. 그 이유로는 먼저, (초)대형 남성 무덤에서는 철기의 종류와 수량에서 점토곽 남성 무덤에 비해 떨어지지만 (중)소형 남성 무덤에 비해서는 월등한 양상을 보인다는 점을 들 수 있다(표 7-7). 옥 역시 철기와 유사한 양상을 보이고 있다. 공간의 배치를 보면 남성이 매장된 초대형 무덤은 점토곽처럼 분구의 중앙부에서 발견되지만 여성 무덤은 외곽에서 발견된다. 따라서 분구 중앙에 위치한 초대형 목관(곽)의 피장자는 상운리 사회의 상층으로 상정할 수 있으며, 점토곽과 마찬가지로 분구 중앙의 남성묘는 여성묘에 비해 우월한 권력과 지위를 누렸을 것으로 추정된다.

중소형 목관은 위계상 중층에 속했을 것으로 판단되는데, 이는 철기와 옥의 부장에서 가장 빈약한 점에서 알 수 있다(표 7-7). 중소형 목관은 예외없이 분구의 외곽이나 주위에서 발견되며 피장자의 성에 따른 지위는 현재로선 알 수 없다. 중소형 목관은 소량의 B형철기나 옥이 토기들과 함께 발견되는 무덤(중소형 목관a)[62]과 토기 외에 철기나 옥이 전혀 발견되지 않는 무덤(중소형 목관b)으로 대별할 수 있는데, 전자의 사회적 위계는 중층, 후자는 하층으로 볼 수도 있을 것이다.

이와 같은 사회구조와 계층성을 정리하면, 상운리사회는 최상층(점토곽)-상층(초대형 목관)-중층(중소형 목관a)-하층(중소형 목관b)으로 구성되었을 것으로 추정된다. 또한 최상층과 상층에서의

---

61) 마한계 무덤에서는 목곽과 목관의 흔적이 명확하게 남지 않지만 목곽도 상당 수 사용되었을 것으로 인식하기도 한다(성정용 2011). 상운리에서도 초대형과 대형 무덤 중 일부는 그 규모로 보아 목곽이 설치되었을 가능성이 있다. 반면 (중)소형의 무덤에는 거의 대부분 목관만이 사용되었을 것으로 추정된다.

62) 라지구 5-1호 목관은 묘광 면적이 대형에 근접하고 분구 중앙에서 발견되었다. 또한 목관 내부에서 유기질 끈으로 묶은 후 직물에 싸서 매장한 철정 8점이 출토되었다. 이러한 점을 고려하여 무덤 피장자의 사회적 위치를 상층으로 조정하였다. 라지구 1-17호 역시 서단벽이 일부 유실되었지만 남아 있는 크기로 볼 때 대형의 묘광이었을 가능성이 높고 A형철기의 양상을 함께 고려하여 피장자의 지위를 상층으로 조정하였다.

남성과 여성의 상대적 위계는 남성이 높았을 것으로 판단된다.

2) 사회적 계층화의 전개와 의미

상운리 분구묘사회의 출발점은 기원전 2세기경부터 시작되는 마한 조기까지 거슬러 올라갈 수 있지만(그림 7-23) 이 시기의 분구묘는 분구의 삭평과 훼손으로 인해 매장시설과 부장유물이 전혀 발견되지 않고(김승옥 2011, 2020), 이는 사회적 계층문제를 논하기가 거의 불가능하다는 점을 의미한다.

마한 전기에 이르면 분구 내에서 목관이 안치되고 내부에서 유물이 발견되기는 하지만 라지구 6호분을 제외하고는 이 시기의 분구묘가 발견되지 않아 사회구조를 논하기에 역시 역부족이다. 그럼에도 나와 라지구에서 발견되는 단순 토광묘는 전기의 사회구조를 이해하는 데 참고가 된다. 35기의 토광묘 중에서 최소한 5기(4·5·9·13·18호)는 마한 전기에 조영된 것들이다(전북대학교박물관 2010). 따라서 마한 조기와 전기의 상운리사회는 소규모의 인구를 지닌 집단으로서 아직은 친족집단의 무덤이 동일한 분구 내에 조성되지 않았던 단계로 볼 수 있다. 그럼에도 인간의 사회적 행위와 실천을 통해 "문화는 끊임없이 생성된다"(Fox 1985). 뿌리와 혈통에 대한 사회적 실천은 상운리사회에서도 조기와 전기에 걸쳐 끊임없이 이루어졌을 것이고, 이러한 역사적 과정을 통해 마한 중기 사회의 사회문화적 토대가 마련됐을 것이다.

중기에 접어들면 상운리의 분구묘는 폭발적으로 증가하는데, 이는 마한 취락의 급증과 궤를 같이한다(김승옥 2004, 2007, 2011, 2014; 김은정 2017, 2018; 이영철 2013, 2018; 이택구 2008). 따라서 조기와 전기가 상운리 마한 문화의 형성기라면 중기는 최전성기라 할 수 있을 것이다. 분구의 완성도와 밀집도가 높은 가·나·라지구를 대상으로 중기와 후기의 사회조직 및 계층구조의 전개과정을 살펴본다.

중기 분구묘로는 나지구 1·2·3·6·7호분(그림 7-21), 라지구 1호분의 구릉 최상단에 위치한 매장시설(그림 7-22), 가지구 5호분 등을 들 수 있다. 이 중에서 계층구조상 최상위 친족집단의 분구묘는 나지구 1호분으로 판단되는데, 그 이유로는 먼저 4기의 점토곽이 동일 분구내에서 확인되고 2기는 내·외곽의 이중 점토곽이라는 점을 들 수 있다.

나지구 1호분에서도 최고의 지위를 지닌 자의 무덤은 1호와 2호로 볼 수 있다. 두 무덤 공히 내·외곽의 이중 점토곽이 설치되었는데, 1호 남성묘는 분구의 정중앙에 위치하며 2호 여성묘에는 수평확장을 통해 별도의 주구가 설치되어 있다. 출토유물의 양과 질에서도 압도적

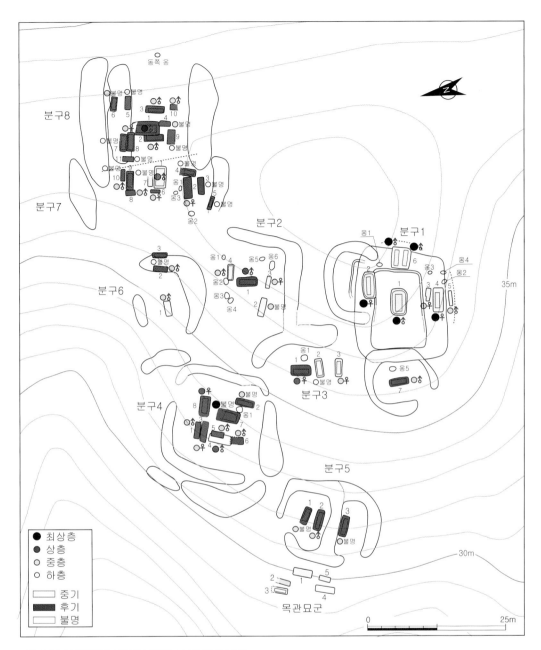

그림 7-21 상운리유적 나지구 단계별 사회조직의 변화

인데, 1호에서는 A형철기와 함께 상운리 전체 분구묘에서 가장 큰 철제대도(길이 120㎝ 이상)가 부장되었다. 또한 무덤의 중앙부에서는 상운리유적에서 가장 많은 10점의 철정이 발견되었는데, 이 철정들은 유기질 끈으로 묶고 직물로 싸서 안치한 것이다. 이 외에도 금동이식 3점

과 다수의 교구 및 금구가 출토되었다. 다른 무덤에서 발견된 금동이식이 모두 쌍으로 발견된다는 점을 감안하면 3점 출토는 이색적이며, 1점은 상운리의 다른 이식들과 달리 매우 두꺼우면서 내부에 금박을 접어 입힌 흔적이 확인되었다.

2호 여성묘에서는 수 백점의 화려한 장신구와 최상위 위세품인 금박유리환옥 2점이 출토되었다. 금박유리환옥은 낙랑(권오영 2004; 조연지 2013; 황윤희 2012)이나 동남아시아(이인숙 1993)에서 기원을 찾기도 하는데, 상운리에서는 나지구 1-2와 4호, 4-8호에서 발견되었으며 모두 점토곽과 초대형 목관의 여성묘라는 공통점을 가지고 있다. 이 외에도 중국이나 낙랑을 통해 유입되었다고 판단되는 반량전 1점이 2호에서 발견되었다.

결과적으로 1호와 2호의 주인공은 상운리사회를 대표하는 최고위 신분의 남성과 여성이었을 것으로 추정되고, 두 사람은 부부였을 가능성도 조심스럽게 가정해 본다. 또한 4호 점토곽 여성도 1호 남성과 모종의 관련이 있었을 가능성이 있다. 4호는 1호 점토곽 옆에 나란히 배치되어 있으며 내부에서 수 백점의 옥과 함께 금박유리환옥 2점, 이식 2점이 발견되었다. 따라서 4호 여성은 2호와 함께 상운리사회에서 최상위 신분을 지녔을 가능성이 있으며 점토곽의 배치로 볼 때 1호 남성과 어떤 형태로든 관련이 있을 가능성이 있다. 점토곽 안에 합장된 6-1

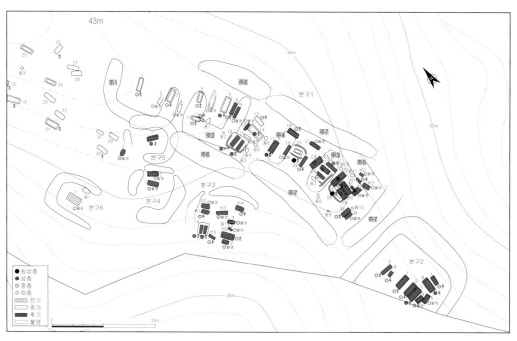

그림 7-22 상운리유적 라지구 단계별 사회조직의 변화

호와 6-2호의 피장자들 역시 최상층의 지위를 누렸던 것으로 판단된다.

나지구 1호분 외에 최상층으로 볼 수 있는 무덤으로 라지구 1-20호와 28호가 있는데, 이 무덤들 역시 점토곽으로서 분구 중앙에 위치하며 피장자의 성은 모두 남성이다(그림 7-22). 라지구 1호분은 마한 후기에 접어들면 최대 규모의 분구묘로 성장하지만 중기에는 분구의 구조와 형태, 출토유물의 양과 질에서 나지구 1호분에 비해 위계상 떨어지는 것으로 판단된다. 따라서 라지구 1-20호와 28호 남성의 사회적 지위는 나지구 1-1·2·4호에 비해 상대적으로 약간 아래의 최상층이었을 것으로 추정된다.

중기 단계의 계층구조상 상층에 속하는 무덤으로는 나지구 4-4호와 7-1호, 라지구 1-7호와 14호, 가지구 5-1호(그림 7-23)가 있다. 피장자의 성은 라지구 1-14호 여성을 제외하고 나머지는 모두 남성이다. 분구내 매장 위치를 보면 남성묘는 모두 각 분구의 정중앙에 위치하고 1-14호 여성묘는 성의 식별이 어려운 13호와 나란히 배치되어 있다. 따라서 위계상 상층 피장자의 성에 따른 분구 내 배치는 최상층과 흡사한 양상을 보인다고 할 수 있다.

다음으로 중층에 속하는 무덤을 살펴보면 중소형의 목관들이 이에 해당한다. 중소형 목관들은 모두 각 분구의 외곽이나 주구 내에 위치하지만 예외적으로 나지구 6-1호는 분구의 중

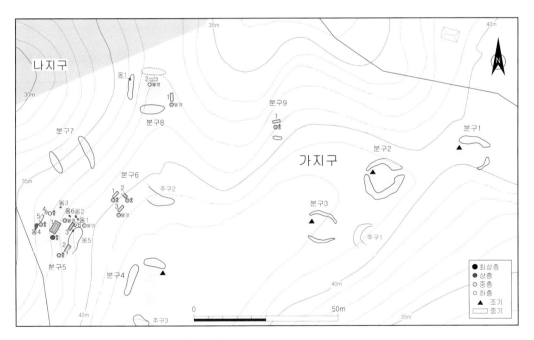

그림 7-23 상운리유적 가지구 단계별 사회조직의 변화

앙에 위치하고 라지구 1-1호는 1호 주구의 중앙에 배치되어 있다. 이 무덤들의 피장자 성은 공히 남성이다. 이러한 공간적 배치와 피장자의 성을 고려하면, 나지구 6-1호와 라지구 1-1호 피장자의 사회적 지위는 상층에 속한 가능성이 있다. 중기 사회 최하층민의 무덤은 중소형 목관b형의 피장자로서 모두 분구 외곽에 위치한다.

한편, 상운리유적의 매장시설로는 점토곽과 목관(곽) 외에 옹관이 있는데, 중기 사회 계층구조에 관한 마지막 논의로 옹관을 간단히 살펴볼 필요가 있다. 학계에서는 영산강 일대 마한 후기의 대형 옹관을 제외한 선사와 고대 사회의 옹관의 성격을 영유아의 무덤이나 화장火葬의 유해를 안치한 것으로 이해하고 있다. 상운리유적에서도 옹관의 성격을 정확하게 규정하기에는 그 근거가 거의 없지만 옹관 모두를 영유아의 묘로 보기는 어려운 측면이 있다. 예를 들어 나지구 1호분에서는 5기의 옹관이 발견되었는데(그림 7-21) 8기의 점토곽과 목관을 고려하면 옹관 피장자가 모두 영유아묘일 가능성은 낮아 보인다[63]. 따라서 옹관 일부가 화장의 결과일 수도 있다.

그럼에도 옹관에 관한 한 가지 확실한 점이 있다면 옹관의 출토유물이 빈약하고 발견되는 경우에도 철도자나 옥 수 점 정도에 이른다는 것이다. 옹관 정체성의 모호함과 출토유물의 이러한 양상은 피장자의 계층을 논하기에 현실적으로 불가능하다는 점을 의미한다. 다만 영유아의 무덤일 경우에는 피장자의 신분이 상당히 높은 계층이었을 것이라는 점과 세골장일 경우에는 상대적으로 낮았을 것이라는 가능성 정도만 지적할 수 있겠다. 이러한 옹관의 성격과 계층 문제는 마한 후기에도 마찬가지 양상을 보인다.

마한 후기에 이르면 상운리사회의 계층구조는 중기와 일면 유사하지만 동시에 차이점도 관찰된다. 최상층으로 추정할 수 있는 후기 무덤으로는 분구 중앙에 위치한 나지구 4-7호가 유일하며 피장자의 성은 불분명하다. 이처럼 후기에서도 최상층은 존재하지만 중기에 비해 그 수가 절대적으로 적고 최상층에서도 최고의 지위를 가졌던 점토곽들이 전혀 발견되지 않는다는 점에서 중기와 커다란 차이를 보인다.

후기의 상층 무덤으로는 나지구 2-1·3-1·4-8·8-1호와 라지구 1-16·1-17·1-23·1-27·2-3·5-1호를 들 수 있다. 중기와 마찬가지로 나지구 4-8호, 라지구 1-16호를 제외하곤 분구의 중앙에 배치된다. 또한 나지구 4-8호와 3-1호의 피장자는 여성이며 나머지 상층 무덤은 모두

---

63) 옹관묘의 피장자를 모두 영유아로 볼 수 없는 근거는 마한계사회에서 흔히 볼 수 있는데, 대표적인 예로 수 십여기에 이르는 옹관묘가 밀집되어 발견된 광주 신창동유적(김원용 1964)을 들 수 있다.

마한馬韓 분구묘墳丘墓의 이해

남성인데, 3-1호는 분구의 형태가 불분명하다. 후기의 상층묘는 두향이 일치한다는 공통점을 보이는데, 가령 나지구에서는 4-8호를 제외하곤 두향이 북향이며 라지구에서는 모두 서향을 보이고 있다.

마한 후기의 중층과 하층의 사회조직은 중기와 흡사한 양상을 보인다. 중소형 목관a형과 목관b형을 중층과 하층으로 볼 수 있는데 모두 분구의 외곽이나 주구 내에서 발견된다. 중기와 마찬가지로 분구의 중앙에 위치하는 나지구 1-7·5-1·6-1·8-3호와 라지구 1-25·1-30·2-1·4-1호 등은 최상층에 근접하는 중층일 가능성이 있다. 특히 나지구 1-7호 남성묘는 최상위 유력 집단의 분구묘인 1호분의 주구 위에 조영되었고, 독립된 주구를 가지고 있다는 점에서 상층의 무덤으로 보아도 무방하다고 판단된다. 결과적으로 후기에 들어서면 최상층의 수는 절대적으로 감소하지만 상층과 중층의 수는 상대적으로 증가하는 양상을 보인다고 할 수 있다

3) 상운리의 사회구조와 특징

이상에서 살펴 본 상운리의 분구묘 사회는 전형적인 피라미드형의 계층구조를 보여주고 있다(그림 7-24)[64]. 중기의 나지구 1호분에는 다른 분구묘와 비견될 수 없을 정도의 최상층 무덤이 집중되어 있고, 외래기원의 위신재가 밀집되어 있다는 점에서 상운리 전체 사회를 통솔했던 최상위 유력 친족집단의 무덤으로 볼 수 있다. 또한 1호 남성과 2호 여성은 1호분 피장자 중에서도 최고의 위세와 권력을 누렸던 것으로 이해된다.

그렇다면 1호와 2호 피장자의 사회적 위치와 역할은 어떻게 규정할 수 있을까? 이 점과 관련하여 상운리유적의 역사적 의의를 압축하여 정리하면, 첫째는 마한 분구묘 중에서 최대와 최고를 자랑하는 유적이며 두 번째는 마한제국 중 가야와 비견되는 가장 강력한 '철의 왕국'의 중심지였다는 점이다(김승옥 2020, 2023c). 또한 상운리 인근에서는 익산 사덕과 장신리, 전주 동산동과 송천동유적과 같은 초대형 취락이 발견되며 상운리와 초대형 취락 주변으로는 중소형의 취락과 분묘가 다수 발견된다(김승옥 2019b). 결과적으로 상운리유적은 그 규모와 단야구

---

64) 〈그림 7-24〉는 상운리 분구묘를 통해 본 당시 사회의 사회조직과 계층의 변화를 모식도로 표현한 것이다. 이러한 사회조직은 당시 사회의 기본 틀을 의미하지만 그렇다고 고정불변이라는 의미는 아니다. 예를 들어 후기의 상운리 사회는 사회적 조직과 계층화가 약화되는 시기로서 때에 따라 개인과 집단 간의 수직과 수평관계가 혼재하는, 소위 '혼계混階(herterachy)'(Cumming 2016)사회였을 가능성도 있다.

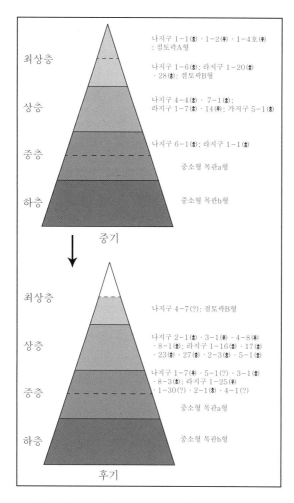

최상층	나지구 1-1(♂)·1-2(♀)·1-4호(♀) : 점토곽A형
	나지구 1-6(♂); 라지구 1-20(♂) ·28(♂): 점토곽B형
상층	나지구 4-4(♂)·7-1(♂); 라지구 1-7·14(♀); 가지구 5-1(♂)
중층	나지구 6-1(♂); 라지구 1-1(♂)
하층	중소형 목관a형
	중소형 목관b형

중기

↓

최상층	나지구 4-7(?): 점토곽B형
상층	나지구 2-1(♂)·3-1(♀)·4-8(♀) ·8-1(♂); 라지구 1-16(♂)·17(♂) ·23(♂)·27(♂)·2-3(♂)·5-1(♂)
중층	나지구 1-7(♀)·5-1(?)·3-1(♂) ·8-3(♂); 라지구 1-25(♂) ·1-30(?)·2-1(♂)·4-1(?)
	중소형 목관a형
하층	중소형 목관b형

후기

그림 7-24 상운리의 사회조직과 계층의 변화

를 비롯한 철기의 양상으로 볼 때 마한 제국 중에서도 가장 강력한 지역연맹체의 중심지, 즉 문헌기록에 나오는 소위 '국읍國邑'의 공동묘지였을 가능성이 거의 확실하다. 또한 나지구 1호분은 상운리 국읍 왕족들의 공동 묘지였을 가능성이 높으며, 1호와 2호의 주인공은 당대 가장 강력한 '국國'의 '왕'과 '왕비'였을 개연성이 있다.

마한 후기에 이르면 기본적인 계층구조는 중기와 유사하다고 볼 수 있지만 여러 가지 측면에서 차이를 보이게 된다. 먼저, 가지구 1-1호와 2호 점토곽과 같은 최상급 무덤이 더 이상 조영되지 않으며 최상층 무덤 역시 현저하게 감소한다. 반면 후기의 상층 무덤은 중기에 비해 증가하는 현상을 보인다. 다음으로 가지구에서는 더 이상 무덤이 축조되지 않지만 나지구와 라지구에서는 새로운 분구묘 집단이 등장하며, 라지구 1호분은 지속적인 수평과 수직 확장을 통해 분구 규모로만 본다면 최대 규모의 분구묘 집단으로 성장하게 된다.

결과적으로 마한 후기의 상운리 소국은 중기에 비해 사회적 계층화가 약화되면서 동시에 새로운 친족집단이 다수 등장한다고 요약할 수 있다. 이러한 사회조직의 변화의 이유로는 백제와의 대외 관계에서 찾을 수 있을 것으로 판단된다. 익히 아는 바와 같이 3세기 중후반경이 되면 서울 강남의 백제는 고대 국가로서의 면모를 갖추게 되고, 기리영崎離營 전투의 혼란기를 이용하여 점차 중부 이남의 마한 소국들을 흡수, 병합하게 된다(권오영 2009; 김승옥 2009; 이택구 2008; 성정용 2000b). 또한 4세기 중후엽경에 이르면 근초고왕의 남정과 함께 충청지역뿐만이 아니라 전북 대부분 지역에서 마한의 분구묘가 자취를 감추게 된다.

178   마한馬韓 분구묘墳丘墓의 이해

이러한 백제의 남정에도 상운리를 비롯하여 완주 수계리, 전주 마전 등지에서 여전히 마한 계의 분구묘가 5세기대까지 지속되고, 이는 백제의 간접지배설을 지지하는 증거일 수도 있지 만(박순발 2001; 이동희 2012) 직접지배하의 마한계 사회(김승옥 2019a)일 수도 있다. 간접이든 직접지 배이든 마한 후기에 들어서면 상운리를 포함한 전북 일대는 백제의 정치적 영향권 하에 들어 섰음이 거의 확실하다. 상운리유적에서 마한 후기에 들어서면 토기를 비롯한 백제 유물이 다 수 부장된다는 점(전북대학교박물관 2010)도 이 주장을 뒷받침한다.

마한 후기 백제의 전북지역 진출은 상운리 소국의 정치경제적 성장을 제약하게 되고, 이는 사회조직과 계층화의 약화로 귀결되었을 것으로 추정된다. 이러한 정치적 격변과 문화적 혼 란은 상운리유적에서 시기적으로 가장 늦은 5세기 중후반의 라지구 3호분에서 그 정점을 찍 게 된다. 이 분구묘에서는 이전에 볼 수 없었던 석곽이 분구내에 조영되고 출토유물 또한 거 의 백제계로 보아도 무방할 정도이다. 또한 최상층의 남성 분묘가 분구 중앙에 조영되는 마한 분구묘의 전형적 배치와 특징이 더이상 이 분구묘에서는 보이지 않게 된다.

상운리 마한사회의 또 다른 특징은 조기와 전기의 '단(인)장 분구묘'에서 중기와 후기의 '다 (인)장 분구묘'로의 전환이라고 볼 수 있다(김승옥 2011). 다장분구묘의 최대 특징은 수 명에서 수 십 명에 이르는 다수의 피장자를 한 분구내에 안치한다는 점을 들 수 있다. 예나 지금이나 공 동체는 다양한 친족집단으로 구성되고, 이러한 친족집단의 경쟁과 협력을 통해 공동체가 발 전하게 된다. 다장분구묘의 한 분구내에는 친족적으로 가까운 자, 예를 들어 직계와 방계가족 으로 구성된 혈연집단이 안치되었을 것으로 추정된다. 따라서 다장분구묘의 등장은 공동체 를 구성했던 각 친족집단이 자신들의 정체성을 확립하고 재생산하려는 사회적, 이념적 기제 機制와 깊은 관련이 있었을 것으로 판단된다.

또한 다장분구묘는 각 친족집단의 시조가 사망한 이후 조영되었을 가능성이 매우 높은데, 이는 거의 모든 분구묘에서 중앙에 안치되는 무덤이 외곽의 것들에 비해 시기적으로 가장 이 르다는 점에서 알 수 있다(전북대학교박물관 2010). 또한 각 분구묘의 중앙에 안치되는 친족집단의 시조이자 우두머리의 성은 남성이었던 것으로 이해된다.

널리 인정되는 바와 같이 마한제국은 사회발전 단계상 고대 국가로의 발전이 좌절된 족장 사회(김낙중 2011a; 김승옥 2014; 임영진 2011)로 볼 수 있고, 상운리사회 역시 예외는 아니다. 족장사 회의 구조는 집단 성향(collective)과 개인 성향(individualizing)으로 대별되기도 하는데(Earle 1991; Renfrew 1974) 상운리는 대규모의 공동체와 노동력 동원을 통해 대형의 기념물과 분묘를 축조 하는 집단성향의 족장사회였을 가능성이 높아 보인다. 또한 족장의 지위는 남성의 전유물로서 세습되었을 가능성이 농후한데, 그 이유는 일단 모든 분구묘의 우두머리는 남성이라는 점에서 유추할 수 있다. 세습사회로 볼 수 있는 증거도 존재하는데, 예를 들어 영유아 묘로 추정되는 옹관이 나지구 1호분과 같은 최상위 친족집단의 분구묘에서 발견되고 일부 옹관에서는 소량의 철기나 옥이 발견된다. 상운리와 인접한 수계리에서는 환두소도가 부장된 옹관이 발견된 바 있는데(전주문화유산연구원 2018a), 이는 마한사회가 세습지위를 지닌 복합사회였을 가능성을 한층 높이는 또 다른 증거이다.

그렇다면 상운리사회는 최상층으로서의 남성 지위가 세습되는 부계체계(patrilineal system)의 사회였을까? 부계사회란 "친족집단의 성원권, 지위, 특권 등의 계승과 재산의 상속에서 남성과 여성이 구별되어, 남성으로 이어지는 선이 두드러지는 체계"(신인철 1995)이다. 단정할 수는 없지만 이러한 정의와 분구묘의 계층구조를 고려할 때 상운리사회는 부계사회였을 가능성이 현재로선 매우 높다고 볼 수 있다[65]. 남성 중심의 뿌리와 혈통을 중시하는 마한 사회의 이러한 이념과 세계관은 이후의 고대국가 단계에 이르러 더욱 강화되고 합법화되었을 것이다.

이상에서 논의한 내용을 정리하면 다음과 같다. 완주 상운리와 수계리, 오산 수청동유적의 계량적 분석결과, 환두도·철모·철촉·철부·단야구·마구류는 상호 간에 깊은 상관관계를 보이고, 이 유물들은 남성의 표상물일 가능성을 보여 주었다. 이에 비해 마한인의 대표 장신구인 옥은 여성과의 관련성을 강하게 시사하고 있다.

또한 상운리사회의 성과 사회조직을 분석해 보았는데 그 결과, 상운리의 마한사회는 최상층(점토곽)-상층(초대형 목관)-중층(중소형 목관a)-하층(중소형 목관b)의 전형적인 피라미드 계층구조를 가지고 있었다는 점을 확인할 수 있었다. 최상층과 상층의 피장자 중에서 남성묘는 거의 대부분 분구의 중앙에 위치하는 것으로 보아 남성은 각 친족집단의 시조로서 최고의 지위를 누렸던 것으로 추정된다. 마한 중기에 이르러 문화의 모든 측면에서 최전성기를 누렸던 상운리사회는 후기에 들어서면 사회적 계층화가 점차 약화되기 시작하는데 이는 백제의 남정과 관련된다. 이러한 분석결과를 종합하면 상운리사회는 남성 중심의 지위와 권력이 세습되는 부계사회였을 가능성이 가장 높아 보인다.

---

65) 예를 들어 영암 만수리 2호분에서는 중심 대응에 묻힌 피장자는 여성이었으며, 그와 관련된 자, 즉 유소아이거나 세골된 2차장의 주인공이 함께 매장된 다장분구묘일 가능성이 높다(이영철 2023). 마한을 비롯한 고대 사회는 부계사회였을 가능성이 매우 높지만 이처럼 예외적인 사례가 발견된다. 향후 이와 관련된 조사와 연구가 기대된다.

그렇다면 마한계사회에서 보이는 이러한 성의 식별과 사회조직을 모든 마한계사회로 적용할 수 있을까? 단정할 수는 없지만 어느 정도 가능하다고 사료된다. 지금까지의 연구성과를 보면 마한 조기와 전기는 시공간상의 변화가 심하지만 중기 이후에 접어들면 사회조직과 변화에서 유사한 길을 걸었던 것으로 파악되고 있다. 예를 들어 마한 후기 영산강권역의 옹관고분사회처럼 사회 복합도에서 정도의 차이는 있지만 50여 개의 마한계 정치체는 고대 국가 직전의 복합사회였으며 문화체계도 유사했었던 것으로 이해되고 있다. 심지어 마한계사회에서 보이는 성과 사회구조는 예안리고분군의 분석 결과에서 보는 바와 같이 영남지역 고대사회와도 상통하는 측면이 있다.

제8장
분구묘로 본 마한제국의
대외교섭과 소국 추정

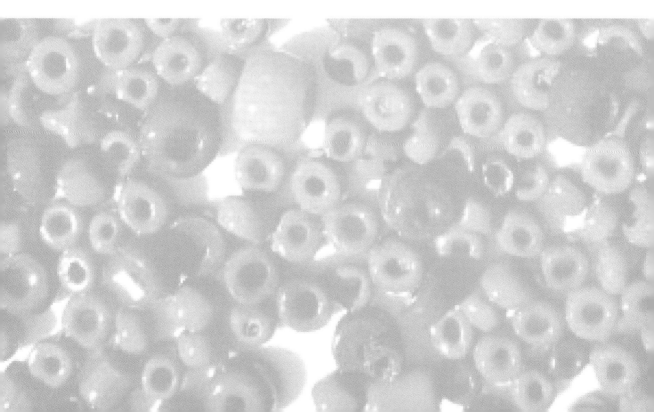

마한의 성립은 기원전 3~2세기경으로 볼 수 있지만 50여개에 이르는 마한제국馬韓諸國의 형성은 문헌기록과 물질문화로 볼 때, 아무리 빨라도 3세기 중후반경에 시작되는 마한 중기를 상회하기는 어렵다. 마한 사회는 중기를 기점으로 규모와 공간적 위치, 사회적 발달수준에서 대전환기를 맞이하게 되며, 이는 마한 사회의 사회적 네트워크와 대외교섭의 양상이 현저하게 다를 수밖에 없다는 점을 시사한다. 또한 한반도의 서남해안 일대는 '동아시아 해상교통의 허브'로 널리 알려져 있으며 마한의 대외교섭도 이러한 지정학적 위치와 밀접한 관련을 보이게 된다.

이 장에서는 마한의 발전단계에 따라 마한제국 내부에서의 교류와 대외관계가 어떻게 변화하고 발전하였는가를 살펴본다. 이를 위해 분구묘는 물론이고 취락을 포함한 다양한 물질자료를 함께 활용한다. 마지막으로 고고자료와 문헌의 검토를 통해 마한 소국 문제와 그 위치를 추정해본다.

1 마한제국의 대외교섭

1) 마한제국 내부 소국 사이의 교섭

마한제국 내부 소국 사이의 교섭양상을 파악하기 위해서는 먼저 소국 내부의 사회적 네트워크를 단계별로 이해할 필요가 있다. 마한 조기와 전기의 분구묘나 취락은 그 수도 상대적으로 적고 밀도도 높지 않아 현재로선 소국 내부의 사회적 네트워크 양상을 정확하게 제기하기가 어려운 실정이다. 다만, 제4장에서 살펴본 바와 같이 이 시기에 유행했던 구상溝狀유구는 각 소국의 중심세력과 주변집단이 모여 공동의 제사와 축제를 거행했던 '대제의 장'으로 볼 수 있다.

마한 조기와 전기 소국 사이의 교섭양상은 분구묘의 성립과 전파과정을 통해 어느 정도 짐작할 수 있다. 예를 들어 분구묘는 기원전 3~2세기경 만경강권역에서 등장하였을 가능성이 높으며 기원 전후에 이르면 만경강권역의 분구묘 전통이 점차 쇠퇴하고 영산강 일대가 새로운 중심지로 부상하게 된다(제4장 참조). 또한 한강 하류와 아산만권역에 분구묘가 활발하게 축조되었는데, 이는 역삼동문화 집단이 서해안 일대의 분구묘 전통을 수용한 결과로 추정된다. 따라서 만경강권역에서 등장한 분구묘 전통은 소국 사이의 활발한 접촉을 통해 서해안을 따라 북과 남으로 전파되었던 것으로 이해된다. 마한 중기에 이르면 분구묘는 서해안에서 내륙 일대로 확산하게 되고, 그 수도 폭발적으로 증가하게 된다.

소국 사이의 활발한 교섭은 분구묘와 주구토광묘의 분포양상에서도 확인된다. 분구묘는 서해안 일대에서 집중 분포하고 주구토광묘는 충청 내륙/산간지대에 집중되어 발견되었는데, 양자가 만나는 경기남부와 충청 서부 내륙지대에서는 분구묘와 주구토광묘가 혼재하여 발견된다. 이러한 문화적 점이지대는 분구묘와 주구토광묘권 세력 사이에 활발한 문화접촉이 있었다는 사실을 보여주는 증거이다(제6장 참조).

그림 8-1 완주 상운리 분구묘 출토 토기류

마한 4주식 주거의 분포와 전파에서도 소국 간의 문화접촉이 활발하게 확인된다. 4주식 주거양식은 분구묘의 분포와 거의 일치하며 이는 양자가 유사한 확산 경로와 과정을 거쳤다는 사실을 함의한다. 예를 들어 충청 일대의 4주식 주거전통은 경기 일대로 확산되었던 것으로 이해되며 예계濊系로 상정되는 여呂·철凸자형 주거문화와 만나게 된다(박경신 2019). 또한 4주식 주거문화는 충청과 호남지역의 원형계 주거문화와 만나며, 양 문화의 사이에는 4주식과 원형이 혼재하는 문화적 점이지대 역시 형성된다(김승옥 2022b; 김은정 2018).

마한의 주요 동산문화인 토기, 철기, 옥을 통해서도 마한제국 내부에서의 교섭양상을 파악할 수 있다. 먼저 토기를 살펴보면(그림 8-1·2), 토기는 마한 중기까지 국연맹체 혹은 지역연맹체 내의 소지역권별로 생산과 유통이 이루어졌던 것으로 보인다(김승옥 2014; 이지영 2008). 또한 마한 전기까지의 생산체제는 모두 소형[66] 가마 3기 이내의 소규모였을 것으로 파악되고 있다(이지영 2008; 최경환 2010). 마한 후기에 이르면 화성 가재리, 용인 농서리, 대전 용계동, 광주 행당동유적처럼 4기 이상의 가마로 구성된 대규모 생산체제가 출현하게 된다. 이 시기 가마의 운영 주체는 전 단계와 달리 최소한 마한의 유력 '국' 혹은 정치경제적 통합도가 높은 지역연맹체가 된다. 이 시기의 사례로 대규모 생산체제의 가마가 발견된 진천 삼룡리·산수리유적을

그림 8-2 마한 원통형토기(좌4점: 고창 왕촌리, 우1점: 나주 신촌리 9호분)

들 수 있는데, 운영 주체로는 국가 성립기의 백제를 상정하고 있다(박순발 2018). 더 나아가 이 가마유적들은 토기의 생산과 공급이 진천 일대를 넘어 광역적으로 이루어진 증거로 해석하기도 한다(류기정 2002, 2003).

다음으로 철기의 생산과 유통

---

66) 가마는 소성부 면적을 기준으로 소형(7㎡ 이하), 중형(8~14㎡), 대형(14㎡ 초과)으로 구분하기도 한다(최경환 2010).

체계를 살펴보면, 철기 생산이 마한 전기까지 자체적으로 생산되었다는 증거는 아직까지 발견되지 않고 있다. 대부분의 철기는 외부 교역의 산물로 추정하는데, 예를 들어 조기의 철기는 농공구중심으로서[67] 중국 전국계 주조 및 단조철기가 유입되었던 것으로 이해하고 있다(김상민 2023; 이남규 2018).

마한 전기의 철기는 아래의 대외교섭에서 살펴보는 바와 같이 외부 유입설과 자체 생산설로 의견이 갈리고 있다(김길식 2006; 박장호 2011). 전기의 어느 시점에 마한권역, 특히 호서 동부지역에서 철기를 자체 생산했을 가능성은 남아 있다. 그럼에도 물질자료로 볼 때, 단련단야기술을 포함하여 철소재를 생산하는 철제련까지, 철기 생산의 모든 공정이 자체적으로 이루어졌다는 사실을 안정적으로 볼 수 있는 시기는 마한 중기 이후이다. 현재까지 발견된 마한 중기 철산업의 테크노밸리는 몇 군데로 압축되는데, 먼저 화성 기안리와 평택 가곡리유적에서는 철기 생산의 모든 공정을 알 수 있는 가마와 유물들이 발견되었다. 연대는 3세기대로 판단된다. 이러한 지역에서 생산된 1차 철소재는 괴련철이고, 이것들이 평택 양교리나 화성 발안리 등과 같이 각지로 유통되어 철기가 생산되고 소비되었던 것으로 파악하고 있다(이남규 2018).

제철유적이 집중적으로 발견되는 또 다른 지역은 청주, 진천, 청원, 충주 일대로서 10여 개소의 제철유적이 알려져 있다(장덕원 2017). 운영 주체에 대해서는 마한계의 지방 수장층이나 한성백제의 직접 통제로 나누어지지만, 전기와 마찬가지로 이 일대는 마한의 중요 거점지역임에는 틀림이 없다. 예컨데, 청주 송절동에서는 12기의 제련로, 6기의 단야로, 12기의 폐기장이 발견되었으며 오송유적에서는 수백여점의 다종다양한 철기들이 출토되었다. 또한 충주 일대의 칠금동유적, 탄금대

그림 8-3 완주 상운리 분구묘 출토 철기류

---

67) 철촉과 같은 무기류도 일부 발견되는데, 예를 들어 안성 만정리 신기유적에서 발견된 삼각형 혹은 장삼각형의 철촉을 그 예로 들 수 있다. 이 철촉은 외부에서 유입되었다기보다는 석촉을 모방하여 만든 재지의 독자적 철기로써 당시 한반도에서도 나름대로 철기를 제조할 수 있는 단련단야기술이 존재하였음을 시사한다(이남규 2018).

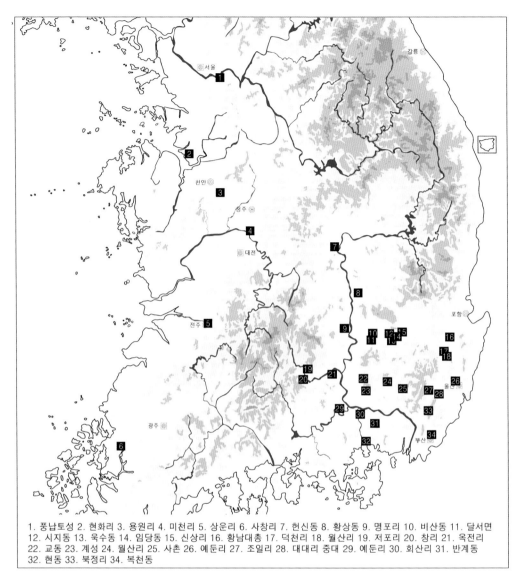

1. 풍납토성 2. 현화리 3. 용원리 4. 미천리 5. 상운리 6. 사창리 7. 헌신동 8. 황상동 9. 명포리 10. 비산동 11. 달서면
12. 시지동 13. 욱수동 14. 임당동 15. 신상리 16. 황남대총 17. 덕천리 18. 월산리 19. 저포리 20. 창리 21. 옥전리
22. 교동 23. 계성 24. 월산리 25. 사촌 26. 예둔리 27. 조일리 28. 대대리 중대 29. 예둔리 30. 회산리 31. 반계동
32. 현동 33. 북정리 34. 복천동

그림 8-4 단야구 출토 유적 분포

토성, 탑평리유적은 모두 하천을 끼고 근거리에 위치하는데, 창동 철산→칠금동→탄금대토성→
탑평리 순으로 철의 생산과 소비의 관계를 보여준다고 한다(어창선 2011).

만경강권역의 완주 상운리유적에서는 500여점의 철기가 발견된 바, '철의 왕국'으로서의 면
모를 보여주고 있다(그림 8-3). 또한 20여 세트가 넘는 단야구의 존재는 철기가 자체적으로 생산
되었을 가능성을 보여주는 강력한 증거이다(김승옥 2023c; 김승옥·이보람 2011). 문화와 지역에 따른

마한馬韓 분구묘墳丘墓의 이해

부장풍습의 차이를 감안할 필요는 있지만 상운리의 단야구 세트는 남한 지역의 단야구가 유적 당 1~3세트가 발견된다는 점에서 독보적이다. 더구나 마한·백제권역에서는 단야구 발견 유적이 소수에 그치고 있으며, 특히 상운리를 중심으로 수십㎞ 이내의 지역에서는 전혀 발견되지 않는다(그림 8-4). 심지어 풍부한 철기 유물이 발견되는 기지리나 부장리유적에서도 단야구는 전혀 발견되지 않고 있다. 따라서 상운리의 조영집단은 강력한 철기 제작기술을 소유하고 있었으며, 생산된 철기의 공급과 통제는 상운리 정치체의 강력한 경쟁력이 되었던 것으로 판단된다.

한편, 철기 생산 및 유통과 관련하여 상운리유적에서 12~16㎞ 정도 떨어진 4개의 지점에서 철재鐵滓와 노벽편爐壁片 등이 발견된 바 있다(전북대학교박물관 2010). 또한 상운리 다지구 취락에서는 철부, 철촉, 철도자, 철정, 철부 반제품 등 다양한 철기가 다수 발견되었다. 3호 주거지에서는 송풍관을 비롯하여 철괴형 철재, 철정 등 철기 단조작업과 관련된 유물도 확인되었다. 이러한 유물로 볼 때, 다지구 취락의 거주민은 철기제작을 담당했을 가능성이 있다. 이 점과 관련하여 이 시기의 다른 취락에서는 거의 볼 수 없는 환상環狀으로 주거지가 정연하게 배치되었다는 점도 주목된다.

상운리유적에서 500여m 떨어진 맞은편 구릉에 입지한 운교유적(호남문화재연구원 2013b)에서는 대규모의 제철 공방시설이 발견되었다. 1~3·5~8호 방형건물지의 구와 6·9호 수혈 내부에서 철재와 숯이 확인되었고, 5·8호 방형건물지에서 철재가 부착된 송풍관과 토기편, 노벽이 발견되었다. 따라서 이 공방시설에서는 제련과 단야조업이 이루어졌고 용해조업도 이루어졌을 가능성이 있다. 또한 완주 수계리 청등유적 10호 주거지(전라문화유산연구원 2017)에서는 노시설로 추정되는 유구가 확인된 바 있으며, 상운리 다지구와 유사하게 완주 구억리 하이취락(동북아지석묘연구소 2021)에서도 송풍관편과 도가니, 철재 등 단야작업과 관련된 유물이 다수의 주거지(3기)와 수혈(4기)에서 보고된 바 있다. 이처럼 제철 공방시설과 단야시설 및 도구들이 발견된 취락들은 모두 반경 10㎞ 이내의 만경강 상류에 집중하여 분포한다는 공통점을 가지고 있다. 따라서 시기적 유사성과 지리적 근접성으로 볼 때, 만경강 상류의 제철산업과 상운리 분구묘 부장 철기는 밀접한 관련이 있었다고 볼 수 있다.

상운리 일대의 마한 정치체는 철기 생산뿐만이 아니라 공급과 유통에도 지대한 영향을 미쳤으리라 추정된다. 예를 들어 상운리에서 직선거리 5㎞ 정도 떨어진 완주 수계리유적(전주문화유산연구원 2018a)에서도 상운리 다음으로 많은 양의 다양한 철기가 출토되었지만, 단야구는 전혀 발견되지 않는다. 이러한 철기 양상은 상운리 일대의 철기가 인근의 수계리집단에 수출된 결과일 가능성을 시사한다. 또한 40기의 주거지가 발견된 수계리 장포유적에서는 철촉 12

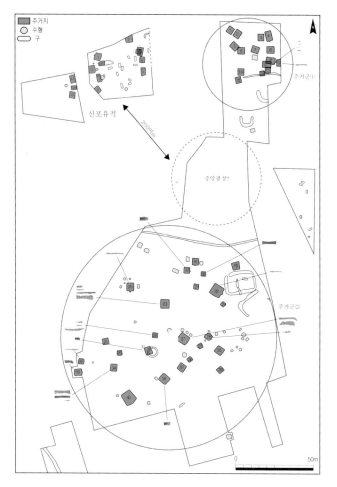

점, 철겸 5점, 철도자 2점, 철부 3점, 철착 1점, 철정 6점 등이 발견되어 주목된다(그림 8-5). 마한 권역의 취락에서 이처럼 다양한 종류의 철기가 상당히 많은 양으로 발견되는 사례는 거의 찾기 어렵다. 특히 철정이 총 40기 중 5기의 주거지에서 발견되었다는 점이 주목된다. 이 유적은 공간상 두 개의 주거군으로 대별할 수 있는데, 주거군①의 철촉과 철겸을 제외한 모든 철기는 주거군②에서 발견되었다. 이에 비해 장포유적에서 북서쪽으로 200여m 떨어진 신포유적에서는 철기가 전혀 발견되지 않아 대조를 이룬다. 따라서 장포유적은 철 소재 및 완성품과 밀접한 관련이 있는 특수 집단의 취락으로 추정해 볼 수 있다.

그림 8-5 수계리 장포·신포유적과 철기 출토 모습

장포유적에서는 다량의 철기가 발견되었음에도 불구하고 철재나 단야 작업과 관련된 증거가 전혀 발견되지 않고 있다. 그런데 이 유적은 만경강의 지류인 우산천 남쪽 주변의 충적대지에 위치하며 장포長浦와 신포新浦라는 지명은 고대 사회 뱃길의 가능성을 강력하게 시사한다. 따라서 장포 일대는 오늘날의 고속도로에 해당하는 만경강 수로(김승옥 2020)를 이용하여 철의 수출이 이루어졌던 기항지였을 가능성이 있으며, 철 수출의 중추적 역할은 장포유적 주거군 ②와 같은 특수 취락집단에 의해 이루어졌을 개연성이 높다. 결과적으로 상운리를 중심으로 만경강 상류 일대에 정교하고 체계적인 '아이언 벨트(Iron Belt)'가 형성되어 있었던 셈이다.

화성과 평택, 미호천, 청주, 완주 일대의 철소재와 완성품의 물류시스템은 어떤 형태와 범위로 이루어졌을까? 일단 철생산 거점지역들은 모두 바다와 하천의 인접지역에서 발견된다

는 점에서 철기의 유통은 수운교통로를 이용하여 이루어졌던 것으로 이해된다. 향후 또 다른 제철유적이 발견될 가능성이 있어 단정하기는 어렵지만 철광석의 지역적 불균등분포와 제철공정의 기술력 및 전문성 등을 감안하면 철기는 소국연맹체의 범위를 훨씬 넘어섰을 것으로 판단된다. 다시 말해 철기는 소국과 소국을 연결하는 광역적 국제교역시스템 하에서 유통되었을 것으로 짐작된다.

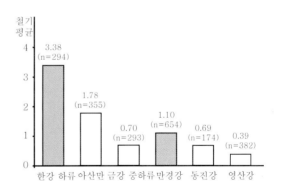

그림 8-6 권역별 마한 철기 비교

분구묘 존속기간의 상대적 차이라는 문제와 발견의 지역적 편차로 인해 철기의 광역적 국제교역망의 범위를 구체적으로 제시하기는 어렵지만 권역별 발견 비율에서 그 단서를 일부 찾을 수 있다(김승옥 2022b). 철기 발견 비율이 상대적으로 높은 한강 하류권역과 만경강권역을 중심으로 보면, 전자에서 철기의 비율은 한강 하류권→아산만권→금강 중하류권역 순으로 현저하게 낮아지는데, 이는 화성 기안리와 평택 가곡리의 대규모 제철단지에서 생산된 철기들이 유통된 결과로 이해된다(그림 8-6[68]). 만경강권역에서도 북쪽의 금강 중하류권이나 남쪽의 동진강, 영산강유역권으로 이동할수록 철기의 비율이 낮아지는 현상을 볼 수 있다. 각 유역권 내에서도 제철유적이 발견된 소지역권별로 보면 이러한 현상이 더욱 명확하게 드러난다. 예를 들어 만경강권역에서 상류를 따로 구분하면 철기 중심권역인 만경강 상류와 주변 지역과의 차이는 더욱 명확하게 드러나게 되며, 상류에서도 철기는 상운리와 수계리에서 거의 대부분 발견

그림 8-7 완주 상운리 출토 옥류

68) 〈그림 8-6〉은 김중엽의 학위논문(2021) 〈표 71〉의 자료를 이용하여 작성한 것임을 밝혀둔다. 이 자료는 5세기 이후 고총 고분 이전의 분구묘 출토 철기만을 대상으로 하였고, 필자와 달리 금강 하류권역에 금강 이남의 군산과 익산 일대를 포함하였다. 그럼에도 철기 생산과 유통의 전반적인 흐름을 이해하는데 별 문제가 되지 않는다.

그림 8-8 고창 남산리 2구역 5호 출토 옥류

된다. 상술한 충청 동부 산악지대 주구토광묘 분포권역의 제철 중심지와 주변부 철기 비율의 변화 양상도 유사하리라 예상된다. 결과적으로 마한의 철기는 다른 어느 물자보다도 광역적 물류시스템체제에서 유통되었다고 추정할 수 있다.

마지막으로 옥의 생산과 물류시스템에 대해 살펴보자(그림 8-7·8). 옥은 예나 지금이나 소유자의 사회적 위치와 아름다움의 상징으로서뿐만이 아니라 건강 추구와 관련을 보인다. 『삼국지』 기록에 따르면 마한 사람들은 "구슬을 재보로 삼아 옷에 매달아 장식하거나 목이나 귀에 매달지만, 금·은과 비단·자수는 보배로 여기지 않았다"라고 한다. 이와 같은 마한과 옥의 밀접한 관계는 분구묘에서 다량의 옥이 출토함으로써 역사적 사실로 입증되고 있으며(김미령·김승옥 2018; 김승옥 2023c), 이는 옥이 마한의 장식문화를 대변하는 표지 보석이라는 점을 의미한다.

마한권역에서 유리옥의 거푸집은 산발적으로 발견되었지만, 공방지는 확인된 바 없다. 예를 들어 광주 선암동유적(호남문화재연구원 2012a)에서 곱은옥, 대롱옥, 작은 옥 등을 주조하던 거푸집과 슬랙이 발견되었지만, 공방이나 옥 생산 도구 등은 확인되지 않고 있다. 유리옥이나 마노옥의 물류시스템과 관련하여 해상교역을 통한 해외 수입(권오영 2012; 허진아 2019)을 주장하기도 하는데, 이 가능성을 부정하기도 어렵다. 금(은)박 유리옥의 주요 분포지는 마한권역인데, 위세품적 성격이 강한 이 유물의 기원지를 낙랑으로 보거나(김무중 2006; 함순섭 1998) 멀리 인도-동남아시아산 제품이 바닷길을 통해 수입된 것으로 해석하기도 한다(권오영 2018; 이인숙 1993).

그러나 장신구 중 일부, 특히 유리옥의 분포와 밀도로 볼 때 중기의 어느 시점에 이르면 마한권역에서 자체 생산과 유통이 이루어졌다고 보는 주장도 있다(박슬기 2007). 이와 관련하여 최근에는 납동위원소비가 분석된 자료를 대상으로 유리의 원료산지를 추정한 연구가 발표되어 주목된다(원해선·조진선 2022). 이 연구에 따르면 기원전 2세기경 이후의 납-바륨유리 제품은 중국 북부와 남부에서 생산된 수입품이며, 3~6세기에는 완제품과 함께 유리원료도 수입하여 일부 제품을 생산(2차 가공)한 것으로 보았다. 유리원료 생산부터 제품 가공까지 전 과정이 가능한 시기는 7세기 전후이고, 이는 납유리 도가니와 유리판 등의 확인에서 뒷받침된다고 한다. 최근 다양한 제철유적의 발견이 마한권역 철기의 생산과 유통시스템에 대한 이해를 제고한 것처럼 옥 공방유적 역시 향후 새로이 발견되고, 이에 관한 연구가 활성화되기를 기대한다.

2) 마한제국과 외부 세력과의 교섭

마한제국과 외부 세력과의 교섭은 마한 조기부터 역동적으로 이루어지는데, 이 점을 살펴보기 전에 먼저 대외 교통로를 간단하게 언급하고자 한다. 널리 알려진 바와 같이 시대를 막론하고 지리상 한반도는 동아시아 해상 교역의 징검다리였다(김낙중 2021). 예를 들어 한강 하류권역의 분구묘 집단은 '해상'을 매개로 하여 경제적,

그림 8-9 함안 말이산 고분군 출토 배모양토기

군사적 필요성에 의해 형성된 마한의 지역연맹체이다(김경화 2022). 더구나 고조선 준왕 집단이 서해안의 바닷길을 통해 이동하였다는 문헌기록과 마한권역의 분구묘가 거의 대부분 서해안과 지리상 밀접한 관계를 보인다는 점을 고려하면 주요 교통로로서 해로의 중요성은 배가된다. 사실, 선사시대의 해로는 육로에 비해 상대적으로 장애물이 없으며 대량의 물류를 최단거리로 손쉽게 이송할 수 있는 이점이 있다(정진술 2009). 또한 만경강이나 영산강처럼 강의 물줄기를 이용하면 내륙 깊숙이까지 정보와 물자를 효율적으로 전달할 수 있다. 마한의 대외교섭

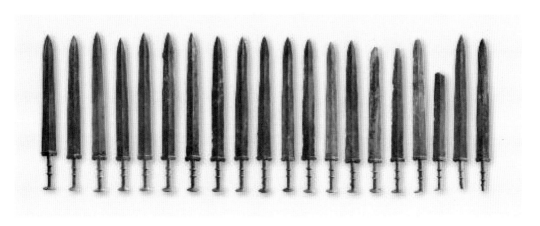

그림 8-10 완주 상림리 출토 동주식동검

과 교류는 이러한 서남해안 연안항로와 강의 물줄기를 따라 선박을 이용하여 이루어진 걸로 추정된다. 마한의 선박은 가야지역에서 발견되는 다양한 배모양토기(그림 8-9)를 통해 그 단서를 유추해 볼 수 있다.

　마한 조기의 대외교섭은 해로와 일부 육로를 통해 이루어지며 국제교역망은 중국 전국시대 연燕-고조선-마한-변·진한-왜로 연결된다. 철기, 푸른 유리구슬, 동주식東周式동검, 중국산 동경 등을 이 시기의 대표적 대외교류 산물로 볼 수 있는데, 이러한 원거리 위세품이 집중되어 발견되는 곳은 마한의 성립지로 볼 수 있는 만경강과 조기 후반부의 영산강권역이다. 완주 갈동과 신풍, 상림리, 익산 평장리, 함평 초포리유적 등을 그 예로 들 수 있다. 갈동과 신풍 유적에서는 중국 연나라와의 상호접촉과 교역을 시사하는 주조철부와 철겸이 다량으로 발견되었고(김상민 2020; 이남규 2018)[69], 상림리에서 발견된 동주식동검(그림 8-10)은 중국과의 직접 교류를 보여주는 강력한 증거이다. 중국식동검은 파주 와동리와 함평 초포리에서도 발견된 바 있으며, 익산 평장리에서는 중국 거울이 출토되었다. 또한 마한의 문물이 중국에서 발견되기도 하는데, 예를 들어 연나라의 신장두辛藏頭유적에서는 세형동과細形銅戈가 발견되었다(김상민 2020). 이러한 물질문화의 분포는 만경강과 금강 일대가 환서해권 연안항로의 주요 물줄기였다는 사실을 시사한다. 푸른 유리구슬은 요시노가리유적을 비롯한 일본 북부 규수에도 분포하기 때문에 마한 서남부의 국제교역망이 규슈 일대까지 연장되었다는 사실을 입증하는 증거이다(권오영 2018).

　조기 후반부에는 영산강과 한강 하류권역에서 대외교류의 흔적이 집중되어 나타나는데, 이는 중국—고조선-마한-변·진한-왜로 연결되는 연안해로상의 국제교역망이 활발하게 작동하고 있었다는 사실을 시사한다. 이러한 국제교역의 대표 사례로 영산강권역에서는 광주 신창동, 영광 수동(그림 8-11), 함평 상곡리, 나주 구기촌, 보성 현

그림 8-11 영광 수동 출토 새무늬鳥文청동기

69) 이러한 견해와 달리, 세죽리-연화보유형과 만경강권역 유적의 주조철기류에서 공히 '형지공 형성'과 '상단부 파손' 특징이 발견되고, 이는 중국 연나라 계통과 다른 독자적 기술이 있었음을 시사한다는 주장도 있다(김새봄 2019; 정인성 2016).

촌, 해남 군곡리유적 등을 들 수 있으며, 한강 하류권역에서는 인천 운북동유적(그림 8-12)이 있다. 조기 후반부 영산강과 한강 하류권역 마한 세력의 집중 및 당시의 국제 관계와 관련하여 가장 중요한 역사적 사건은 널리 알려진 바와 같이 위만조선의 붕괴와 낙랑군의 설치이다. 철기와 공반유물의 분석으로 볼 때, 영산강유역 단조 철기류의 유행은 위만조선계 유이민의 남하, 한강 하류 철기류와 낙랑계토기의 유행은 중국 한漢나라 계통 낙랑문화의 영향으로 추정하기도 한다(김상민 2020). 그러나 영산강권역의 광주 신창동이나 군곡리, 그리고 사천 늑도유적에서 발견되는 낙랑과 야요이 토기, 영광 수동과 광주 신창동의 칼륨 유리구슬 등은 남아시아-동남아시아-중국-한반도-왜로 이어지는 국제적 해상실크로드의 산물로 볼 수도 있다(허진아 2019).

그림 8-12 인천 운북동 출토 철경동촉鐵莖銅鏃과 오수전

다음으로 마한 전기의 주요 대외교섭 창구를 살펴보면, 먼저 북쪽의 낙랑과 대방군을 들 수 있다. 그 결과는 낙랑계토기를 포함하여 화폐와 동경, 동탁, 곡봉형대구, 철경동촉, 철제 장검 등의 물질문화로 밝혀지고 있다(김무중 2008; 홍주희 2014). 구체적인 예로 김포 운양동유적에서 발견된 3점의 금제이식耳飾은 위쪽이 금사 혹은 금판이 나선형으로 감겨 있고 그 아래는 부채꼴 모양의 금판이 둥글게 말린 형태인데, 이런 형태의 이식은 중국 길림吉林시 일대 부여계 이식과 흡사하다고 한다(이한상 2013). 따라서 이 시기 부여·고구려-낙랑·대방-마한으로 연결되는 국제교역망을 통해 다양한 물자와 정보가 유입되었을 것으로 생각된다.

마한 전기 낙랑과의 교섭은 육로와 함께 해로가 이용되는데, 그 대표적인 증거로 화폐를 들 수 있다. 인천 운북동·운남동(오수전五銖錢), 서울 풍납토성(오수전), 완주 상운리(반량전半兩錢), 광주 복룡동과 해남 군곡리(화천貨泉), 여수 거문도(오수전)에서 중국 화폐가 발견되었다. 따라서 이 화폐들은 중국-낙랑-마한-일본열도를 이어주는 고대 동북아시아 바닷길의 실체를 보여준다(권오영 2018). 마한 전기의 이러한 물질문화의 파급과 이동은 환령지말桓靈之末 마한의 소국과 중국 정치체 사이의 정치적 혼란과 이로 인한 대외 긴장과도 밀접한 관련이 있다.

마한 전기 대외교섭의 또 다른 창구로는 진·변한지역을 들 수 있는데, 그 예로 마형대구, 궐

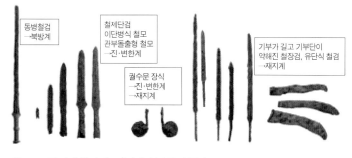

동병철검
→북방계

철제단검
이단병식 철모
관부돌출형 철모
→진·변한계

궐수문 장식
→진·변한계
→재지계

기부가 길고 기부단이
약해진 철장검, 유단식 철검
→재지계

그림 8-13 경기·충청지역 2세기대 철기류의 특징

수문蕨手文(고사리무늬) 장식의 철검과 철모, 유개대부호, 원저소옹 등을 들 수 있다(그림 8-13). 그런데 이러한 활발한 대외교섭의 결과를 보여주는 유적이 주로 인천과 경기 남부, 충청 북부 지역에 집중되어 발견되고 있다(권오영 2018). 대표 유적으로 인천 운북동과 운남동, 김포 운서동·운양동·양촌, 화성 기안리, 평택 마두리, 오산 궐동, 천안 청당동, 아산 용두리 진터, 진천 송두리, 서산 예천동, 청주 오산 봉산리, 연기 용호리 등을 들 수 있다. 따라서 2세기 중반경부터 호서 동부를 관통하여 진·변한으로 연결되는 교류 네트워크가 형성되었을 가능성이 있으며(김낙중 2016; 성정용 2007; 조상기 2014), 이 교역망은 아산만과 한강 하류권역으로 연결되고 멀리 남서쪽 금강 중류권역의 연기지역까지 작동하게 된다. 이러한 내륙 교역망의 허브는 교역품이 집중되어 발견되는 진천 일대로 볼 수 있으며, 이는 훗날 이 일대가 철기와 토기의 대규모 생산기지로 발전하는 사실과 연결된다. 문제는 마형대구와 궐수문 장식 철기 등이 『삼국지』의 기사처럼 진·변한으로부터의 유입품인지, 아니면 호서 동부지역의 독자 생산품인지 논란이 분분하다는 점이다(김길식 2006; 박장호 2011). 고대사학계에서는 이 시기 마한연맹체의 맹주를 목지국目支國으로 보기도 하는데, 그 위치를 인천, 직산, 천안, 예산 등으로 비정하는 것도 이러한 물질문화의 분포 및 유통체계와 무관하지 않다.

마한 조기부터 시작된 마한과 일본 열도와의 대외교섭은 전기에도 지속적으로 이루어진다. 예를 들어 이 시기 큐수 북부지방에서는 낙랑계토기, 화천이나 오수전이 발견되는 것으로 보아 낙랑-마한-일본 열도로 이어지는 국제 해상교역망이 작동하고 있었음을 보여준다(김진영 2018; 龜田修一 2018b; 이범기 2017). 이 외에도 경기 북부-동부, 충북 동부에서는 마한과 예濊의 교섭을 보여주는 사례가 일부 발견되는데, 이러한 문화적 점이지대에서는 마한계 취락과 여·철묘·凸자형 주거지, 중도식 경질무문토기가 혼재하여 발견된다.

중기의 마한은 백제 외에도 다양한 대외 관계를 보이게 되는데, 중기의 전반에는 중국 서진과의 교섭 기록이 『진서晉書』에 나타난다. 이 시기의 대외교섭은 백제국이 주도하였을 가능성이 높지만 백제국을 포함한 다양한 마한 정치체가 참여하는 다원적인 교섭이었을 가능성도

마한馬韓 분구묘墳丘墓의 이해

배제할 수 없다(권오영 2018). 4세기경 이후의 중기 후반에 이르면 마한 고지에서는 일본 열도와 변한·가야의 문화요소가 서서히 나타나기 시작하는데(서현주 2013; 홍보식 2013) 호남지역, 특히 영산강권역과 마한의 변경이라 할 수 있는 동부 산악지대에서 이러한 대외 교섭의 흔적이 집중된다. 예를 들어 나주, 함평, 무안, 장흥 등의 영산강 일대와 고흥반도 일원에서는 다양한 금관가야의 유물이 발견되는데, 이는 남해안을 통한 원거리 해상교역의 증거이며(하승철 2018) 마한계 유적과 유물은 경남 서부지역에서도 활발하게 발견된다(홍보식 2013).

남해안을 통한 마한과 일본열도와의 관계는 중기에도 지속된다. 마한의 4주공식 주거지나 양이부호, 거치문토기 등이 일본의 북부 큐슈와 긴키일대에서 활발하게 발견되며(亀田修一 2018a), 일본의 문화요소 역시 영산강권역에 집중되어 나타난다(표 8-1). 마한과 대외세력과의 교섭은 한반도 내에서도 발생하는데, 예를 들어 마한의 새모양鳥形토기가 영남(기장 청강·대라리)과 영동(동해 송정동·병산동)의 교통로상에서 발견된다(박경신 2023).

표 8-1 영산강유역 대외교류의 변화양상(최영주 2020, 〈표 31〉 편집)

	1기 (3c 중엽~5c 중엽)	2기 (5c 후엽~6c 전엽)
백제	평저광구호, 평저직구광견호; 금동관, 금동식리 중국산: 청자반구호; 동경	개배, 고배(백제 영향력 확대), 삼족토기, 광구장경호, 기대, 병형토기, 대부직구소호; 금동관, 금동식리, 장식대도, 은장철모, 마구류(표비·운주) 중국산: 연판문 완, 청자반구호, 흑유도기, 시유도기
가야	아라가야-광구소호(경배), 장경소호, 양이부단경호, 통형고배, 이단일렬투창고배, 대부파수부배	대가야-개, 대부유개장경호, 양이부호, 병; 마구류(?) 등
	금관가야-광구소호	
	소가야-개, 삼각투창고배, 파수부배, 파수부호, 광구호, 수평구연호, 기대	소가야-고배
신라		개, 장경호, 대부직구단경호, 서수형토기; 마구류(행엽·재갈·운주)
왜	스에키(계)-개배, 제병; 갑주(대금식판갑-삼각· 장방판혁철판갑, 충각부주·차양주, 견갑·경갑), 철촉(규두·유엽형), 철모 등	스에키(계)-개배, 유공광구소호, 고배, 횡병; 광대이산식관, 꼰환두대도, 갑주(횡장판정결판갑· 찰갑·만곡종장판주), 철모(단면-팔각형), 동경 등 토제-원통·나팔꽃형하니와계, 형상하니와 목제-이와미형 기시형 봉형

마한 중기의 이러한 활발한 대외교섭의 증거는 '동등 정치체간 교호관계'(peer-polity interaction: Renfrew 1996)로 해석될 수 있다. 그러나 이 시기의 상호관계를 '중심과 주변 정치체간 교호관계'(core-periphery interaction: Friedman and Rowlands 1978; Rowlands 1987)나 상당한 규모에

이르는 외래 집단의 이주, 혹은 외래 정치체의 성립으로 보기에는 어려운 측면이 있다. 다시 말해 섬진강 일대의 마한 세력이 영산강권역이나 경남 서부의 가야계 세력과 상호 호혜적인 다원적 교섭을 하였을 가능성이 높다고 보는 것이 가장 설득력이 있다.

마한 후기에 이르면 아래에서 살펴보는 것처럼 대외교섭과 교류의 주요 파트너는 백제이지만 영산강권역의 마한세력은 영남지역의 가야세력이나 일본열도의 왜 집단(표 8-1)과도 활발한 교섭을 하게 된다[70]. 또한 섬진강 중하류에서는 마한과 아라가야, 소가야의 문화요소가 혼재하는 문화적 점이지대와 관문으로서의 성격을 보여준다(김승옥 2019a). 마한과 중국과의 직접적 관계는 상정하기 어렵지만 백제를 통한 중국제 물품이 영산강권역의 분구묘에서 활발하게 발견되기도 한다.

3) 마한제국과 백제와의 관계

『삼국지』의 기록에 의하면 마한과 주변 사회에 가장 큰 영향을 끼친 사건은 3세기 중반(246-247년) 기리영崎離營 전투라 할 수 있다. 이 전쟁으로 인해 낙랑군과 대방군은 물론이고 신분고국臣濆沽國을 대표로 하는 일부 마한 세력의 정치적 입지가 크게 약화된다. 서울 강남 일원에서 성장한 백제국伯濟國은 중부지역 마한 문화의 주도권을 서서히 장악하게 되고, 기리영 전투의 혼란기를 이용하여 점차 중부 이남의 마한 소국들을 병합하게 된다(노중국 2003).

분구묘를 포함한 마한계 분묘의 성장과 해체과정은 고대 국가로서의 백제의 성장과 직접적인 관련을 보여준다(권오영 2009; 김승옥 2009, 2011; 이택구 2008; 성정용 2000b). 예를 들어 3세기 중후엽경 백제의 등장과 함께 충청지역의 마한계 묘제는 일부 지역을 제외하고는 서서히 백제의 묘제로 대체된다. 4세기 중후엽경에는 근초고왕의 남정과 함께 충청지역뿐만이 아니라 전북 대부분의 지역에서 마한의 분구묘가 자취를 감추게 된다.

그런데 이러한 마한계 세력의 해체와 소멸과정이 지역적으로 차별화된 양상을 보여 주목된다. 예를 들어 곡교천, 미호천, 갑천, 정안천 일대의 마한계 묘제는 3세기 중반부터 4세기를 전후하여 백제의 토광묘와 석곽묘로 거의 완벽하게 대체된다. 이에 비해 서해안 일대의 분구묘 문화권에서는 4세기 중후반까지도 마한계 전통의 묘제가 지속되는 차이를 보이게 된다. 인천 검단 마전동, 서산 기지리, 서산 언암리 낫머리, 서산 부장, 당진 가곡2리, 홍성 신경

---

70) 이 외에도 마한의 분주토기가 고성 송학동과 거제 장목유적에서 발견된다.

마한馬韓 분구묘墳丘墓의 이해

리·자경동유적 등을 그 예로 들 수 있다. 또한 마한의 특징적 유물인 양이부호가 서울 풍납토성 경당지구, 가락동 2호분, 김포 운양동에서 발견되었는데, 이는 금강 이남의 마한세력과 중서부 지역 마한 소국이나 백제와의 대외교섭을 반영한다(권오영 2018). 이러한 물질문화의 분포와 교섭관계로 볼 때, 마한계 묘제의 해체과정은 백제의 남정이 충청내륙지역과 서해안이라는 두 개의 상이한 루트를 따라 이루어졌고, 두 지역권에서의 병합도 약간의 시차를 두고 이루어졌으며 지역정치체에 대한 정치적 전략도 상이했음을 시사한다.

마한 중기 백제와의 관계는 취락에서도 관찰되는데, 충청지역에서는 마한의 중심취락이 소멸하는 반면(윤정현 2014), 백제의 여·철자형이나 벽주식 주거지가 곡교천에 먼저 등장하고, 서서히 남하하여 병천천을 지나 금강-미호천권역과 금강-갑천권역에 나타난다(김승옥 2007; 도문선 2019; 신연식 2016). 또한 미호천 일대에서 발견되는 4세기대 백제의 대규모 제철유적이나 가마의 등장도 백제의 남쪽 진출을 보여주는 증거라 할 수 있다(김승옥 2023b).

마한 후기에 들어서면 금강 이북의 경기 남부 일대에서는 주구토광묘가, 서해안의 일부 지역에서는 분구묘의 전통이 유지되지만 출토유물은 백제계 일색이다. 이에 비해 금강 이남의 상운리와 마전유적에서는 무덤뿐만이 아니라 출토유물에서도 백제계와 재지의 마한계 유물이 혼재하여 발견된다. 이러한 차이는 양 지역의 마한계 토착세력에 대한 백제 중앙정부의 영향력이나 지배형태가 어느 정도 차이가 있었음을 시사하는 증거이다. 예를 들어 금강 이북의 마한계 세력에 대해서는 직접지배, 금강 이남의 상운리나 마전과 같은 일부 재지세력에 대해서는 정치적 자율성을 어느 정도 용인해주는 간접지배의 형태를 띠었을 가능성이 있다.

중앙 위세품의 분여에서도 차이가 있는데, 예를 들어 수청동에서는 중국산 청자반구호, 부장리에서는 백제 중앙산의 금동관과 신발 등 최고급의 위세품이 발견되지만 상운리나 마전 등에서는 최고급 위세품이 발견되지 않고 있다. 5세기를 전후로 하는 시점에 백제 중앙산의 최고급 위세품이 발견되는 지역은 부장리 외에도 백제계 분묘인 천안 용원리, 공주 수촌리, 익산 입점리 등이 있는데, 이들 지역은 백제 중앙의 입장에서 볼 때 중요한 지방거점이면서 전략적 요충지였을 가능성이 높다(권오영 2009b). 백제 중앙산의 최고급 위세품이 분여된 지역은 백제의 영역화과정에서 전략적으로 중요한 지점이었고, 백제 중앙정부는 의도적으로 이들 지역정치체의 수장을 우대했을 가능성이 높다. 또한 백제 중앙세력의 입장에서는 지역정치체들을 분리 조종할 필요도 있었을 것이고, 상대적으로 열세인 지역 정치체를 우대하고 수청동이나 상운리처럼 상대적으로 우월한 집단을 홀대했을 가능성도 배제할 수 없다(권오영 2009b). 그러나 이들 지역정치체가 정치적, 군사적으로 우월했기 때문에 정치적 통제가 상대적으로 어려웠고, 결과적으로 양 세력 간의 정치적 관계가 원만하지 못했을 가능성도 열어둘 필요가 있다. 예를 들어 상운리유적은 지정학적으로 방어에 유리한 곳에 위치하고 있으며, 분구묘의 규모나 발견된 철제유물로 볼 때 당시의 마한계 사회에서 상대적으로 가장 강력한 경제적, 군사적 위상을 지녔던 것으로 판단된다(김승옥 2023c). 4세기 후반 이후 고구려와 치열한 전쟁을 치루고 있었던 백제의 입장에서는 상운리와 같은 강력한 지역정치체를 완벽하게 정복하기 보다는 수평적 동맹관계를 유지하는 것이 국가의 이익과 안녕이라는 측면에서 더 바람직했을 가능성도 있다.

마한과 백제의 관계가 가장 복잡하게 전개되고 논쟁적인 지역은 고창과 전남 일대이다. 고고학계에서는 대부분 영산강권역의 마한이 5세기 말까지 정치적 독립을 유지하고 있었다고 보는 편이다. 또한 마한과 백제의 정치적 관계를 엿볼 수 있는 증거가 분구묘의 매장시설에서 확인된다(김낙중 2023). 최고급 위세품도 다수 발견되는데, 예를 들어 중국산 청자가 고창 봉덕리, 함평 마산리·금산리, 영암 내동리·옥야리, 해남 용두리유적에서 발견된 바 있다. 봉덕리, 함평 신덕, 나주 신촌리 9호분·복암리 3호분·복암리 정촌, 고흥 길두리 안동고분에서는 백제 중앙산의 금동관이나 금동식리가 출토되었다.

마한과 백제의 정치적 교섭은 살포를 통해서도 엿볼 수 있다. 살포는 실생활의 농경도구라기보다는 농경의 생산성을 제고하기 위한 상징물로서 백제 중앙세력이 지방세력들에게 하사한 일종의 경제적 위신재로 볼 수도 있다(김재홍 2011). 그런데 이러한 살포가 상운리와 수계리, 연기 대평리의 분구묘에서 발견되고 마한의 분묘 전통이 지속되는 다양한 유적에서 확인된 바 있다(심진수 2022).

마한 분구묘에서 발견되는 이 위신재들은 백제의 '정치적 선물'일 가능성이 높고, 황룡강·극락강권역 백제 신도시의 건설(김승옥 2014) 등으로 볼 때, 마한과 백제는 일부 거점지역에 대해 직접 지배나 공납적 관계가 전제되는 '중심(백제)과 주변 정치체(마한) 간 상호관계'를 형성하였을 가능성이 있다.

2 분구묘로 본 마한의 소국 추정

널리 알려진 바와 같이 마한 50여 개의 소국 비정은 고고자료와 문헌과의 괴리를 보여주는 대표적인 사례이다. 그 이유는 무엇보다도 국가 명칭에 관한 음운학적 비정의 증명이 어렵고, 결과적으로 연구자 간 견해 차이가 상당할 수밖에 없다는 점을 들 수 있다. 예를 들어 호남 지역의 경우 이병도(1976)는 13개 국, 천관우(1979)는 24개 국을 비정한 바 있지만 의견의 일치를 보는 곳은 고창 일대의 모로비리국牟盧卑離國과 강진·해남 일대의 구해국狗奚國뿐이다. 이처럼 연구자들은 다양한 소국의 위치를 제시하지만, 이 위치 또한 정확한 지점이라기보다 개략적이라는 점에서 문제이다. 또한 『삼국지』는 중국 군현과 가까운 북쪽에서 남쪽으로 내려오는 서남해안 교통로를 따라 기술되었다는 점에서 마한 영역의 전체를 보여주는 것이 아니고(정재윤 2022), 이는 충청과 호남 내륙지대의 정치체가 모두 누락되었을 가능성을 강하게 시사한다[71].

고고학 분야에서는 취락이나 분묘의 분포, 유물의 종합적 분석을 통해 문헌과의 격차를 좁히려는 시도가 일부 알려지고 있지만(김경화 2022; 김승옥 2014; 신기철 2018; 임영진 2011), 물질문화상으로 이해하기 어려운 사례가 더욱 많은 실정이다. 예를 들어 충청 내륙지대의 청주 일대에서도 마한 소국으로 볼 수 있는 충분한 물질문화가 다수 확인되고 있다(박중균 2010; 성정용 2013). 송절동 유적에서는 1,200여기가 넘은 주거지나 분묘의 수와 입지, 선진화된 철기문화, 보다 발전된 방어시설, 권력의 상징으로 추정되는 '왕가王家' 동탁 등이 발견되어 마한 국읍의 소재지로 주목하기도 한다(강유지 2022). 오송 유적 역시 762기의 무덤들이 발견되어 마한 소국의 중심묘역이었을 가능성이 충분하다. 금강 중하류권역의 세종 대평리와 서천 장항 일대에서도 분구묘와 취락이 대규모로 발견되어 마한 소국의 중심지로 손색이 없다.

금강 이남의 다른 지역에서도 누락의 예가 발견되는데, 분석이 이루어진 사례를 좀 더 상세하게 소개하면 다음과 같다. 고고자료로 볼 때 만경강 상류권역의 완주 상운리 일대는 최첨단 산업단지이자 '철의 왕국'으로 불릴만하지만, 이 역시 문헌에서는 그 근거를 찾기 어렵다(김병남 2020; 김승옥 2023c). 마한의 최성기인 중기의 만경강 상류권역 취락유형을 살펴보면, 만경강 권역에서 취락의 밀집도가 가장 높은 지역이 상류 일대라는 점을 알 수 있다. 또한 초대형취락(여의동2가·동산동)의 주변으로 대형(사덕)과 중형(송천동, 장동, 수계리)이 분포하고 이 취락들의 주변에는 수많은 소규모 촌락이 분포하고 있다(그림 8-14). 중심과 주변 촌락이 피라미드상으로 분포하는 취락패턴을 보이는 셈이다. 무덤의 분포에서도 초대형(완주 상운리와 수계리)과 다수의 중소규모 분구묘유적이 위치하는데, 이 중에서 상운리유적은 '치밀하게 기획한 철 왕국의 공

---

71) 이처럼 『삼국지』는 중국의 필요에 의한 정보의 수집이기 때문에 인용과 해석에 신중을 요한다. 진한辰韓을 진한秦韓이라고 기술하는 것은 이를 극명하게 보여준다(정재윤 2022).

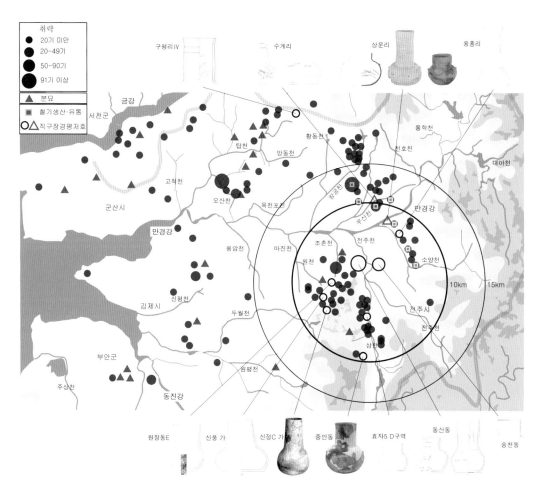

그림 8-14 만경강권역 취락패턴·철기생산과 유통 관련 유적·직구장경평저호의 분포

동 선산'이었을 가능성이 거의 확실하다(김승옥 2023c).

　토기에서도 지역색이 강한 마한 소국의 존재를 암시하는데, 예를 들어 직구장경평저호는 만경강 상류권역에서 집중적으로 발견된다. 이 토기는 형태상 의례용토기로 추정(김은정 2017)되고 주거지와 분묘에서 공히 발견된다. 익산 구평리와 섬진강 상류에서도 일부 발견되지만 만경강 상류권역에서 20점이 넘게 확인된다는 점에서 분명한 차이를 보인다(그림 8-14). 따라서 직구장경광구호는 만경강 상류권역 정치체를 상징하는 표상 중의 하나로서 정치체의 공간

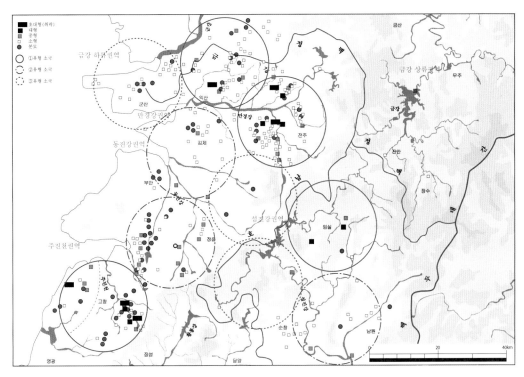

그림 8-15 전북지역 취락과 분묘의 분포로 본 마한 소국 위치 비정

영역을 추정하는데 중요한 단서가 될 수 있다[72].

　만경강 상류권역에서는 이처럼 마한의 강력한 소국이 위치했을 것으로 거의 확실시되지만 문헌에서는 관련 기록을 전혀 찾아볼 수 없다. 호남의 전 지역을 살펴 보아도 물질자료와 문헌 자료의 괴리가 나타난다. 예를 들어 취락과 분묘자료의 분포와 밀도, 자연 지세를 통해 전북지역 마한 소국의 수와 위치를 추정해 보면, 이 지역에서는 10여개의 소국이 위치하였다고 추정할 수 있다(김승옥 2023d). 각 소국은 직경 30㎞ 내외의 범위로 분포했을 것으로 추정되며 물질문화의 분포로 볼 때, 세 가지 유형으로 대별할 수 있다(그림 8-15). 세 유형 중 마한 소국을 어느 정도 안정적으로 볼 수 있는 것은 ①유형이다. ①유형의 소국 내에는 1~2개의 대형 취락[73]을 중

---

72) 직구장경평저호 외에도 소국의 정체성과 영역을 상징하는 토기들이 다수 발견된다. 예를 들어 기대형토기는 한강 하류권역에서 집중적으로 발견되고(서현주 2023) 원통형토기는 주구광광묘권의 아산과 천안 일대에서 집중 발견되며(신민철 2014), 유개대부호 역시 주구토광묘권에서만 확인된다. 분주토기墳土器 역시 호남 일대에서만 확인되는 특수토기이다(박형열 2014).

73) 대형 취락으로 고창 봉산리 황산과 도산리 부귀, 사반리유적이 발견되었다는 점, 전자와 후자의 거리, 그리고 분구묘의 분포와 밀도(그림 3-1)를 감안하면 동진강 남부권역 내에는 두 개의 소국이 존재하였을 가능성도 배제할 수 없다.

심으로 복수의 중형 취락이 분포하고 있으며, 이들 취락의 주변으로는 가장 많은 수의 소형 취락이 위치하고 있다. 중형 취락은 대형 취락의 지근거리에 위치하는 경향을 보여준다. 또한 각 소국 내에는 대규모의 무덤군유적이 위치하는데, 예를 들어 만경강 상류권역에서는 상운리와 수계리, 주진천권역에서는 봉덕유적이 위치한다.

②유형의 소국에서는 현재까지 대형취락이 발견된 바 없지만 다수의 중형 취락과 주변 소형취락의 분포와 밀도를 감안할 때 마한 소국이 위치했을 가능성이 다분하다. 이 유형 내에서 발견되는 대규모 무덤군의 존재나 분묘의 밀도 또한 이 가능성을 뒷받침한다(김승옥 2020; 김중엽 2021). 최근 김제 대동리·석교리·대목리·묘라리유적에서 대규모의 분구묘 유적이 발견되고 있다는 점(기호문화재연구원 2022)도 고려할 필요가 있다.

③유형은 전북지역 마한 소국의 수와 위치, 자연지세, 지역 내 공간을 종합적으로 고려한 소국의 위치 추정이다. 그러나 이 유형에서는 대형급 취락이 전무하고 중형이 극소수이거나 전혀 발견되지 않는 지역도 있다. 소형 취락이 일부 발견되는 군산 일대의 금강 하류에서도 중형 이상의 취락이 발견되지 않고 있으며 분묘 역시 군산 미룡동을 제외하고는 대규모 유적이 발견되지 않는다. 문헌기록과 마한의 공간을 고려하면 ③유형에서도 소국이 존재했을 가능성이 높지만 현재의 물질문화로만 본다면 소국의 존재를 상정하기 어려운 실정이다.

전남지역에서도 문헌과 고고자료의 불일치가 확인되는데, 예를 들어 옹관고분문화의 중핵 지대인 영암천권과 삼포강권은 문헌사에서 전자의 지역을 일란국—難國으로 비정할 정도로 소국이 위치했을 가능성이 높은 지역이다. 그럼에도 이 지역에서는 영암 선황리의 중형취락을 제외하고는 소국을 뒷받침할 수 있는 대형이나 중소형취락이 거의 발견되지 않고 있다(그림 8-16). 이에 관한 자세한 논의와 전남지역 소국 문제는 전고(김승옥 2014)를 참조하기 바란다.

이상에서 살펴본 바와 같이 마한 소국의 위치와 개별 국명을 추적하는 작업은 그 열매를 맺기가 매우 어렵다. 음운학적 비정의 어려움, 내륙지대 일부 소국의 국명 누락이라는 문제 외에도 문헌에 나타난 서해안 일대 개별 소국의 구체적인 영역을 확증하기란 불가능에 가까운 작업이다. 마한제국의 문화적 특징을 보면, 소국들은 소국 나름의 독창적인 측면을 보여주기도 하지만 모든 물질문화에서 흡사한 양상이며 상호 간의 갈등이나 전쟁을 시사하는 물적 증거나 문헌기록도 거의 존재하지 않는다. 다시 말해 마한제국은 배타와 독단이 지배하는 닫힌 문화라기보다는 상호간의 이해와 협력, 교류가 활발했던 열린 문화였다고 생각된다. 결과적으로 이후의 삼국시대와 달리 마한 소국의 위치와 그 경계를 확증하는 작업은 어려울 수밖에

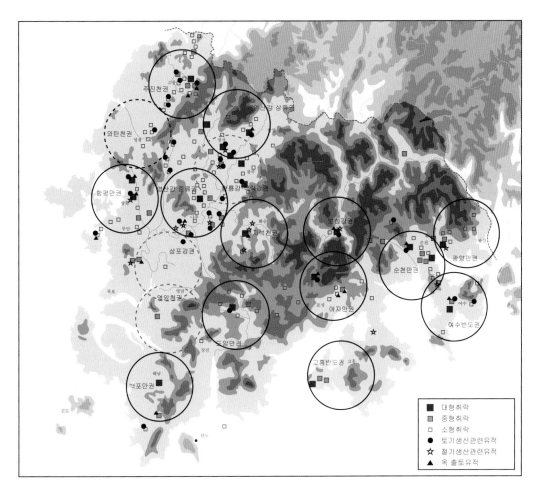

그림 8-16 취락으로 본 전남지역 마한 소국의 수와 위치 비정

없다. 그럼에도 향후 새로운 고고학적 증거의 발견, 취락과 무덤자료의 융합적 분석 등이 이루어지면 마한 소국의 위치 비정과 국명 추적은 수정되고 보완될 수 있을 것으로 기대한다.

제9장
분구묘의 연구과제와 전망

분구묘의 연구과제와 전망

이 책에서는 마한 분구묘의 정의에서부터 분포와 분류, 기원과 편년, 시공간적 전개양상을 살펴보았다. 또한 분구묘의 분석을 통해 마한 사회의 성과 사회조직, 계층화를 추정하였으며 마한제국의 대외관계와 소국 문제 등을 논의하였다. 사실, 분구묘의 연구는 이제 시작이라고 해도 과언이 아닐 정도로 용어의 정립에서부터 성격과 의미까지 모든 측면에서 연구가 부족한 실정이다. 이 책은 이러한 학계의 실정과 필자의 과문寡聞으로 인해 충분히 논증하지 못했거나 억측으로 이루어진 부분이 많을 수밖에 없었다. 분구묘뿐만이 아니라 마한의 역사와 문화에 관한 물질문화의 모든 측면이 불분명하고 논쟁적이며 이를 해결하기 위한 사투가 진행 중이다.

그러나 21세기 고고학은 과거의 경험적 학문에서 벗어나 해석학의 분야로 나아가야 한다. 또한 모든 학문분야의 '정설' 혹은 '통설'이란 연구자들의 철저한 분석과 해석의 결실이지만 언제든지 새로운 자료와 연구를 통해 대체될 수 있는 하나의 잠정적인 '가설'이다. 역사적 사실이나 진실이 될 수 없는 것이다. 매일매일 발굴조사를 통해 새로운 자료가 쏟아져 나오는 고고학은 더더욱 그렇다. 예를 들어 분구묘의 개념과 유적이 알려진 시기가 1980년대이고, 대부분의 마한 조기와 전기 유적은 최근 발견된 것들이다. 앞으로 우리가 알지 못했던 새로운 자료가 계속 발굴될 것이고, 획기적인 연구방법론도 지속적으로 개발될 것이다. 이 책은 이러한 한계 하에서 마한의 역사적 실체에 다가가기 위한 하나의 소견이다. 넓은 이해와 혜량을 구한다.

필자는 마한 고고학의 쟁점과 과제에 대하여 6개로 압축하여 발표한 바 있는데(김승옥 2023b), 1) 시작과 전개, 2) 시공간적 공백 여부, 3) 영역과 소국 비정, 4) 사회조직과 계층화, 5) 물자생산과 물류시스템, 6) 백제와의 상호관계가 그것이다. 이러한 이슈 외에도 해결해야 할 많은 문제가 산적해 있지만 앞으로 풀어야 과제나 방법론과 관련하여 한두 가지만 더한다면 다음과 같다.

　먼저 취락과 마찬가지로 분구묘에 대한 지역적 수준의 정밀한 편년이 요구된다. 마한 문화의 특징을 한마디로 압축한다면 독창성과 함께 열린 문명이라는 점을 꼽을 수 있다. 결과적으로 마한 물질문화는 지역적으로 복잡하고 다채로운 양상을 보여 준다. 문헌기록상 마한에는 50여개 이상의 소국이 존재했다고 하므로 최소한 50여개 이상의 상이한 물질문화 전통이 있었을 것이고, 이들은 문화와 역사의 모든 측면에서 상사성 못지않게 상이성도 가지고 있었을 것이다. 이러한 보편성과 특수성을 지닌 다양한 지역문화에 대해 정밀한 수준의 편년체계가 정립되어야만 이 책의 문제점을 보완할 수 있고, 더 나아가 마한의 사회조직과 계층화, 대외교섭과 같은 고차원적 문제를 해결할 수 있을 것으로 생각한다.

　다음으로 분구묘를 포함한 무덤과 취락자료를 총체적으로 결합하여 마한 사회를 설명할 필요가 있다. 무덤과 취락자료를 결합한 체계적 분석은 지역 내와 지역 간 발굴자료의 편차를 극복할 수 있다. 정치체 간의 상호관계를 연구하기 위해서는 지역 간의 균형적 조사가 필요한데, 특정 지역에서는 취락자료가, 비교 대상의 또 다른 지역에서는 무덤자료의 조사가 활발하게 이루어진 경우가 자주 발생한다. 무덤과 취락자료의 융합은 이러한 고고학 조사의 지역적 편차를 극복할 수 있는 장점이 있다. 또한 무덤은 또 다른 삶의 공간이라는 점에서 취락과 동일한 측면도 있지만 양자는 서로 간에 부족한 부분을 채워줄 수 있는 상호보완적인 관계를 보이기도 한다. 예를 들어 무덤자료는 취락에 비해 무덤에 투자된 에너지의 질과 양, 위신재의 분석을 통해 사회구조와 위계화를 설명할 수 있는 이점을 지니고 있다. 이에 비해 취락자료는 무덤에 매장되지 않은 자들을 포함하여 그 땅에 살았던 모든 인간들의 모든 측면을 반영할 수 있다.

　우리 모두가 아는 바와 같이 오늘날의 경기, 충청, 호남지역 일대는 마한의 문화가 그 꽃을 피웠던 지역이다. 한강 하류권역 마한의 한 소국이었던 백제국은 훗날 고대 국가 백제로 성장하게 되는데, 백제의 주요 활동무대 역시 바로 이들 지역이다. 마한하면 곧 백제가 연상될 정도로 양자는 시간과 공간, 영역, 문화 등 모든 측면에서 교집합의 관계를 맺고 있다. 부모와 자식 간의 관계인 셈이다. 따라서 마한의 역사적 행보와 궤적에 대한 이해가 선행되지 않는다면 백제 역시 이해하기 어렵게 된다. 향후 마한 분구묘의 조사와 연구가 더욱 불타오르길 기대하면서 책을 마친다.

〈논문〉

강봉룡, 2010, 「고대 동북아 연안항로와 영산강·낙동강유역」, 『도서문화』 36.

강인구, 1976, 「金海禮安里의 伽倻古墳群 발굴조사 약보」, 『박물관신문』 60호.

_____, 1984, 『三國時代墳丘墓研究』, 영남대학교출판부.

강유지, 2022, 「청주지역 마한계 취락과 조영 세력」, 『한국고대사연구』 105.

강지원, 2021, 「청주 오송유적 분묘자료를 통해 본 마한에서 백제로」, 『호서지역 고대 정치영역의 변화
　　　　馬韓에서 百濟로』, 제43회 호서고고학회 학술대회 발표요지.

공봉석, 2008, 「경남 서부지역 삼국시대 수혈 건물지의 구들 연구」, 『한국고고학보』 66.

高久健二, 1995, 『樂浪古墳文化研究』, 학연문화사.

龜田修一, 2018a, 「일본열도 고분시대의 마한계 취락」, 『마한의 마을과 생활』, 학연문화사.

_____, 2018b, 「IV-2-3. 일본 열도」, 『마한 고고학개론』, 진인진.

권오영, 1996, 『三韓의 '國'에 대한 研究』, 서울대박사학위논문.

_____, 2004, 「物資·技術·思想의 흐름으로 통해 본 百濟와 樂浪의 교섭」, 『漢城期 百濟의 물류시스템
　　　　과 對外交涉』, 한신대학교학술원.

_____, 2008, 「섬진강유역의 삼국시대 취락과 주거지」, 『백제와 섬진강』, 서경문화사.

_____, 2009, 「원삼국기 한강유역 정치체의 존재양태와 백제국가의 통합양상」, 『고고학』 8-1.

_____, 2010, 「마한의 종족성과 공간적 분포에 대한 검토」, 『한국고대사연구』 60.

_____, 2011, 「喪葬制와 墓制」, 『동아시아의 고분문화』, 중앙문화재연구원 편.

_____, 2012, 「百濟와 西域의 文物交流에 대한 時論」, 『백제연구』 55, 충남대학교 백제연구소.

_____, 2015, 「마한 분구묘의 출현 과정과 조영 집단」, 『마한 분구묘의 기원과 발전』, 마한연구원.

_____, 2018, 「IV-2 대외교섭의 양상」, 『마한 고고학개론』, 진인진.

국립중앙박물관, 2023, 『영원한 여정, 특별한 동행-상형토기와 토우장식토기』.

국립중앙박물관·국립광주박물관, 1992, 『韓國의 靑銅器文化』.

국립청주박물관 2019, 『호서의 마한-미지의 역사를 깨우다』.

김경칠, 2009, 『湖南地方의 原三國時代 對外交流』, 학연문화사.

김경화, 2022, 「인천 - 김포지역 분구묘와 마한」, 『한국학연구』 65.

김권중, 2015, 「청동기시대 주구묘의 발생과 변천」, 『한국청동기학보』 3.

김기옥, 2015, 「경기지역 마한 분구묘의 구조와 출토유물」, 『마한 분구묘 검토』, 학연문화사.

김길식, 2006, 「진·변한지역 낙랑 문물의 유입 양상과 그 배경」, 『낙랑 문화 연구』 연구총서20, 동북아역사재단.

김낙중, 2009, 『榮山江流域 古墳 硏究』, 서울대학교대학원 고고미술사학과 박사학위논문.

_____, 2011a, 「榮山江流域 政治體의 成長과 變動 過程」, 『백제학보』 6.

_____, 2011b, 「분구묘와 옹관분」, 『동아시아의 고분문화』, 중앙문화재연구원 편.

_____, 2013, 「5~6세기 남해안지역 왜계고분의 특성과 의미」, 『호남고고학보』 13.

_____, 2015a, 「마한 제형분구묘의 성립 배경과 의미」, 『마한 분구묘의 기원과 발전』, 마한연구원.

_____, 2015b, 「서남해안 일대의 백제 해상교통로와 기항지 검토」, 『백제학보』 16.

_____, 2016, 「분묘 출토 토기로 살펴본 마한의 성장과 지역성」, 『문화재』 49(4).

_____, 2021, 『고고학으로 백제문화 이해하기』, 진인진.

_____, 2023, 「전북 서부지역에서 백제 횡혈식석실분의 전개 과정」, 『호남고고학보』 73.

김도헌, 2007, 「울산지역의 고대 단야구 부장양상 검토」, 『고고광장』 제1호.

김두철, 2000, 「金海 禮安里遺蹟의 再檢討-性·年齡을 통한 社會構造 復原 試案」, 『韓國 古代史와 考古學』, 鶴山 金廷鶴博士 頌壽紀念論叢, 학연문화사.

김무중, 2006, 「마한지역 낙랑계 유물의 전개양상」, 『낙랑문화연구』 연구총서 20, 동북아역사재단.

김미령·김승옥, 2018, 「장신구」, 『마한 고고학개론』, 진인진.

김상민, 2020, 「철기로 본 마한 성립기의 호남」, 『마한 성립기의 호남』, 제28회 호남고고학회 학술대회 발표요지.

_____, 2023, 「마한권역 철기문화의 전개와 특수성」, 『마한 문화의 이해』, 국립완주문화재연구소.

김성남, 2000, 『中部地方 3~4世紀 古墳群 一硏究-細部編年과 古墳群 造營 樣相 分析』, 서울대학교대학원 박사학위논문.

김성남·허진아, 2008, 「무덤을 통한 '마한'사회의 전개과정 작업가설」, 『湖西地域 邑落社會의 變遷』, 제17회 호서고고학회 학술대회 발표요지.

김새봄, 2019, 「만경강유역 철기의 등장과 시기별 발전양상-완주를 중심으로」, 『만경강유역의 고고학적 성과』, 한국청동기학회 학술대회 발표요지.

김승옥, 1997, 「거치문토기: 정치적 권위의 상징적 표상」, 『한국상고사학보』36.

_____, 1998, 「복합사회 형성과정에 대한 이론적 모델의 일례」, 『호남고고학보』8.

_____, 2000a, 「湖南地域 馬韓 住居址의 編年」, 『호남고고학보』11.

_____, 2000b, 「한성백제의 형성과 대외관계」, 『백제사상의 전쟁』, 서경문화사.

_____, 2001a, 「錦江流域 松菊里型 墓制의 研究-석관묘·석개토광묘·옹관묘를 중심으로」, 『한국고고학보』45.

_____, 2001b, 「金海 禮安里古墳群 築造集團의 社會構造와 性格」, 『영남고고학』29.

_____, 2004, 「全北地域 1-7世紀 聚落의 分布와 性格」, 『한국상고사학보』44.

_____, 2006, 「청동기시대 주거지의 편년과 사회변천」, 『한국고고학보』60.

_____, 2007, 「금강유역 원삼국~삼국시대 취락의 전개과정 연구」, 『한국고고학보』65.

_____, 2009, 「분구묘의 인식과 시공간적 전개과정」, 『한국매장문화재조사연구방법론5』. 국립문화재연구소.

_____, 2011, 「중서부지역 마한계 분묘의 인식과 시공간적 전개과정」, 『한국상고사학보』71.

_____, 2014, 「취락으로 본 전남지역 마한 사회의 구조와 성격」, 『백제학보』11.

_____, 2015, 「묘제의 특징과 변천」, 『한국청동기문화개론』, 진인진.

_____, 2016, 「만경강유역 점토대토기문화의 전개과정과 특징」, 『한국고고학보』99.

_____, 2018, 「II-2 분묘」, 『마한 고고학개론』, 진인진.

_____, 2019a, 「호남지역 마한과 백제, 그리고 가야의 상호관계」, 『호남고고학보』63.

_____, 2019b, 「만경강일대 청동기시대와 마한문화의 전개과정」, 『만경강유역의 고고학적 성과』, 한국청동기학회 학술대회 발표요지.

_____, 2020, 「만경강의 물질문화와 마한의 성립」, 『전북지역 마한 문화-성립기편』, 국립완주문화재연구소.

_____, 2021, 「전북지역 3~6세기 마한 분묘의 발전과 변화과정」, 『전북지역 馬韓문화-발전기편』, 국립완주문화재연구소 학술총서 8.

_____, 2022a, 「부장유물로 본 마한계사회 性의 식별과 사회조직」, 『한국고고학보』124.

_____, 2022b, 「전북지역 3~6세기 마한 취락의 특징과 변화과정」, 『전북지역 馬韓문화-발전기편』, 국립완주문화재연구소 학술총서 11.

_____, 2023a, 「마한 분구묘의 기원과 성립시점」, 『한국고고학보』 126.

_____, 2023b, 「마한고고학의 몇 가지 쟁점과 단상」, 『마한 문화의 이해』, 국립완주문화재연구소.

_____, 2023c, 『마한 분구묘의 표상 완주 상운리유적』, 완주군.

_____, 2023d, 「만경강권역 청동기시대~마한문화의 궤적과 특징, 그리고 여의동2가·동산동유적」, 『전주 탄소소재 국가산업단지 문화유산가치와 활용 모색』.

김승옥·이보람, 2011, 「원삼국~삼국시대 단야구 연구」, 『중앙고고연구』 9.

김영희, 2004, 『호남지방 주구토광묘의 전개양상에 대한 고찰』, 목포대학교대학원 석사학위논문.

김원용, 1964, 『新昌里 甕棺墓地』, 서울대 고고인류학총간 I.

_____, 1977, 「익산지역의 청동기문화」, 『마한·백제문화』 2.

김은정, 2017, 『湖南地域의 馬韓土器』, 전북대학교대학원 박사학위논문.

_____, 2018, 「마한 주거 구조의 지역성」, 『마한의 마을과 생활』, 학연문화사.

김재홍, 2011, 『韓國 古代 農業技術史 研究-鐵製 農具의 考古學』, 도서출판 고고.

김중엽, 2021, 『馬韓 墳丘墓 研究』, 원광대학교대학원 박사학위논문.

김진영, 2018, 『榮山江流域 鐵器時代 文化 研究』, 영남대학교대학원 박사학위논문.

김진정 외, 1993, 「VIII. 金海禮安里古墳群出土人骨(II)」, 『金海禮安里古墳群 II』, 부산대학교박물관.

노중국, 1988, 『百濟政治史研究』, 일조각.

_____, 2003, 「마한과 낙랑, 대방군과의 군사충돌과 목지국의 쇠퇴 -정시 연간(240-248)을 중심으로-」, 『대구사학』 71.

_____, 2018, 「V. 1. 문헌사에서 본 마한 연구동향」, 『마한 고고학개론』, 진인진.

도문선, 2019, 「충청지역 마한·백제 주거 구조와 출토유물」, 『마한·백제 주거지 비교 검토』, 학연문화사.

류기정, 2002, 「鎭川 三龍里·山水里窯 土器의 流通에 관한 研究(上)」, 『숭실사학』 15.

_____, 2003, 「鎭川 三龍里·山水里窯 土器의 流通에 관한 研究(下)」, 『숭실사학』 16.

마한연구원, 2015, 『마한 분구묘 비교 검토』, 학연문화사.

_____, 2016, 『마한 분구묘의 기원과 발전』, 학연문화사.

박경신, 2019, 「경기도 마한·백제 주거 구조와 출토유물」, 『마한·백제 주거지 비교 검토』, 학연문화사.

_____, 2023, 「경기지역 마한문화의 전개 양상」, 『마한 문화의 이해』, 국립완주문화재연구소.

박순발. 1993, 「漢江流域의 靑銅器·初期鐵器文化」, 『한강유역사』, 민음사.

_____, 1994, 「漢城百濟 成立期 諸墓制의 編年 檢討」, 『선사와 고대』 6.

_____, 2000, 「4~6世紀 榮山江流域의 動向」, 『百濟史上의 戰爭』, 서경문화사.

_____, 2001, 『漢城百濟의 誕生』, 서경문화사.

_____, 2003, 「주구묘의 기원과 지역성 검토」, 『충청학과 충청문화』2, 충남역사문화연구원.

_____, 2018, 「3) 토기」, 『마한 고고학개론』, 진인진.

박슬기, 2007, 『삼국시대 구슬장식에 관한 연구-남한출토 유리구슬을 중심으로』, 성균관대학교 석사학위논문.

박영민 2015, 「전북지역 마한 분구묘 사회의 연구성과와 과제」, 『마한 분구묘 비교 검토』, 학연문화사.

박장호, 2011, 『原三國期 動物形帶鉤의 展開와 意味』, 영남대학교대학원 석사학위논문.

박정재. 2021, 『기후의 힘』, 바다출판사.

박중균, 2010, 『미호천유역 원삼국시대의 분묘와 사회집단』, 충북대학교대학원 박사학위논문.

박진일, 2007, 「粘土帶土器, 그리고 靑銅器時代와 初期鐵器時代」, 『한국청동기학보』창간호.

_____, 2020, 「초기철기시대' 폐기 제안」, 『청동기시대의 설정과 분기』, 한국청동기학회 특별전 〈한국의 청동기문화 2020〉 연계 학술대회.

박형열, 2014, 「호남지역 분주토기의 제작방법 변화로 본 편년과 계통성」, 『영남고고학보』69.

변남주, 2012, 『영산강 뱃길과 포구 연구』, 민속원.

서성훈·성낙준, 1986, 『영암 내동리 초분골고분』, 국립광주박물관.

서현주, 2001, 「湖南地域 原三國時代 貝塚의 現況과 形成背景」, 『호남고고학보』11.

_____, 2006, 『영산강유역 고분토기 연구』, 학연문화사.

_____, 2013, 「영남지역과 마한·백제계 문물 관계」, 『영남지역 속에 스며든 마한·백제계 문물의 흔적』, 대한문화재연구원·국립김해박물관·고분문화연구회 편.

_____, 2019, 「마한 문화의 전개와 변화양상」, 『호남고고학보』61.

_____, 2023, 「마한 토기문화의 특성」, 『마한 문화의 이해』, 국립완주문화재연구소.

성낙준, 1983, 「영산강유역의 옹관묘 연구」, 『백제문화』15.

_____, 1996, 「영산강유역의 원·방형 분구」, 『호남지역 고분의 분구』, 호남고고학회 제4회 학술대회발표요지

성정용, 2000a, 「百濟 漢城期 多葬低墳丘墳과 石室墓에 대한 一考察」, 『백제문화의 고고학적 연구』, 제2회 호서고고학회 학술대회 발표요지.

_____, 2000b, 『中西部 馬韓地域의 百濟領域化過程 研究』, 서울대학교대학원 박사학위논문.

_____, 2000c, 「中西部地域 3~5世紀 鐵製武器의 變遷」, 『한국고고학보』 42.

_____, 2006, 「제6장 原三國時代」, 『충청남도지 3 선사에서 문화로』.

_____, 2007, 「漢江 錦江流域의 嶺南地域系統 文物과 그 意味」, 『백제연구』 46, 충남대학교 백제연구소.

_____, 2011, 「목관묘와 목곽묘」, 『동아시아의 고분문화』, 중앙문화재연구원 편.

_____, 2013, 「中原地域 原三國時代 墳墓 築造集團의 性格」, 『考古學』 12-3.

_____, 2016, 「마한 분구묘의 출토유물과 그 의미」, 『마한 분구묘의 기원과 발전』, 학연문화사.

_____, 2018, 「1. 마한의 시간과 공간」, 『마한 고고학개론』, 진인진.

송기호, 2018, 「문헌사와 고고학의 만남을 위하여」, 『한국상고사학보』 100.

송만영, 2021, 「한강 하류 분구묘 분포권 지역정치체의 동향과 성격」, 『숭실사학』 36.

송종열, 2015, 「만경강유역 점토대토기문화의 정착 과정」, 『호남고고학보』 50.

신기철, 2018, 「2~4세기 중서부지역 주구토광묘와 마한 중심세력 연구」, 『호서고고학』 39.

심수연, 2011, 「嶺南地域 出土 頭形土器의 性格」, 『한국고고학보』 79.

신민철, 2014, 「곡교천유역 원삼국시대 원통형토기의 성격과 의미」, 『호남고고학보』 46.

신연식, 2016, 「금강유역 원삼국~백제시대 취락양상」, 『금강·한강유역 원삼국시대 문화의 비교연구』, 2016년 호서고고학회·중부고고학회 합동학술회의 자료집.

신인철, 1995, 『한국의 사회구조-미분화사회에서 부계사회로』, 문덕사.

심진수, 2022, 『중서남부지역 삼국시대 살포의 시공간적 전개와 성격』, 전북대학교대학원 석사학위논문.

안재호, 2009, 「南韓 靑銅器時代 硏究의 成果와 課題」, 『동북아 청동기문화 조사연구의 성과와 과제』, 학연문화사.

呂智榮, 2002, 「중국에서 발견된 圍溝墓」, 『호남고고학보』 3.

오강원, 2017, 「중국 동북지역과 한반도의 경형동기 연구」, 『한국청동기학보』 20.

오동선, 2017, 「5~6세기 영산강역권의 동향과 왜계고분의 의미」, 『백제학보』 20.

원해선·조진선, 2022, 「한국 고대 유리의 원료산지와 생산과정」, 『한국고고학보』 124.

유원재, 1997, 『백제의 역사와 문화』, 학연문화사.

유동원, 2017, 「역할이론의 발전과 국제관계: 주요 개념과 구성주의」, 『국제정치논총』 57(3).

윤다정, 2017, 「초기철기시대 남한지역 흑색마연토기의 전개과정」, 『호남고고학보』 56.

윤명철, 2000, 「古代 東亞지중해의 海洋交流와 榮山江流域」, 『지방사와 지방문화』 3권 1호.

윤정현, 2014, 「호서지역 백제 영역화에 따른 취락의 변화양상」, 『백제연구』 59, 충남대학교 백제연구소.

이건무, 1992,「韓國 靑銅儀器의 硏究-異形銅器를 中心으로」,『한국고고학보』28.

이남규, 2002,「韓半島 初期鐵器文化의 流入 樣相」,『한국고대사연구』36.

_____, 2018,「2) 철기」,『마한 고고학개론』, 진인진.

이남석, 2011,「경기·충청지역 분구묘의 검토」,『분구묘의 신지평』, 전북대학교 고고문화인류학과 BK21사업단 국제학술대회 자료집.

이동희, 2012,「三國時代 湖南地域 住居·聚落의 地域性과 變動」,『중앙고고연구』10.

_____, 2015,「호남 동부지역의 마한~백제취락」,『섬진강유역의 고고학』, 제23회 호남고고학회 학술대회 발표요지.

_____, 2020,「호남지역 기원전 1세기~기원후 2세기에 대한 토론요지」,『마한 성립기의 호남』, 제28회 호남고고학회 징기학술발표회.

이미선, 2008,『3~4세기 중서부지역의 목관(곽)묘 연구-경기 남부와 충청지역을 중심으로-』, 한신대학교대학원 석사학위논문.

이범기, 2017,「영산강유역 마한 초현기의 철기문화」,『2017 학술대회 영산강유역 마한제국과 낙랑·대방·왜』, 전라남도문화관광재단.

이병도, 1976,『韓國古代史硏究』, 박영사.

이보람, 2009,「금강유역 원삼국~삼국시대 환두도 연구」『한국고고학보』71.

_____, 2018,「III-2-2)-(3) 무기」,『마한 고고학개론』, 진인진.

이성주, 2000,「墳丘墓의 認識」,『한국상고사학보』32.

이승태, 2008,『錦江流域 原三國~三國時代 甕棺墓 硏究』, 전북대학교대학원 석사학위논문.

이영철, 2013,「호남지역 원삼국~삼국시대의 주거·주거군·취락구조」,『주거의 고고학』, 제37회 한국고고학전국대회 발표요지.

_____, 2017,「마한 고지의 신자료 성격과 의미」,『2017 학술대회 영산강유역 마한제국과 낙랑·대방·왜』, 전라남도문화관광재단.

_____, 2018,「마한의 마을구조」,『마한의 마을과 생활』, 학연문화사.

_____, 2023,「전남의 마한문화, 독창성의 날개를 달다」,『마한 문화의 이해』, 국립완주문화재연구소.

이인숙, 1993,『한국의 고대유리』, 서울:창문.

이정빈, 2016,「岐離營과 3세기 전반 馬韓-曹魏관계」,『문헌과 고고학자료를 통해 본 마한의 대외교류』, 제25회 백제학회 학술회의 자료집.

이지영, 2008, 『湖南地方 3~6世紀 土器가마 變化狀 研究』, 전북대학교대학원 석사학위논문.

이종철, 2015, 『松菊里文化의 聚落體制와 發展』, 전북대학교대학원 박사학위논문.

이창엽, 2007, 「中西部地域 百濟漢城期 木棺墓 變化 - 烏山 水清洞遺蹟을 中心으로」, 『선사와 고대』 27, 한국고대학회.

이택구, 2008, 「한반도 중서부지역의 馬韓 墳丘墓」, 『한국고고학보』 66.

_____, 2015, 「전북 지역 마한 분구묘의 구조와 출토유물」, 『마한 분구묘 비교 검토』, 학연문화사.

이한상, 2013, 「김포 운양동유적 출토 금제이식에 대한 검토」, 『김포 운양동유적 II』, 한강문화재연구원.

이형원, 2011, 「中部地域 粘土帶土器의 時間性과 空間性」, 『호서고고학』 24.

이호형, 2004, 「중서부지역 주구토광묘의 조형」, 『금강고고』 창간호.

이희준, 1984, 「한국고고학 편년연구의 몇 가지 문제」, 『한국고고학보』 16.

_____, 1996, 「신라의 성장과 성장과정에 대한 고찰-고고·역사·지리적 접근」, 『신라고고학의 제문제』, 제20회 한국고고학전국대회.

_____, 2000, 「삼한 소국 형성 과정에 대한 고고학적 접근의 틀-취락 분포 정형을 중심으로」, 『한국고고학보』 43.

임설희, 2010, 「南韓地域 粘土帶土器의 登場과 擴張過程」, 『호남고고학보』 34.

_____, 2020, 「토기로 본 마한 성립기의 호남」, 『마한 성립기의 호남』, 제28회 호남고고학회 학술대회 발표요지.

임영진, 1995, 『百濟 漢城時代 古墳 研究』, 서울대학교대학원 박사학위논문.

_____, 1997, 「馬韓 消滅時期 再考」, 『三韓의 歷史와 文化』, 자유지성사.

_____, 2002, 「全南地方의 墳丘墓」, 『東아시아의 周溝墓』, 호남고고학회 창립 10주년기념 국제학술대회 발표요지.

_____, 2007, 「마한분구묘와 오월토돈묘의 비교 검토」, 『중국사연구』 51.

_____, 2011, 「3~5세기 영산강유역권 토착세력의 성장 배경과 한계」, 『백제학보』 6.

_____, 2014, 「마한 분구묘의 조사·연구 성과와 과제」, 『한국고고학의 신지평』, 제38회 한국고고학전국대회 발표요지.

_____, 2016, 「韓·中·日 墳丘墓의 關聯性과 그 背景」, 『마한 분구묘의 기원과 발전』, 학연문화사.

임태현, 2023, 「서천 장항 유적 마한 분묘의 전개와 의미」, 『2021~2022 내 주요 사업지구 문화재 조사 연구성과』, 토지주택박물관 학술총서 20.

장지현, 2015, 「호남지역 점토대토기문화의 전개 양상과 특징-생활유적을 중심으로」, 『호남고고학보』 51.

장덕원, 2017, 「진천 석장리유적의 제철시설 성격 재검토」, 『중앙고고연구』 23.

전진국, 2020, 「마한 개념과 '국'에 대한 기록」, 『백제학보』 31.

정수옥, 2023, 「충청지역 마한문화의 전개 양상」, 『마한 문화의 이해』, 국립완주문화재연구소.

정인성, 2016, 「燕系 鐵器文化의 擴散과 그 背景」, 『영남고고학』 74.

전영래, 1975, 『전북유적조사보고 제5집』, 전라북도박물관.

전북대박물관, 2011, 『분구묘의 신지평』, 전북대학교 고고문화인류학과 BK21사업단 국제학술대회자료집.

정재윤, 2022, 「문헌 속 호남지역의 마한과 백제」, 『호남고고학보』 72.

정종태, 2019, 「충청지역 마한·백제 주거 연구의 성과와 과제」, 『마한·백제 주거지 비교 검토』, 학연문화사.

정진술, 2009, 『한국해양사-고대편』, 경인문화사.

정해준, 2015, 「충청지역 마한 분구묘의 구조와 출토유물」, 『마한 분구묘 비교 검토』, 학연문화사.

조상기, 2014, 『청주지역 3~5세기 토기의 전개양상과 정치체의 변동』, 단국대학교대학원 박사학위논문.

조연지, 2013, 「韓半島 出土 重層琉璃玉 硏究」, 충북대학교대학원 석사학위논문.

조진선, 2005, 『細刑銅劍文化의 硏究』, 학연문화사.

중앙문화재연구원, 2015, 『한국청동기문화개론』, 진인진.

_____, 2018, 『마한고고학개론』, 진인진.

中村大介, 2016, 「일본 분구묘(주구묘)의 기원과 발전」, 『마한 분구묘의 기원과 발전』, 학연문화사.

천관우, 1979, 「마한제국의 위치 시론」, 『동양학』 9, 단국대학교 동양학연구소.

최경환, 2010, 「錦江流域 百濟 土器窯址의 構造와 生産體制에 대한 一硏究」, 『한국고고학보』 76.

최병현, 2002, 「周溝墓·墳丘墓 管見-崔完奎 교수의 '全北地方의 周溝墓'토론에 붙여」, 『東아시아의 周溝墓』, 호남고고학회 창립 10주년기념 국제학술대회 발표요지.

_____, 2011, 「한국 고분문화의 양상과 전개」, 『동아시아의 고분문화』, 중앙문화재연구원 편.

최성락, 2000, 「호남지역의 철기시대」, 『호남고고학보』 11.

_____, 2009, 「호남지방 마한의 성장과 대외교류」, 『마한 숨쉬는 기록』, 국립전주박물관 도록.

최영주, 2020, 『마한의 성장과 대외관계』, 학연문화사.

최완규, 1996, 「周溝墓의 特徵과 諸問題」, 『고문화』 11.

_____, 2000, 「호남지역의 마한분묘 유형과 전개」, 『호남고고학보』11.

_____, 2002, 「全北地方의 周溝墓」, 『東아시아의 周溝墓』, 호남고고학회 창립 10주년기념 국제학술대회 발표요지.

_____, 2009, 「마한묘제의 형성과 전북지역에서의 전개」, 『마한, 숨쉬는 기록』, 국립전주박물관.

_____, 2015, 「마한 성립의 고고학적 일고찰」, 『한국고대사연구』79.

_____, 2020, 「마한 성립기의 호남」, 『마한 성립기의 호남』, 제28회 호남고고학회 학술대회 발표요지.

최우림, 2014, 『墳墓를 통해 본 中西南部地域 粘土帶土器文化』, 충북대학교대학원 석사학위논문.

하승철, 2018, 「전남지역 마한·백제와 가야의 교류」, 『호남고고학보』58.

하진영, 2015, 『호남지역 경질무문토기의 편년과 성격』, 전북대학교대학원 석사학위논문.

한국고고학회, 2006, 『분구묘·분구식고분의 신자료와 백제』, 제49회 전국역사학대회 고고학부 발표자료집.

_____, 2013, 『주거의 고고학』, 제37회 한국고고학 전국대회 발표요지, 한국고고학회.

_____, 2014, 『한국고고학의 신지평』, 제38회 한국고고학 전국대회 발표자료집.

_____, 2015, 「마한 성립의 고고학적 일고찰」, 『한국고대사연구』79.

한수영, 2015, 『全北地域 初期鐵器時代 墳墓 硏究』, 전북대학교대학원 박사학위논문.

한옥민, 2001, 「전남지방 토광묘 성격에 대한 고찰」, 『호남고고학보』13.

함순섭, 1998, 「天安 淸堂洞遺跡을 통해 본 馬韓의 對外交涉」, 『백제연구』6, 충남대학교 백제연구소.

허진아, 2019, 「초기철기-원삼국시대 구슬 해상교역과 환황해권 정치 경관의 변화」, 『한국상고사학보』106.

호남고고학회, 2002, 『東아시아의 周溝墓』, 호남고고학회 창립 10주년기념 국제학술대회 발표요지.

홍보식, 2013, 「마한·백제와 변·진한 및 가야·신라의 교류」, 『영남지역 속에 스며든 마한·백제계 문물의 흔적』, 대한문화재연구원·국립김해박물관·고분문화연구회 편.

홍주희, 2014, 「중부지역 낙랑(계)토기」, 『낙랑고고학개론』, 진인진.

都出比呂志, 1989, 『日本農耕社會의 成立過程』, 岩波書店.

武末純一, 1992, 「한국 禮安里古墳群의 階層構造」, 古文化談叢』28, 九州古文化研究會.

田中良之, 1996, 「埋葬人骨による日韓古墳時代의 比較」, 『4·5세기 한일고고학』, 영남고고학회·구주고고학회.

Binford, L. R., 1971, "Mortuary practices: their study and their potential", *Approaches to the Social Dimensions of Mortuary Practices*. Washington DC, Memoir of the Society for American Archaeology, pp 6~29.

Carr, C., 1995, "Mortuary practices: their social, philosophical-religious, circumstantial, and physical determinants", *Journal of Archaeological Method and Theory* 2, pp. 105~200.

Cumming, G. S., 2016, Herterachies: Reconciling Neworks and Hierachies, *Trends in Ecology and Evolution* 31(8), pp. 622-632.

Earle. T., 1991, 「The evolution of chiefdoms」, 『Chiefdoms: Power, Economy, and Ideology』, edited by T. Earle, pp. 1-15. Cambridge University Press.

Flannery, K. V., 1976, *The Early Mesoamerican Village*. Academic Press: New York (editor).

Fox, R. G., 1985, *Lions of the Punjab: Culture in the Making*. Berkeley: University of California Press.

Helms, M. W., 1992, 「Political lords and political ideology in southeastern chiefdoms: comments and observations」, 『Lords of the Southeast: Social Inequality and the Native Elites of Southeastern North America』, edited by A. W. Barker and T. R. Pauketat, Archaeological Papers of the American Anthropological Association 3, pp. 185-194.

O'Shea, J., 1984, *Mortuary Variability: An Archaeological Investigation*. Academic Press.

Parker Pearson, M., 1999, *The Archaeology of Death and Burial*. Sutton Publishing Limited.

Peebles, C., and S. Kus, 1977, "Some archaeological correlates of ranked society", *American Antiquity* 42: 421~448.

Renfrew, C., 1974, 『Beyond a subsistence exonomy: the evolution of social organization in prehistoric Europe』, 『Reconstructing Complex Soceities: An Archaeological Colloquium』, edited by C. C. Moore, pp. 69-95.

Renfrew, C., 1996, 「Peer polity interaction and socio-political change」, 『Contemporary Archaeology In Theory』, edited by R. W. Preucel and I. Hodder, Cambridge: Blackwell, pp. 114-142.

Renfrew, C., and S. Shennan, 1982, 『Ranking, Resource and Exchange: Aspects of the Archaeology of Early European Society』, Cambridge: Cambridge University Press.

Spencer, C. S., 1993, 「Human agency, biased transmission, and the cultural evolution of chiefly authority」, 『Journal of Anthropological Archaeology』, 12, pp.41-74.

Tainter, J. R., 1975, "Social inference and mortuary practices: an experiment in numerical classification", *World Archaeology* 7: 1~15.

White, L. A., 1959, 『The Evolution of Culture』, New York: Mcgraw-Hill.

Wright, H., 1984, 「Prestate political formations」, 『On the Evolution of Complex Societies』, edited by T. Earle, Malibu, Calif.: Urdena, pp. 47-77.

〈보고서〉

가경고고학연구소, 2012, 『泰安 達山里 遺蹟』.

_____, 2013, 『서천 화산리 수리넘어재유적』.

_____, 2019, 『서산 예천동 여전유적 Ⅲ』.

경기문화재연구원, 2010, 『龍仁 新葛洞 周溝土壙墓』.

_____, 2012a, 『烏山 水淸洞 百濟 墳墓群 Ⅰ~Ⅳ』.

_____, 2012b, 『金浦 陽谷遺蹟』.

_____, 2019, 『인화-강화 도로구간 문화유적 -5권 강화 산단지점-』.

경상문화재연구원, 2023, 『舒川 長項遺蹟』.

경희대학교박물관, 1974, 『영암내동리옹관묘조사보고』.

고려대학교 고고환경연구소, 2005a, 『梨寺里·月岐里遺蹟』.

_____, 2005b, 『舒川 道三里遺蹟』.

고려대학교 매장문화연구소, 1997, 『寬倉里 周溝墓』.

고려문화재연구원, 2007, 『安山 新吉洞遺蹟 Ⅰ-Ⅱ』.

_____, 2008, 『龍仁 上葛洞 遺蹟』.

_____, 2013, 『金浦 陽村 遺蹟』.

공주대학교박물관, 1996, 『서천 오석리유적』.

_____, 2000, 『斗井洞遺蹟』.

_____, 2008a, 『燕岐 應岩里遺蹟』.

_____, 2008b,『연기 용호리 유적』.

_____, 2009,『海美 機池里 遺蹟』.

국립공주박물관, 1995,『下鳳里 Ⅰ』.

_____, 2001,『公州 南山里 墳墓群』.

국립광주박물관, 1984,『靈岩 萬樹里 古墳群』.

_____, 1986,「영암 양계리 금동부락 쇠똥무덤」,『영암 내동리 초분골고분』.

_____, 1986,「영암 월송리 송산」,『영암 내동리 초분골고분』.

_____, 1986,「영암 태간리 일곱뫼고분군」,『영암 내동리 초분골고분』.

_____, 1986,『영암 내동리 초분골고분』.

_____, 1988,「나주 신촌리고분군」,『나주 반남고분군』.

_____, 1988,「나주 대안리고분군」,『나주 반남고분군』.

_____, 1989,「海南 院津里 甕棺墓」,『靈岩 臥牛里 甕棺墓』.

_____, 1989,『靈岩 臥牛里 甕棺墓』.

_____, 1996,『光州 雲南洞遺蹟』.

_____, 2002,『光州 雲南洞 遺蹟』.

_____, 2011,『해남 용두리고분』.

국립박물관, 1963,「영암군내동리옹관묘」,『울릉도』.

국립나주문화재연구소, 2009a,『羅州 東谷里 橫山古墳』.

_____, 2009b,『羅州 化丁里 馬山古墳群·大安里 方斗古墳』.

_____, 2010,『나주 복암리 유적Ⅰ』.

_____, 2012,『영암 옥야리 방대형고분 제1호분 발굴조사보고서』.

_____, 2013,『나주 복암리 유적Ⅱ』.

_____, 2017,『羅州 伏岩里 丁村古墳』.

국립나주박물관, 2013,『국립나주박물관 상설도록』.

국립문화재연구소, 2001a,『羅州 伏岩里 3虎墳』.

_____, 2001b,『羅州 新村里 9虎墳』.

국립부여문화재연구소, 1998,『當丁里 -住居地 및 周溝墓 發掘調查 報告書-』.

국립전주박물, 2022,『청동기·철기』.

국립중앙박물관, 1993,『天安 淸堂洞 I 』.

_____, 1995,「天安 淸堂洞遺蹟 I段階 調査報告」,『淸堂洞 II』.

국방문화재연구원·한국토기주택공사, 2013,『김포 한강신도시 2단계 2지점 김포 구래동 유적』.

군산대학교박물관, 1996,『群山 助村洞 古墳群』.

_____, 2002,『群山 堂北里·新觀洞』.

_____, 2003,『群山 屯德里·舒川 新浦里 遺蹟』.

_____, 2004,『群山 山月里遺蹟』.

_____, 2008,『群山 米龍洞遺蹟』.

_____, 2013,『남원 입암리·임리 고분』.

금강문화유산연구원, 2021,『당진 원우두 유적』.

기전문화재연구원, 2004,『蓮川 鶴谷里 積石塚』.

_____, 2005,『龍仁 麻北里 百濟 土壙墓』.

기호문화재연구원, 2020,『아산 공수리 유적』.

_____, 2022,『김제 석교리 유물산포지 5, 김제 대목리 유물산포지 A, 김제 묘라리 유물산

포지 7, 새만금~전주간 고속도로 건설공사 문화재발굴조사 17차 학술자문회의 자료집』.

김영배 외, 1969,「대산면 백제토광묘 발굴보고」,『고고학』.

누리고고학연구소, 2019,『서산 예천동 여전유적 II』.

대동문화재연구원, 2019,『仁川 黔丹地區 遺跡 I -IV』.

대한문화유산연구센터, 2010,『咸平 新興洞遺蹟 I 』.

_____, 2011,『高興 章德里 獐洞遺蹟』.

대한문화재연구원, 2010·2013·2014·2016,『咸平 新興洞 遺蹟 I-IV』.

_____, 2012a,『務安 德巖古墳群』.

_____, 2012b,『務安社倉里德巖古墳群』.

_____, 2015a,『영암 태간리 자라봉고분』.

_____, 2015b,『高敞峰山里黃山遺蹟 II·III』.

_____, 2017,『高敞 七巖里古墳』.

_____, 2018,『保寧 鳴川洞遺蹟』.

_____, 2019a,『海南 安湖里·石湖里遺蹟』.

_____, 2019b,『海南 安湖里·石湖里遺蹟』.

_____, 2020,『光州 蓮山洞遺蹟 Ⅰ·Ⅱ』.

_____, 2021,『광주 신창동유적Ⅳ』.

동북아지석묘연구소, 2011a,『寶城 活川·春亭 遺蹟 寶城 安迪·溫洞 支石墓群』.

_____, 2011b,『和順 龍江里 遺蹟』.

_____, 2013,『和順 內平里 遺蹟Ⅰ- 和順 內平里 遺蹟 Ⅱ·Ⅲ 和順 廣思里遺蹟』.

_____, 2013,『화순 품평리 앞들유적』.

_____, 2014,『화순 품평리 봉하촌유적』.

_____, 2016,『務安 上馬里 上馬亭遺蹟』.

_____, 2020,『光州 蓮山洞 山亭遺蹟』.

_____, 2021,『완주 구억리유적』.

동서종합문화재연구원, 2016,『함평 자풍리 신풍유적』.

_____, 2018,『익산 와리·금성유적』.

동신대학교문화박물관, 2005,「나주 당가유적」,『장성 용흥리 태암지석묘군』.

_____, 2010a,『영암 태간리 고분』.

_____, 2010b,『나주 장동리 고분』.

_____, 2011a,『나주 영동리 고분군』.

_____, 2011b,『나주 월명·다시들 유적』.

두류문화재연구원, 2021,『함안 말이산 고분군 정비사업부지 내 유적』.

마한문화연구원, 2008a,『곡성 오지리유적』.

_____, 2008b,『나주 장산리유적』.

_____, 2011,『보성 호동·고흥 신촌 유적』.

목포대학교박물관, 1986,「영암 월송리 송산」,『영암 내동리 초분골고분』.

_____, 1991,『靈巖 沃野里古墳』.

_____, 1995,『광주 오룡동유적』.

_____, 1999,「무안 구산리 고분」,『무안 인평 고분군 -학산 구산리·고분군-』.

_____, 1999,『무안 인평 고분군 -학산 구산리·고분군-』.

_____, 2000,「무안 고읍 고분」,『문화유적 시.발굴조사보고』.

_____, 2001a, 『영광 군동유적-라지구 주거지·분묘』.

_____, 2001b, 『함평 성남·국산유적』.

_____, 2001c, 『함평 월야 순촌유적』.

_____, 2002, 『무안 고절리 고분』.

_____, 2003, 『함평 중랑유적Ⅱ』.

_____, 2004, 『영암 금계리유적』.

_____, 2014, 『신안 압해도 학동유적』.

백제문화재연구원, 2012a, 『公州 德芝里 遺蹟』.

_____, 2012b, 『서산 예천동유적』.

_____, 2012c, 『洪城 新耕里·自耕洞 遺蹟』.

_____, 2019, 『평택 고덕 좌교리·두릉리 유적』.

부산대학교박물관, 1985, 『金海禮安里古墳群Ⅰ』.

_____, 1993, 『金海禮安里古墳群Ⅱ』.

부여군문화재보존센터, 2012, 『서천 저산리·수성리유적』.

_____, 2013, 『당진 가곡2리유적』.

비전문화유산연구원, 2020, 『공주 장원리 장재울 유적』.

_____, 2021, 『서산 인지면 애정리유적』.

삼강문화재연구원, 2011, 『平澤 東倉里遺蹟』.

서경문화재연구원, 2013, 『인천 연희동유적』.

_____, 2021, 『서산 석림동유적』.

서울대학교박물관, 1987, 『石村洞3號墳 東쪽 古墳群 整理調査報告』.

아주대학교박물관, 1999, 『寬倉里遺蹟』.

영해문화유산연구원, 2012, 『곡성 대평리유적』.

_____, 2018, 『함평 마산리 표산유적Ⅱ』.

_____, 2020, 『광주 연산동 산정유적Ⅰ구역)』.

원광대학교 마한·백제문화연구소, 1984, 『高敞 中月里 文化遺蹟調査報告書』.

_____, 1999, 『西海岸高速道路(群山-高敞間) 建設區間 內 文化遺蹟發掘調
查略報告書Ⅲ-高敞 洛陽里 遺蹟』.

_____, 2000,『益山 永登洞 遺蹟』.

_____, 2002,『益山 栗村理 墳丘墓』.

_____, 2005,『高敞의 周溝墓 : 新德里III-A, 道山里, 城南里III·IV, 光大里 遺蹟』.

_____, 2020,『군산 관원리 Ⅰ·Ⅱ-가·Ⅱ-나) 익산 금성리·함열리 유적』.

원광대학교박물관, 1992,『沃溝 將相里 百濟 古墳群 發掘調査報告書』.

전남대학교박물관, 1999,『伏岩里古墳群』.

_____, 2000,「나주 대안리 고분군」,『전남지역 고분측량보고서』.

_____, 2000,「나주 신촌리 고분군」,『전남지역 고분측량보고서』.

_____, 2002a,『光州 雲南洞 遺蹟』.

_____, 2002b,『羅州 德山里 古墳群』.

_____, 2003,『咸平 昭明住居址』.

_____, 2004,『咸平 禮德里 萬家村古墳群』.

_____, 2007,『務安 平山里 平林 遺蹟』.

_____, 2008,『고흥 길두리 안동고분』.

전남문화재연구소, 2019,『전남의 마한유적』.

전남문화재연구원, 2007,『寶城 擧石里頭 구주遺蹟』.

_____, 2008,『海南 黃山里 分吐遺蹟 Ⅰ』.

_____, 2010,『羅州 松月洞遺蹟』.

_____, 2011,『長興 月滿·寶城 茅嶺·寶城 鳳洞遺蹟』.

_____, 2012a,『羅州 道民洞·上夜遺蹟』.

_____, 2012b,『務安 頭谷·屯田遺蹟』.

_____, 2012c,『務安 蓮里·代谷遺蹟』.

_____, 2015,『함평 월호리 용호유적』.

_____, 2017,『靈岩 新燕里 燕巢고분』.

_____, 2019,『서산 예천동 여전유적 Ⅰ』.

_____, 2020,『光州 蓮山洞 山亭遺蹟 3區域』.

_____, 2021,『長興 九龍里 九丁·南外里 南外遺蹟』.

전라문화유산연구원, 2014a,『金堤 上井里·水祿里·內竹里 遺蹟』.

_____, 2014b,『金堤 上井里·水祿里·內竹里 遺蹟』.

_____, 2016,『高敞 芙谷里 蓮洞·內洞里遺蹟』.

전북대학교박물관, 1984,『高敞地方文化財地表調査報告書』.

_____, 2003a,『扶安 大東里·下立石里』.

_____, 2003b,『扶安 新里 遺蹟』.

_____, 2003c,『扶安 壯東里·富谷里 遺蹟』.

_____, 2010,『上雲里 I·II·III』.

전북문화재연구원, 2003,『전북지역 백제문화유산-김제-』.

_____, 2007,『高敞 南山里遺蹟 - 墳墓 -』.

_____, 2008,『完州 龍興里遺蹟』.

_____, 2009a,『高敞 石橋里·五湖里』.

_____, 2009b,『문화유적 발굴조사 보고서-완주 용암·용교·아중마을 I·원용암·당당마을 I·상
　　　신리B유적-』.

_____, 2009c,『全州 長洞遺蹟 I·II·III』.

_____, 2010,『井邑 新川里遺蹟』.

_____, 2011,『高敞 石橋里 遺蹟 II』.

_____, 2019,『全州 半月洞 222-5番地遺跡』.

전영래, 1974,「정읍운학리고분군」,『全北遺蹟調査報告第5輯』.

_____, 1975,『全北遺蹟調査報告第5輯』.

_____, 1981,『南原 草村里 古賁群發掘調査報告書』.

전주대학교박물관, 2002,『고창 예지리·우평리』.

전주문화유산연구원, 2013,『高敞 紫龍里·石南里遺蹟』.

_____, 2013,『高敞 紫龍里·石南里遺蹟』.

_____, 2014a,『전주·완주 혁신도시 개발사업(II구역)부지 내 문화유적 발굴조사 전주 안
　　　심·암멀 유적』.

_____, 2014b,『전주 정문동·중동·만성동유적』.

_____, 2015a,『고창 금평리·왕촌리·고성리유적』.

_____, 2015b,『군산 축산리 계남유적』.

_____, 2016,『부안 내기리유적』.

_____, 2017,『扶安 驛里 玉汝遺蹟』.

_____, 2018a,『완주 수계리 유적Ⅰ·Ⅱ』.

_____, 2018b,『정읍 신천리 부안유적』.

조선대학교박물관, 2003,『영광 마전·군동·원당·수동유적-구석기, 청동기, 철기시대의 문화』.

조선문화유산연구원, 2021,『고창 도산리 고인돌 생태공원 조성사업부지 내 문화재 발굴조사 전문가 검토회
의 자료집』.

중앙문화재연구원, 2005a,『鎭川 新月里遺蹟』.

_____, 2005b,『平澤 斗陵里遺蹟』.

_____, 2006a,『龍仁 杜倉里遺蹟』.

_____, 2006b,『淸州 山南洞 墳墓遺蹟』.

_____, 2006c,『청주 산남동유적』.

_____, 2009,『청주 산남동42-6번지유적』.

_____, 2010a,『安城 新頭里遺蹟』.

_____, 2010b,『仁川經濟自由地域 永宗地區永宗하늘都市內(1地區) 仁川 雲西洞遺蹟Ⅰ』.

_____, 2011a,『仁川經濟自由地域永宗地區永宗하늘都市內(3地區)仁川雲西洞遺蹟Ⅰ』.

_____, 2011b,『仁川 中山洞遺蹟』.

_____, 2013,『烏山 闕洞遺蹟』.

_____, 2018,『청주 오송유적-제249~263책』.

_____, 2019a,『群山 堂北里·新觀洞遺蹟』.

_____, 2019b,『인천 검단 원당동·마전동유적』.

중원문화재연구원, 2006,『증평 증천리 유적』.

_____, 2010,『淸州 米坪洞 195-1番地 遺蹟』.

_____, 2012a,『忠州 化石里·文城里 遺蹟 Ⅱ』

_____, 2012b,『江華 玉林里 遺蹟』.

_____, 2021,『진천 송두리 328-1번지 유적』.

충남대학교박물관, 2002,『龍山洞 』.

_____, 2004, 『天安 新豊里遺蹟』.

_____, 2006, 『弓洞』.

충남대학교백제연구소, 2004, 『大田 老隱洞遺蹟』.

충북대학교박물관, 1994, 『淸州 松節洞 古墳群』.

_____, 2005, 『淸州 鳳鳴洞遺蹟(Ⅱ)-Ⅳ地區 調査報告-』.

_____, 2007, 『忠州 金陵洞遺蹟』.

충청남도역사문화연구원, 2004, 『扶餘 甑山里 遺蹟』.

_____, 2008, 『瑞山 副長里遺蹟』.

_____, 2009, 『舒川 德岩里遺蹟』.

_____, 2011a, 『唐津 道城里遺蹟』.

_____, 2011b, 『아산 남성리유적·읍내리 유적 1·2』.

_____, 2011c, 『牙山 鳴岩里 밖지므레遺蹟』.

_____, 2014, 『홍성 동성리유적』.

충청매장문화재연구원, 2001a, 『공주 장원리 유적』.

_____, 2001b, 『아산 와우리·신법리 유적』.

_____, 2010, 『서산 언암리 낫머리유적』.

_____, 2011, 『牙山 龍頭里 진터 遺蹟(Ⅱ)』.

_____, 2018, 『인천 검단 당하동유적』.

충청문화재연구원, 2004, 『天安 云田里 遺蹟』.

_____, 2005a, 『서산-당진간 도로 확장 및 포장공사 구간내 문화유적 발굴조사』.

_____, 2005b, 『瑞山 余美里 방죽골 墳墓群』.

_____, 2005c, 『公州 新影里 어드니 遺蹟』.

_____, 2006, 『舒川 楸洞里 遺蹟(Ⅱ地域)』.

_____, 2008a, 『舒川 楸洞里 遺蹟(Ⅲ地域)』.

_____, 2008b, 『舒川 玉南里 遺蹟(날머리Ⅰ·Ⅱ유적·갓잿골 유적·원개들유적·우아실유적)』.

_____, 2008c, 『아산 대흥리 큰선장 유적』.

_____, 2009, 『舒川 鳳仙里 遺蹟』.

_____, 2011, 『牙山 鳴岩里 遺蹟(12地點)』.

충청북도문화재연구원, 2014,『연기 석삼리대박골·봉기리·반곡리유적(Ⅰ~Ⅴ)』.

한강문화재연구원, 2012,『인천 운북동유적』.

_____, 2013,『김포 운양동유적 Ⅰ·Ⅱ』.

_____, 2014,『인천 구월동유적』.

_____, 2022,『남양주 금남리 유적』

한거레문화재연구원, 2017,『시흥 은행동·계수동유적』.

한국고고환경연구소, 2009,『牙山 新南里 遺蹟』.

_____, 2010,『燕岐 松潭里·松院里遺蹟』.

_____, 2014a,『洪城 鳳新里·大東里 遺蹟』.

_____, 2014b,『천안 대화리·신풍리 유적』.

_____, 2017,『燕岐 大平里遺蹟 -本文 2-』.

한국문화유산연구원, 2018,『華城 料理 古墳群』.

한국문화재보호재단, 1999,『淸原 梧倉遺蹟』.

_____, 2000,『淸原 梧倉遺蹟. 4』.

_____, 2007,『仁川 東陽洞遺蹟』.

_____, 2009,『金浦 鶴雲里 遺跡』.

_____, 2018,『2016년도 소규모 발굴조사 보고서 Ⅶ』.

한성문화재연구원, 2021,『평택 세교동 유적』.

한양문화재연구원, 2021,『安城 蠅頭里 遺蹟』.

한얼문화유산연구원, 2011,『서천 문곡리 유적』.

_____, 2014,『서천 옥산리 발동유적』.

_____, 2015a,『논산 강경 채운리유적』.

_____, 2015b,『홍성 석택리유적』.

호남문화재연구원, 2001,「화순 석정리 유적」,『화순·춘양 우회도로 건설구간내 유적』.

_____, 2002a,『益山 間村里遺蹟』.

_____, 2002b,『和順 石亭里遺蹟』.

_____, 2003a,『高敞 鳳德遺蹟 Ⅰ』.

_____, 2003b,『羅州 龍虎古墳群』.

_____, 2004a,『高敞 萬洞遺蹟』.

_____, 2004b,『咸平 鄕校古墳』.

_____, 2005a,『光州 外村遺蹟』.

_____, 2005b,『咸平 古良村遺蹟』.

_____, 2006a,『群山 屯栗遺蹟』.

_____, 2006b,『群山 築洞遺蹟』.

_____, 2006c,『長興 上芳村B遺蹟』.

_____, 2006d,『長興 新豊遺蹟Ⅱ』.

_____, 2007a,『高敞 栗溪里遺蹟』.

_____, 2007b,『羅州 永川遺蹟』.

_____, 2007c,『羅州 長燈遺蹟』.

_____, 2007d,『咸平 磻岩遺蹟』.

_____, 2007e,『咸平 松山遺蹟』.

_____, 2008a,『光州 山亭洞遺蹟』.

_____, 2008b,『光州 河南洞遺蹟Ⅱ』.

_____, 2008c,『羅州 狸岩·松月洞遺蹟』.

_____, 2008d,『長城 野隱里遺蹟』.

_____, 2008e,『全州馬田遺蹟(Ⅳ)』.

_____, 2009a,『光州 龍岡·龍谷·金谷遺蹟』.

_____, 2009b,『光州 龍岡·龍谷·金谷遺蹟』.

_____, 2009c,『光州 龍岡·龍谷·金谷遺蹟』.

_____, 2009d,『光州 山亭·己龍遺蹟』.

_____, 2009e,『金堤 山稚里·兩靑里·羅是里遺蹟』.

_____, 2010a,『潭陽 台木里遺蹟Ⅱ(Ⅰ·Ⅱ·Ⅳ區域, 中玉遺蹟)』.

_____, 2010b,『長城 環校遺蹟Ⅱ』.

_____, 2011a,『高敞 芙谷里 甑山遺蹟Ⅱ』.

_____, 2011b,『益山 慕縣洞2街遺蹟Ⅰ-Ⅱ』.

_____, 2011c,『益山 慕縣洞2街遺蹟Ⅰ-Ⅱ』.

_____, 2011d,『井邑 新綿遺蹟』.

_____, 2012a,『光州 仙岩洞遺蹟 I, II, III』.

_____, 2012b,『光州 平洞遺蹟Ⅰ·Ⅱ』.

_____, 2012c,『益山 長善里·漁梁里遺蹟』.

_____, 2012d,『益山 長善里·漁梁里遺蹟』.

_____, 2013a,『高敞 仙洞遺蹟』.

_____, 2013b,『完州 雲橋遺蹟』.

_____, 2013c,『益山 西豆里1·栗村里·新龍洞·慕縣洞遺蹟』.

_____, 2013c,『益山 西豆里1·栗村里·新龍洞·慕縣洞遺蹟』.

_____, 2013d,『益山 西豆理2·寶三理遺蹟』.

_____, 2014,『完州 新豊遺蹟Ⅰ·Ⅱ·Ⅲ』.

_____, 2016,『長城 月汀里遺蹟 Ⅰ·Ⅱ』.

_____, 2020,『平澤 海倉里 Ⅲ-Ⅶ遺跡』.

호서문화유산연구원, 2023,『음성 삼정리 산 34-1번지 유적』.

그림 출처 목록

그림 1-1~7 전북대학교박물관 2010

그림 1-8 필자 제작

그림 1-9 충남역사문화연구원 2008

그림 1-10 국립문화재연구소 2001

그림 1-11 경기문화재연구원 2004

그림 1-12 공주대박물관 2000

그림 1-13 경상문화재연구원 2023

그림 1-14·15 필자 제작

그림 2-1 전북대학교박물관 2010

그림 2-2 필자 제작

그림 2-3 호남문화재연구원 2010b

그림 2-4 전북대학교박물관 2010

그림 2-5 필자 제작

그림 2-6 국립청주박물관 2019; 중앙문화재연구원 2018

그림 2-7 중앙문화재연구원 2013

그림 2-8 국립완주문화재연구소 2023; 경기도박물관 2021

그림 2-9 충북대학교박물관 2007

그림 2-10 충북대학교박물관 2005

그림 2-11 필자 제작

그림 2-12 전영래 1975; 전라문화유산연구원 2019

그림 2-14·15 국립나주박물관 2013; 국립문화재연구소 2001a; 문화재청 국가문화유산포털
      (www.heritage.go.kr)

그림 2-16 목포대학교박물관 2004; 전남문화재연구소 2019

그림 3-1 필자 제작

그림 3-2 고려문화재연구원 2013

그림 3-3 한강문화재연구원 2013

그림 3-4 가경고고학연구소 2019

그림 3-6 충청남도역사문화연구원

그림 3-7 필자 제작

그림 3-8 한국고고환경연구소 2017

그림 3-9 필자 제작

그림 3-10 호남문화재연구원 2008e

그림 3-11 호남문화재연구원 2013a

그림 3-12 문화재청 국가문화유산포털(www.heritage.go.kr)

그림 3-13 필자 제작

그림 3-14 호남문화재연구원 2004a

그림 3-15 영해문화유산연구원 2018

그림 3-16 국립나주문화재연구소 2010, 2013

그림 3-17 국립광주박물관 2017

그림 3-18 영해문화유산연구원 2012

그림 3-20 전남대학교박물관 2008

그림 3-21~24 필자 제작

그림 3-25 김은정 2018 〈그림 8〉

그림 4-1 한강문화재연구원 2013

그림 4-1 충청남도역사문화연구원 2011

그림 4-2 고려문화재연구원 2013

그림 4-3 백제문화재연구원 2012

그림 4-4 고려대 매장문화재연구소 1997

그림 4-5 필자 제작

그림 4-6 국립부여문화재연구소 1998

그림 6-10 전남대학교박물관 2004

그림 6-11 필자 제작

그림 6-12 중앙문화재연구원 2018

그림 6-13 공주대학교박물관 2008

그림 6-14 목포대학교박물관 2001b

그림 6-15 충청남도역사문화연구원 2008

그림 6-16 필자 제작

그림 6-17 국립나주문화재연구소 2012

그림 6-18 대한문화재연구원 2015a

그림 7-1~15 필자 제작

그림 7-16·17 전북대학교박물관 2010

그림 7-18~22 필자 제작

그림 7-23 전북대학교박물관 2010

그림 7-24 필자 제작

그림 8-1 전북대학교박물관 2010

그림 8-2 국립나주박물관 2013

그림 8-3 전북대학교박물관 2010

그림 8-4 김승옥·이보람 2011

그림 8-5·6 필자 제작

그림 8-7 전북대학교박물관 2010

그림 8-8 전북문화재연구원 2007

그림 8-9 두류문화재연구원 2021

그림 8-10 국립전주박물관 2022

그림 8-11 조선대학교박물관 2003

그림 8-12 한강문화재연구원 2012

그림 8-13 국립청주박물관 2019; 김상민 2023

그림 8-14~16 필자 제작

그림 9장 배경 전남문화재연구소 2019
그림 표지 타날문토기와 옥 전북대학교박물관 제공

부록

부록 1 매장시설과 공반 무덤 현황표[74]

유적번호	권역	유적	매장시설 목관(곽)	매장시설 옹관	토광묘	옹관묘	비고
1	한강 하류	강화 대산리	10 / 2				
2	한강 하류	강화 옥림리	1				
3	한강 하류	김포 양곡	8 / 1				
4	한강 하류	김포 운양동	32 / 24		3		
5	한강 하류	김포 양촌	33 / 18		10		
6	한강 하류	김포 구래동	1			1	
7	한강 하류	인천 마전동	9 / 4				
8	한강 하류	인천 불로동	14 / 10		12		
9	한강 하류	김포 학운리	2 / 1		6		
10	한강 하류	검단 당하동	8 / 7				
11	한강 하류	인천 연희동	56 / 12		1		
12	한강 하류	인천 동양동	1		4	1	
13	한강 하류	인천 중산동	2 / 3				
14	한강 하류	인천 운서동	1 / 1				
15	한강 하류	인천 구월동	13 / 2		4		
16	한강 하류	안산 신길동	1 / 1				
17	한강 하류	시흥 은행동	15 / 9		4		
18	아산만	화성 요리	1		6	1	
19	아산만	안성 승두리	24				
20	아산만	당진 가곡2리	6 / 9		3		
21	아산만	서산 명지리	3 / 1		15		
22	아산만	서산 여미리	16 / 13	1	7		
23	아산만	당진 도성리	5				
24	아산만	서산 애정리	2				
25	아산만	서산 석림동	1				
26	아산만	서산 예천동	104 / 36				

74) 표의 효율성을 제고하기 위해 〈부록 1~4〉의 유적 이름은 최대한 간략하게 기입하였다. 예를 들어 서산 예천동은 그대로 사용하고 서산 예천동 여전은 서산 여전으로 기입하였다. 자세한 유적 이름은 보고서를 참조하기 바란다.

유적번호	권역	유적	매장시설 목관(곽)	매장시설 옹관	토광묘	옹관묘	비고
27	아산만	서산 여전 I , II	15	2	4		
28	아산만	서산 부장리	13	4			
29	아산만	서산 여전 III	47	10	1		
30	아산만	서산 언암리	48				
31	아산만	해미 기지리	60	39			
32	아산만	태안 달산리	10	4	10		
33	아산만	홍성 동성리	5	1			
34	아산만	홍성 자경동	4				
35	아산만	홍성 석택리	19	18			
36	아산만	홍성 대동리	6	3			
37	금강중하류	세종 대평리	109	77 / 9	58	5	
38	금강중하류	공주 덕지리	16		44	4	
39	금강중하류	부여 증산리	7	1			
40	금강중하류	보령 관창리	99	5			
41	금강중하류	보령 명천동	3	3	1		
42	금강중하류	서천 문곡리	1	1			
43	금강중하류	서천 봉선리	12	3	68	7	
44	금강중하류	서천 당정리	23	1		1	
45	금강중하류	서천 화산리	14	1			
46	금강중하류	서천 오석리	3	3	14		
47	금강중하류	서천 발동	2	1			
48	금강중하류	서천 옥산리	4	3 / 1	14	3	
49	금강중하류	서천 옥남리	9		1		
50	금강중하류	서천 장항	37	15	72	37	
51	금강중하류	서천 덕암리	1				
52	금강중하류	서천 도삼리	2		9	4	
53	금강중하류	서천 추동리	13	4			
54	금강중하류	서천 월기리	7				
55	금강중하류	논산 채운리	3		2		
56	만경강	군산 둔덕리	1			1	

유적번호	권역	유적	매장시설 목관(곽)	매장시설 옹관	토광묘	옹관묘	비고
57	만경강	군산 조촌동	2		2		
58	만경강	군산 축동	10 / 2				
59	만경강	군산 관원리	1	1			
60	만경강	군산 산월리	2				
61	만경강	군산 둔율	1				
62	만경강	군산 미룡동	2 / 12	4			
63	만경강	군산 신관동	7 / 3		1	7	
64	만경강	군산 신관동	2 / 1				
65	만경강	군산 계남	1		2	2	
66	만경강	익산 장선리	4				
67	만경강	익산 금성	9 / 5	1	4	6	
68	만경강	익산 어량리	1				
69	만경강	익산 서두리	5 / 1	2	2	3	석실 1
70	만경강	익산 목동	5 / 5				
71	만경강	익산 간촌리	2 / 2				
72	만경강	익산 영등동	5 / 1				
73	만경강	율촌리 분구묘	5 / 3	7		3	
74	만경강	익산 율촌리	1 / 1		7	1	
75	만경강	익산 장신리	3		2	9	
76	만경강	익산 내장	1			3	석실 1
77	만경강	김제 대동리	2 / 1				
78	만경강	김제 양청리	1			6	
79	만경강	김제 묘라리	8		1		
80	만경강	김제 석교리	4				
81	만경강	김제 내죽리	13 / 9	3	1		
82	만경강	김제 수록리	2 / 2	1	4		
83	만경강	김제 장산리	1	1			
84	만경강	완주 신풍	1 / 1				
85	만경강	완주 운교	1 / 1	1			
86	만경강	전주 반월동	1	1			

유적번호	권역	유적	매장시설 목관(곽)	매장시설 옹관	토광묘	옹관묘	비고
87	만경강	완주 상운리	26 / 112	38	35		석곽(실)3
88	만경강	완주 수계리	31 / 22		191	17	
89	만경강	전주 안심	4		10	6	
90	만경강	전주 장동	4 / 9				
91	만경강	완주 용암	3				석실7, 석곽3
92	만경강	전주 마전	4 / 11			6	
93	동진강	부안 옥여	3 / 1	2			
94	동진강	부안 부곡리	2				
95	동진강	부안 하입석리	14 / 1		5	7	
96	동진강	부안 내기리	5				
97	동진강	부안 대동리	9				
98	동진강	부안 신리 I	1				
99	동진강	부안 신리 II	3				
100	동진강	부안 신리 III	3			2	
101	동진강	고창 오호리	4		1	2	

유적번호	권역	유적	매장시설 목관(곽)	매장시설 옹관	토광묘	옹관묘	비고
102	동진강	정읍 운학리	3				
103	동진강	정읍 지사리	5				석실, 석곽
104	동진강	정읍 신천리	2				
105	동진강	정읍 신천리 부안 유적	2			2	
106	동진강	정읍 신면	8 / 5	7	8	8	
107	동진강	남원 입암리	1 / 1				
108	동진강	고창 왕촌리	2 / 3		9	4	
109	동진강	고창 자룡리	6 / 28				
110	동진강	고창 신덕리	2			4	
111	동진강	고창 남당리	1				석실 1
112	동진강	고창 석남리	1 / 1			1	
113	동진강	고창 봉덕	1		1	2	석실, 석곽
114	동진강	고창 만동	13		3	1	
115	동진강	고창 연동	5 / 2			3	
116	동진강	고창 석교리	4			2	

마한馬韓 분구묘墳丘墓의 이해

유적번호	권역	유적	매장시설 목관(곽)	매장시설 옹관	토광묘	옹관묘	비고
117	동진강	고창 율계리	2 1				
118	동진강	고창 선동	5 4	4			
119	동진강	고창 성남리Ⅲ	11 10	5		4	
120	동진강	고창 칠암리	1				석실 1
121	동진강	고창 도산리	1	1			
122	동진강	도산리 생태공원	9		1		석곽묘4
123	동진강	고창 봉산리 황산	4				
124	동진강	고창 성남리Ⅳ	2				
125	동진강	고창 예지리	6 2		10	1	
126	동진강	고창 증산Ⅱ	8 2	2		3	
127	동진강	고창 광대리	13 1			1	
128	동진강	고창 증산Ⅱ	8 3	6		3	
129	동진강	고창 남산리	3		26	15	
130	영산강	장성 야은리	1		3	1	
131	영산강	장성 환교	23 33	12	6	5	
132	영산강	장성 월정리	8 3	1	7	2	
133	영산강	담양 태목리	12 3				
134	영산강	곡성 대평리	27		10		
135	영산강	영광 군동	22 4		3	7	
136	영산강	함평 상곡리	1				
137	영산강	함평 성남	2 1				
138	영산강	함평 소명	1				
139	영산강	함평 고양촌	3				
140	영산강	함평 중랑	1		2	2	
141	영산강	함평 신흥동	16 2	1	1	1	
142	영산강	함평 표산	50		10	4	
143	영산강	함평 만가촌	14 26	7	2	5	
144	영산강	함평 향교	1 1		1		
145	영산강	함평 송산	8 4	1	7	12	
146	영산강	함평 순촌	44 12	3	5	12	

유적번호	권역	유적	매장시설 목관(곽)	옹관	토광묘	옹관묘	비고
147	영산강	함평 용호	5		2		
				9			
148	영산강	함평 반암	9				
			3	3			
149	영산강	함평 신풍	3				
150	영산강	광주 하남동	14		5	5	
			3	1			
151	영산강	광주 산정동	3				
			1				
152	영산강	광주 신창동 IV	1				
153	영산강	광주 용강	4		2		
154	영산강	광주 외촌	1				
			1				
155	영산강	광주 금곡	2		2		
156	영산강	광주 평동	85		4	19	
			4	6			
157	영산강	광주 운남동	1				
158	영산강	광주 선암동	18				
159	영산강	광주 쌍촌동	2		1		
160	영산강	광주 용곡B	6				
			4				
161	영산강	광주 기용	5				
			1	1			
162	영산강	광주 연산동 (1구역)	12				
	영산강	광주 연산동 (2구역)	38		2		
			3	5			
	영산강	광주 연산동 (3구역)	7				
			2				
	영산강	광주 연산동 (4구역)	19		5	2	
			2	3			
163	영산강	무안 고읍	1				
				1			
164	영산강	무안 평림	1				
165	영산강	무안 두곡	29		4	5	
			12	8			
166	영산강	무안 고절리	1				석곽 1
				1			
167	영산강	무안 인평	1		2	2	
			1	1			
168	영산강	무안 연리	1			1	
				2			
169	영산강	무안 상마리 상마정	1				
			3	5			
170	영산강	무안 구산리	1				
				6			
171	영산강	무안 덕암	2				
				12			
172	영산강	나주 장등	14		4	8	
			7	13			
173	영산강	나주 영천	5				
			2	1			

유적번호	권역	유적	매장시설		토광묘	옹관묘	비고
			목관(곽)	옹관			
174	영산강	나주 용호	34 11	23			
175	영산강	나주 영동리	7	26			
176	영산강	나주 횡산	1	3			
177	영산강	나주 복암리	8	3	2		
178	영산강	나주 송월동	11	10	1		
179	영산강	나주 신촌리	9	12			
180	영산강	나주 신가리 당가	1				
181	영산강	나주 다시들	1	10		14	
182	영산강	나주 이암	11	5	1	5	
183	영산강	나주 장산리	1				
184	영산강	나주 덕산리	14	14			
185	영산강	나주 도민동	3	1			
186	영산강	나주 정촌	1	6			
187	영산강	나주 마산	6	4			
188	영산강	나주 장동리	1	1			석곽 1
189	영산강	나주 대안리	12	13			
190	영산강	나주 방두	1	3			
191	영산강	화순 내평리	31 13	3		2	
192	영산강	화순 석정리	2	3			
193	영산강	화순 앞들	38	1		4	
194	영산강	화순 용강리	5	7	7	2	
195	영산강	화순 봉하촌	1				
196	영산강	신안 학동	6		8	8	
197	영산강	영암 와우리	5	3			
198	영산강	영암 내동리	10 3	32	1	3	
199	영산강	영암 만수리	2	1		4	
200	영산강	영암 신연리 연소	1	1		1	
201	영산강	영암 옥야리	28	7			
202	영산강	영암 양계리	1	3			
203	영산강	영암 계양	1	2			

유적번호	권역	유적	목관(곽)	옹관	토광묘	옹관묘	비고
204	영산강	영암 금계리	26		5	9	
			3	2			
205	영산강	영암 신산	5				석실1, 석곽1
			1	4			
206	영산강	영암 송산	1				
				1			
207	영산강	영암 일곱뫼	1				
				1			
208	영산강	해남 석호리	21		5	5	
209	영산강	해남 안호리	36		4	3	
210	영산강	해남 농암	1				
				3			
211	영산강	해남 황산리	7		2	4	
			11	7			
212	영산강	장흥 신풍	12		73	27	
			15	7			
213	영산강	장흥 상방촌 B	19		36	4	
			13	2			
214	영산강	장흥 구정	1		1	3	
			1				
215	영산강	보성 봉동	8		11		
			8				
216	영산강	보성 용정리	5		10		
			5				
217	영산강	보성 거석리	4		25		
				1			
218	영산강	고흥 신촌	1		11		
219	영산강	고흥 장동	2		10		
			5				

부록 2 분구묘와 출토 유물의 특징, 분기 설정 현황표

번호	권역	유적	입지	능고	분구묘형식				주구형태				발형토기	원저단경호		광구주장경호	직구평저호	환두대도			철모			철검			마구류	기타유물	분기
					I a	I b	II a	II b	방형중심	마제형중심	ㄷ자형중심	원형		연질	경질			A	B	C.장식	i	ii	iii	가・나	다	라			
1	한강 하류	강화 대산리	사면	평+직	○				○									1										단경호; 환두대도, 철도자, 철부, 철겸, 철촉	후기
2	한강 하류	강화 옥림리	사면	평행	○				○							1													중기?
3	한강 하류	김포 양곡	정+사	평+직	○				○		○																	점토대토기(주구), 이중구연토기(주구), 무문토기편(주구); 석검(주구), 석촉(주구); 철부(주구)	전기?
4	한강 하류	김포 운양동	정+사	평+직	○				○		○							4			28	5		3	8			백색옹토기(주구); 세잎동검; 철부, 철촉	전기~중기
5	한강 하류	김포 양촌	정+사	평+직			○		○	○	○		4	3				13?			7	2		3	3		○	주구토기, 양이부호; 철도자, 철부; 금제이식(주구); 석검(주구); 옥	전기~중기
6	한강 하류	김포 구래동	정상		○				○	○							1											대옹; 석촉(주구)	중기?
7	한강 하류	인천 마전동	정+사	평+직	○				○	○	○			7		1	1	2			1	2		6	2			대옹(주구); 철부, 철정	중기
8	한강 하류	인천 불로동	정+사	평행	○				○	○				3							7	2		3	3			백색옹토기(주구); 철겸, 철차, 철촉; 옥	중기
9	한강 하류	김포 학운리	사면	평+직	○				○	○				1							1							평저단경호; 철도자	전기~중기
10	한강 하류	검단 당하동	정+사				○		○	○	○			4							3		7	2				옹형토기; 철부, 철겸; 옥	중기?
11	한강 하류	인천 연희동	사면	직교	○				○		○		77	2				6				7						이중구연토기, 타날문토기(주구)	중기
12	한강 하류	인천 동양동	평지					○	○				1					1										대옹(주구)	전기
13	한강 하류	인천 중산동	사면	평행				○	○	○				2				1	1		2							대옹(주구); 철부, 철촉	중기

번호	권역	유적	입지	단면	분구묘형식 Ia	Ib	IIa	IIb	I	주구형태 원형	제형	마제형	방형	발형토기	원저단경호 정질	연질	광구장경호	직구평저호	환두대도 A	B	C.장식	철모 i	ii	iii	철겸 가·나·다	라	마구류	기타유물	분기
14	한강 하류	인천 운서동	사면	평행					○				○			3			2			3			2?			대옹(주구); 철부, 철촉; 옥	중기
15	한강 하류	인천 구월동	사면	평+직					○			○	○			1?			1			3			1?			대옹(주구)	중기
16	한강 하류	인천 신길동	사면										○			1?											회백색연질토기(주구), 타날문토기(주구); 철도자	중기
17	한강 하류	시흥 은행동	정+사	평+직					○				○		3				1			4	2		1			대호(주구); 철부, 철촉	전기~중기
18	아산만	화성 요리	정상										○				1										대옹(주구), 고배 대각편(주구)	후기
19	아산만	안성 승두리	사면				○						○	1													타날문단경호(주구), 개배(주구), 고배 대각(주구), 완, 석침편(주구)	후기
20	아산만	당진 가곡 2리	사면	직교							○					2		2		2								병형토기, 석촉기편	후기?
21	아산만	서산 명지리	사면										○				1										대형원저호	중기
22	아산만	서산 여미리	정+사						○	○		○	○						7	4		3			6	4		양이부호, 완	중기
23	아산만	당진 도성리	사면										○														무문토기(주구), 타날문토기(주구), 파수(주구)	전기~전기
24	아산만	서산 애정리	사면										○														연질토기편(주구)	중기?
25	아산만	서산 석림동	사면						○?				○														연질 타날문토기편(주구), 경질 타날문토기편(주구)	중기?
26	아산만	서산 예천동	정+사	평+직			○		○	○	○	○	○	2	?	28?	7	7	1	7		5	3		4	4		양이부호; 철정, 집게	전기~중기

번호	권역	유적	입지	등고	분구묘형식 Ia	Ib	IIa	IIb	주구형태 원형	눈썹형	마제형	방형	발형성토기	원저단경호 경질	연질	평저장경호	직구평저호	환두대도 A	B	c·	철모 i	ii	iii	철검 가·나	다	라	마구류	기타유물	분기
27	이산만	서산 여진 I·I	저성	평행	○				○			○	1															경질토기편(주구), 옹형토기(주구), 유견호(주구), 완(주구)	전기~중기
28	이산만	서산 부장리	저+사	평+직	○	○				○		○	5	34	3	15	5		4	6	1		5		9	5		철제초두, 철정; 금동관모, 식리	중기~후기
29	이산만	서산 여진 III	저성	평+직					○			○					10 2?	2 2?							2?			흑색마연토기, 완; 철부, 철도자, 철정, 철착	전기~중기
30	이산만	서산 언암리	저+사		○						○	○	2					2										대옹편(주구), 타날문토기(주구); 성촉기(주구); 철검	중기~후기
31	이산만	해미 기지리	저+사	평+직	○	○				○		○	2	5	5	1	29	1	1	4	1		1	6	1			흑색마연토기, 이중구연호, 옹형토기(주구), 피수(주구); 철정, 철촉, 철부; 옥	전기~중기
32	이산만	태안 달산리	저+사		○						○		1		2						1		1					대형옹(주구), 연접타날문토기(주구); 옥	전기
33	이산만	홍성 동성리	저+사	평행	○				○																			옹(부호)(주구)	중기
34	이산만	홍성 자경동	저+사	평+직	○				○			○													1?			연→경질토기; 철도자	중기
35	이산만	홍성 석택리	사면	평+직	○							○																옹(부호); 금제이식	중기
36	이산만	홍성 대동리	저성	평행	○						○				2				1		1		1	1				대호편(주구).., 옹이부호; 주조철부	중기
37	금강 중하류	세종 대평동	충적지	평+직	○	?			○				17	14	30				1		1	2	5	7	13	9		무경(주구); 철부, 철도자	중기
38	금강 중하류	공주 덕지리	저성	평+직	○				○			○	3	11	15				1		1		5	5	2			옹이부호, 완, 장란형토기(주구), 파수부토기(주구); 철도자(주구); 옥	중기
39	금강 중하류	부여 증산리	저+사		○		○				○	○																타날문토기편(주구); 단면육각형 주조철부(주구)	전기?

분구묘 종합표 (번호 40~52)

번호	권역	유적	입지	등고	분구묘형식 Ia	Ib	II	IIa	IIb	주구형태 방형	마제형	제형	철자형	원형	발형토기	원저단경호 연견	장견	광구장경호	직구평저호	환두대도 A	B	C·장식	철모 i	ii	iii	철겸 가·나	다	라	마구류	기타유물	분기
40	금강 중하류	보령 관창리	정+사	평행	○	○?				○	○												3								점토대토기(주구), 두형토기(주구), 대옹(주구), 타날문토기(주구)	조기~전기
41	금강 중하류	보령 명천동	사면	직교	○					○					3															옹이부호; 동장; 옥	중기
42	금강 중하류	서천 문곡리	정상	직교	○					○																				타날문토기편(주구); 철촉	전기
43	금강 중하류	서천 봉선리	정+사	평+직	○?					○	○		○		18	10	4	3	21		5	2	1	1	1	7	2		옹이부호, 이중구연호; 병; 철정	중기~후기
44	금강 중하류	서천 당정리	정상	평행	○					○	○																		무문토기(주구), 두형토기(주구), 점토대토기(주구), 대옹(주구)	조기~전기?
45	금강 중하류	서천 화산리	사면	평+직	○					○																			석기편; 옥	중기?
46	금강 중하류	서천 오석리	정상?	평행			○			○				○	1	4	1	1	1						1	1			옹이부호, 조형토기; 철정	중기?
47	금강 중하류	서천 발동	사면	직교	○?					○																			無	전기
48	금강 중하류	서천 옥산리	정+사	평+직	○			○?		○?	○?					8	1		5				1		1	1			옹이부호, 이중구연호; 철정	중기
49	금강 중하류	서천 옥남리	정상	평+직	○?									○?	2	1			1	1								파수(주구)	?
50	금강 중하류	서천 장항	정+사	평+직										○											2	1		옹이부호, 평저호, 직구호; 철부, 철모; 석도, 석부	중기?
51	금강 중하류	서천 덕암리	사면											○														무문토기편(주구)	조기?
52	금강 중하류	서천 도삼리	정상	평행	○					○					2											2	1		호형토기(주구), 타날문토기편(주구); 철부(주구)	중기

번호	권역	유적	입지	등고	분구묘형식 Ia	Ib	IIa	IIb	주구형태 원형	凸자형	凹자형	방형	발형토기	원저단경호 연질	단경질	광구장경호	직구평저호	환두대도 A	B	C장식	철모 ii	iii	철겸 가	나	다	라	마구류	기타유물	분기
53	금강 중하류	서천 추동리	사면		○?							○																앙이부호, 개배, 옹관(주구)	전기?
54	금강 중하류	서천 월기리	사면		○?				○?																			無	?
55	금강 중하류	논산 해운리	사면	평행	○?						○																	無	?
56	만경강	군산 둔덕리	정상		○?							○																무문토기편(주구)	?
57	만경강	군산 조촌동	사면	평행	○							○	1												1		파수부발(주구); 철부: 금제이식	중기
58	만경강	군산 축동	정상+사면	평+직	○	○	○			○		○	1	1	2		3								1		발형토기(주구)	중기~후기
59	만경강	군산 관원리	정상	평행	○							○?															옹형토기(주구)	?
60	만경강	군산 신율리	사면		○							○															無	중기
61	만경강	군산 문옥	정상	직교	○							○		1													無	?
62	만경강	군산 미룡동	정상		○				○?																		연석	중기
63	만경강	군산 신관동	정상	직교	○						○		1														옹형토기(주구), 철부(주구)	전~중기
64	만경강	군산 신관동	사면	직교				○			○					2											청동호, 완	중기
65	만경강	군산 개능	정상		○							○	2														원통형토기(주구), 파수부발(주구), 주구토기(주구); 석부(주구), 석촉(주구)	중기

번호	권역	유적	입지	등고	분구묘형식 (Ⅰa Ⅰb Ⅱa Ⅱb / Ⅰ)	주구형태 (방형·마제형·U자형·원형)	발형토기	원저단경호 (경질/연질)	광구장경호	직구평저호	원두대도 (A·B·C장식)	철모	철겸 (가·나/다·라)	마구류	기타유물	분기
66	만경강	익산 장신리	사면		Ⅰ ○	마제형 ○		경질 1							無	중기?
67	만경강	익산 금성	정+사	직교	Ⅰa Ⅱb ○	마제형 ○	1	연질 2							조형토기, 옹관, 파수	전기~중기
68	만경강	익산 어량리	정상			마제형 ○									無	전기
69	만경강	익산 서두리	정+사	직교	Ⅰ 석렬	원형 ○									주구토기, 고배	후기
70	만경강	익산 묵동	정+사	평행	Ⅰ·Ⅰ ○	마제형 ○, 원형 ○	1	연질 1		6	C장식 1				옹형토기(주구); 철도자; 목	후기
71	만경강	익산 간촌리	사면	평+직	Ⅰ ○	마제형 ○	1	연질 2		1					앙이부호, 고배(주구)	후기
72	만경강	익산 여등동	정상	평행	Ⅰ·Ⅰ ○	U자형 ○, 원형 ○									연질토기, 직구호(주구)	조기~전기
73	만경강	옥촌리 분구묘	정상		Ⅰ ○	마제형 ○	1	연질 3					나 1		옹관편(주구), 토기부장(주구), 홍도(주구); 석검(주구); 석부(주구); 철도자	전기
74	만경강	익산 율촌리	사면		Ⅰ ○		2	경질 1					다 1		호형토기, 방형토기; 철검	전기
75	만경강	익산 장신리	정상		석곽				1				가·나 1		앙이부호, 완	?
76	만경강	익산 내장	구릉			원형 ○									고배(주구), 심족기(주구)	후기
77	만경강	김제 대동리	정+사	평행	Ⅰ ○?	마제형 ○?		연질 1							옹관편, 파수(주구)	전기
78	만경강	김제 양청리	정상		Ⅱa ○	원형 ○	1						나 1, 라 1		無	전기~중기

마한馬韓 분구묘墳丘墓의 이해

부록과 구연·주구 관련 분류표(번호 79~91, 만경강 권역)

번호	권역	유적	입지	등고	분구묘형식 Ia	Ib	IIa	IIb	주구형태 방형	마제향	직향	외만향	발형토기	원저단경호 연질	경질	광구장경호	직구평저호	환두대도 A	B	C:장식	철모 i	ii	iii	철겸 가·나	다·라	구연/마루	기타유물	분기
79	만경강	김제 모라리	정상																								無	?
80	만경강	김제 석교리	정+사	평+직	○				○																		옹관편(주구)	후기
81	만경강	김제 내죽리	정상	평+직		○?								1													두정(주구), 홍도(주구)	전기?
82	만경강	김제 수록리	정+사	평향		○							1	1					1						1		발형토기(주구), 시루(주구), 완	중기?
83	만경강	김제 장산리																									연결토기편	?
84	만경강	완주 신풍	사면				○						1	1					1					1			연질토기편(주구), 광구호:철도자, 철부	전기
85	만경강	완주 은교	사면	평향			○			○																	적갈색연질토기편, 철부	전기~중기
86	만경강	전주 반월동	사면	직교					○																		호형토기, 장동옹(주구)	전기
87	만경강	완주 상운리	정+사	평+직	○	○	○		○	○			2	32	18	133	17	27	23	1	1	12	5	8	14	○	평저소호:주석장식환두도, 철정	조기~후기
88	만경강	완주 수계리	정+사	평+직	○		○		○				1	8		14		5	5	2	1	6	1	1	1		양이부호, 완;철부	중기
89	만경강	전주 안심						○																				전기~중기
90	만경강	전주 정동	정상	평+직	○	○		○	○				2	1	2	8		3	2	2		1			4		파배, 고배, 병	전기~후기
91	만경강	완주 용암	사면		○?							○?														연결토기편(주구)	후기?

번호	권역	유적	입지	봉토	분구묘형식 Ⅰa	Ⅰb	Ⅱa	Ⅱb	Ⅲ	주구형태 방형	마제형	ㄷ자형	원형	옹관토기	원저단경호 연접	정렬	원저광구호	직구평저호	환두대도 A	B	C·장식	철모 ⅰ	ⅱ	철겸 가·나	다·라	마구류	기타유물	분기
92	만경강	전주 마전	정+사	평+직	○			○	○		○	○				5	17	9		2		1			1	○	고배, 파배, 병	후기
93	동진강	부안 옥여	정상		○			○					○			1	2				1	1	1		1		파배; 철도: 옥	후기
94	동진강	부안 부곡리	정상		○?						○	○														無	전기~중기?
95	동진강	부안 하입석리	정+사	평+직	○	○	○			○	○					1		1								옹관편(주구), 호형토기편(주구); 철겸편(주구)	중기~후기
96	동진강	부안 내기리	정+사		○	○				○	○			1		1		1								대옹, 파수, 장란형토기	전기~중기
97	동진강	부안 대동리	정+사		○	○	○			○	○			1	2											대옹편(주구), 이중구연토기(주구), 파수(주구)	전기~중기?
98	동진강	부안 신리 Ⅰ	사면		○?			○?		○																옹형토기(주구), 개배(주구)	전기~중기?
99	동진강	부안 신리 Ⅱ	사면		○?			○?		○																발형토기(주구), 고배(주구), 개배(주구)	전기~중기?
100	동진강	부안 신리 Ⅲ	사면		○?	○		○?		○		○														삼족기(주구), 평저호(주구)	전기~중기?
101	동진강	고창 오호리	정+사		○?					○			○													배, 단경호, 완	후기
102	동진강	정읍 운학리	사면							○			○													철모, 철제행엽편(주구), 옹관묘·주구토제대금구, 금도은제장구	후기
103	동진강	정읍 지사리	정상																							無	후기
104	동진강	정읍 신천리	정상	직교	○					○																양이부호, 완	전기

번호	권역	유적	입지	등고	분구묘 Ia	Ib	IIa	IIb	주구 원형	ㅍ자형	마제형	방형	발형토기	원저단경호 정립	역립	양이구형정호	직구평저호	횡두대도 A	B	C	철모 i	ii	iii	철검 가·나	다·라	마구류	기타유물	분기
105	동진강	정읍 신천리 부안 우적	사면		○?					○			1	2										1			양이부호, 뚜껑	중기?
106	동진강	정읍 신면	사면		○?						○					1											양이부호, 완	중기?
107	동진강	남원 입암리	사면	평행	○?							○?													1		분주토기편(주구); 철부	후기
108	동진강	고창 왕촌리	정상		○				○			○															원통형토기(주구), 전(주구)	후기
109	동진강	고창 자룡리	정+사	평+직	○		○				○			2			1							2			유공광구소호(주구), 고배(주구), 병; 철검(주구), 옥(주구)	후기
110	동진강	고창 신덕리	사면		○?				○?								1										안경형토기(주구)	전기?
111	동진강	고창 남당리	구릉 하단		○				○?																		장경호, 심발토기; 철제 대도, 철정; 옥	후기
112	동진강	고창 석남리	정상		○				○																		양이부호, 기대, 개, 배	후기
113	동진강	고창 봉덕	정상				○?				○	○															고배(주구), 유공소호(주구), 대부호(주구), 패배(주구)	후기
114	동진강	고창 만동	사면	평+직	○	○	○	○	○		○	○	1	1	2	2	1	7				1			10		이중구연호, 양이부호, 파배	중기
115	동진강	고창 연동	정+사	평+직	○				○		○	○											1					구연부편(주구), 저부편(주구); 철도자	중기
116	동진강	고창 석교리	정+사	직교	○						○	○			1													단경호편(주구), 옹관편(주구)	후기
117	동진강	고창 율계리	사면	평행	○				○			○																원형점토대토기편(주구), 무문토기편(주구)	전기?

번호	권역	유적	입지	등고	분구묘형식 (Ia·Ib·IIa·IIb·Ia)	주구형태 (원형·'U'자형·제형·마제형·방형)	발형토기	원저단경호 (정렬·연렬)	광구장경호	직구광구호	환두대도 (A·B·C:장식)	철모 (i·ii·iii)	철겸 (라·다·가·나)	마구류	기타유물	분기
118	동진강	고창 선동	사면		Ia ○	마제형 ○	6					iii 1	라 2, 다 4, 가 1		이중구연호; 옥	중기
119	동진강	고창 성남리 III	정+사	직교	Ia ○, Ib ○, IIa ○, IIb ○	마제형 ○	1	연렬 1							이중구연토기(주구), 옹이부호(주구), 완(주구), 철도자, 철촉, 청부, 옥	전기-중기
120	동진강	고창 절암리	정상		Ia 석실								다 2	○	원통형토기, 배, 발형기대	후기
121	동진강	고창 도산리	정상	직교	Ia ○	마제형 ○									대형옹편(주구), 주구토기(주구)	전기?
122	동진강	도산리 생태공원	정+사		Ia ○	제형 ○, 방형 ○			1						옹, 고배, 단경호, 대부유공소호, 파수부호 등	중기
123	동진강	고창 봉산리 황산	사면	직교	Ia ○	제형 ○	1	연렬 1							호형토기(주구), 정리형토기(주구), 시루(주구), 무경식(주구)	후기
124	동진강	고창 성남리 IV	정+사	평	Ia ○?	제형 ○, 방형 ○					i 1				연질질토기(주구), 완	중기
125	동진강	고창 예지리	정+사	직교	Ia ○	제형 ○, 방형 ○		연렬 1		1	i 1				경질원저단경호(주구)	중기
126	동진강	고창 중산리 II	정+사	평	Ia ○	제형 ○, 방형 ○	3	연렬 2	2				가 1		이중구연호, 옹이부호; 철도자, 청부; 옥	중기
127	동진강	고창 광대리	정+사	직교	Ia ○?, IIb ○?	마제형 ○, 제형 ○									연질토기, 옹(주구)	전기-중기
128	동진강	고창 중산리 II	정+사	직교	Ia ○	원형 ○, 'U'자형 ○, 마제형 ○	6	정렬 3, 연렬 3			A 1				옹이부호, 이중구연호; 철부; 옥	중기-후기
129	동진강	고창 남산리	사면	평+직	Ia ○	제형 ○, 방형 ○	3	정렬 11, 연렬 11	4	7	A 1, B 3	ii 2?	라 1, 다 11, 가 3		파배, 대부완; 금박유리	중기
130	영산강	장성 야은리	사면	평행?	Ia ○	제형 ○, 방형 ○	1	연렬 1					라 1, 다 1		선형철부	중기-후기

번호	권역	유적	입지	등고	분구묘형식	주구형태	발형토기	원저단경호(연질)	원저단경호(경질)	광구장경호	직구광견호	환두대도	철모	철겸	마구	기타유물	분기
131	영산강	장성 헐교	사면	직교	Ⅰa, Ⅰb, Ⅱa	제형, 방형	23	20?	?	5				가·나 2		이중구연호, 양이부호; 철촉	중기~후기
132	영산강	장성 율정리	정상	?	Ⅰa, Ⅰb	원형, 제형	1									호형토기(주구), 파수(주구); 철도자	후기
133	영산강	담양 태목리	사면	평+직	Ⅰa, Ⅰb	제형, 방형	1	4	1							호형토기, 이중구연호; 철도자; 옥	후기
134	영산강	곡성 대평리	정상+사	평+직	Ⅰa, Ⅰb	원형, 제형	3		1					가·나 1		호형토기; 철검; 옥	조기~전기?
135	영산강	영암 군동	사면	평+직	Ⅰa, Ⅰb	제형, 방형	2	1		1				가·나 1		흑도단경호, 이중구연호, 양이부호; 옥	조기~전기?
136	영산강	함평 성남리			Ⅰa?	제형										개배(주구), 대호(주구)	?
137	영산강	함평 성남	사면	평행	Ⅰa	방형										이중구연호, 옹관편	전기
138	영산강	함평 소명	정상			원형										원저호(주구), 파수(주구)	후기?
139	영산강	함평 고양촌	정상			원형										장란형토기, 경질토기편, 고배	후기?
140	영산강	함평 중랑	정상	평행		제형										대옹편, 호형토기편(주구)	후기?
141	영산강	함평 신흥동	사면	평+직	Ⅰa, Ⅰb, Ⅱa	제형, 방형	7					B 1		가·나 5, 다·라 3		옹형토기, 분주토기(주구)	전~중기?
142	영산강	함평 표산	정상+사	평+직	Ⅰa, Ⅰb, Ⅱa	원형, 제형		3	8	5	4	C·장식 1	ⅰ 1, ⅲ 3	가·나 5, 다·라 3		이중구연호(주구), 고배(주구), 개배(주구), 철도자; 배수구, 철부; 옥	중기~후기
143	영산강	함평 만가촌	정상+사	평행	Ⅰa, Ⅱa	제형, 방형	5			5	5		ⅰ 1, ⅲ 1	가·나 3		이중구연호, 파수부발; 옥	전기~중기

마한馬韓 분구묘墳丘墓의 이해

번호	권역	유적	입지	등고	분구묘형식 Ia	Ib	IIa	IIb	주구형태 방형	마제형	제형	기자형	원형	분형토기	원저단경호 연질	경질	광구장경호	직구평저호	환두대도 A	B	C·장식	철모 i	ii	iii	철겸 가·나	다	라	마구류	기타유물	분기
144	영산강	함평 향교	사면	직교	○						○						1												호형토기, 대옹편; 옥	?
145	영산강	함평 송산	정+사			○				○																	1		이중구연토기(주구), 호형토기(주구); 철도자(주구), 철부	중기?
146	영산강	함평 순촌	사면		○						○						1												이중구연호, 옹(주구)	전기
147	영산강	함평 월호	사면	직교	○			○?			○														1			○	광구소호(주구), 배(주구), 시루(주구), 완	중기~후기
148	영산강	함평 반암	정+사	평+직	○		○				○		○	1	11														정란형토기, 시루, 청동이식; 철부, 옥	중기?
149	영산강	함평 신흥	사면	평+직	○						○																		점토대토기, 두형토기 대각(주구), 파수(주구)	조기
150	영산강	광주 하남동	정+사	평+직	○		○				○		○		7										1				유공광구소호(주구), 이중구연토기(주구), 파수(주구); 호형토기(주구), 파수(주구); 철도자	후기?
151	영산강	광주 선암동	밀단	직교	○								○																유공광구소호, 개배, 발형기대	후기
152	영산강	광주 신창동IV	사면?	직교	○						○																		토기부편(주구), 저부편(주구), 파수편(주구)	?
153	영산강	광주 옹강	사면	평행	○		○				○		○		3														이중구연호, 유공광구소호, 고배; 옥	중기?
154	영산강	광주 외촌	사면	평행					○																				무문토기편; 석검	조기
155	영산강	광주 금곡	밀단	직교	○						○																		이중구연호; 방추차	중기
156	영산강	광주 평동	평지	평+직	○	○	○	○	○	○	○	○	○		16 27	32 11 11	11	11 11									11		이중구연호, 유공광구소호, 고배, 기대	?

번호	권역	유적	입지	등고	분구묘형식(Ⅰa·Ⅰb·Ⅱa·Ⅱb)	주구형태(원형·ㅠ자형·ㄷ자형·마제형·방형)	발형토기	원저단경호(장렬/인렬)	광구장경호	직구평저호	환두대도(A·B·C·장식)	철모(ⅰ·ⅱ·ⅲ)	철겸(가·나·다·라)	마구류	기타유물	분기
157	영산강	광주 운남동	충적지		마제형○			인렬 2							기대, 완	후기
158	영산강	광주 선암동	사면		Ⅰa○ Ⅰb○	원형○	8	장렬1 / 인렬1	1	1					병, 고배, 개, 배, 유공광구소호 등	후기
159	영산강	광주 성촌동	사면		Ⅰb○	원형○ 마제형○									경질토기편(주구), 기대편(주구)	후기
160	영산강	광주 흠곡동B	정상	평+직	Ⅰb○	원형○									이중구연호(주구), 흑색마연토기	중기
161	영산강	광주 기용	사면	직교	Ⅰa○ Ⅰb○	마제형○ 방형○		인렬 1	1	1					양이부호, 이중구연토기	중기
162	영산강	광주 연산동 선정(1구역)	정+사	직교	Ⅰa○ Ⅰb○	원형○ 마제형○ 방형○	3	인렬 1	1	1					유공광구소호(주구), 개배(주구), 고배(주구), 기대(주구)	후기
	영산강	광주 연산동 선정(2구역)	정+사		Ⅰb○	원형○ ㅠ자형○ 마제형○ 방형○		장렬4 / 인렬6					가·나 1		원저단경호(주구), 평저단경호(주구), 연질토기(주구), 방형기대(주구)	후기
	영산강	광주 은신동 선정(2구역)	정+사		Ⅰb○	원형○ ㅠ자형○ 마제형○ 방형○		인렬 11							경배(주구), 유공소호(주구), 완(주구), 개(주구)	후기
	영산강	광주 은신동 선정(3구역)	정+사		Ⅰa○ Ⅰb○	원형○ 마제형○ 방형○		장렬12 / 인렬2		4	A		가·나 1		삼각투창고배(주구), 조형토기(주구), 장경호(주구), 양이부호(주구); 옥	중기~후기
163	영산강	광주 은신동 선정(4구역)	사면	직교	Ⅰb○	방형○		인렬 1							철도자	중기
164	영산강	무안 구음	사면			방형○									연질옹관편	?
165	영산강	무안 평림	정상	평직	Ⅱa○ Ⅰb○	마제형○ 방형○	1	인렬 165? ?							양이부호(주구), 완(주구), 시루(주구); 철정, 철도자; 옥	후기
166	영산강	무안 고절리	사면		Ⅰb○	마제형○ 방형○		인렬 1							유공광구소호(주구), 병형토기(주구), 개배(주구), 기대편(주구)	후기

번호	권역	유적	입지	등고	분구묘형식 I a	I b	IIa	IIb	주구형태 방형	ㅁ자형	ㅁ자형	ㄷ자형	원형	발형토기	원저단경호 연렬	정렬	광구장경호	직구평저호	환두대도 A	B	C장식	철모 i	ii	iii	철검 가·나	다	라	마구류	기타유물	분기
167	영산강	무안 인평	사면		○				○																				호형토기; 철부, 철착, 철촉: 옥	중기?
168	영산강	무안 연리	사면				○		○					1															이중구연호, 정란형토기(주구)	후기?
169	영산강	무안 상마리 상마정	사면	평+직			○					○		1															유공광구소호, 개배(주구), 기대(주구), 유공횡병(주구); 철부·석부(주구); 옥	후기
170	영산강	무안 구산리	사면	평+직			○		○					1															개배, 고배; 철도자: 옥	후기
171	영산강	무안 덕암	사면			○						○				3		3						1			1		유공광구소호, 컵형토기; 철준, 철겸, 석겸: 옥	후기
172	영산강	나주 장등	정+사(구)	평+직			○					○	○																이중구연호, 유공광구소호, 양이부호: 옥	중기?
173	영산강	나주 영천	말단	직교			○						○																정란형토기편, 정란형토기	?
174	영산강	나주 운곡	사면	평+직			○		○		○	○	○		1								?		?				이중구연호, 완, 조형토기; 철부, 철정: 옥	중기?
175	영산강	나주 횡산	평지	평+직		○						○																	장군, 배부형, 개배, 고배, 철제대도 등	후기
176	영산강	나주 영동리	사면	평+직			○					○		2															개, 배, 유공광구소호 등	중기~후기
177	영산강	나주 복암리	사면					○				○		57															개, 배, 주구토기, 배부병 등	후기
178	영산강	나주 송월동	말단	평행								○						1											이중구연호, 개배	?
179	영산강	나주 신촌리	정+사(구)	평+직			○		○			○	○																원통형토기(주구), 완(주구), 유공광구소호(주구)	후기

번호	권역	주적	입지	등고	분구묘형식 Ia·Ib·IIa·IIb	주구형태 (방형·마제형·제형·II자형·원형)	발형토기	원지단경호 (연접·정접)	광구장경호	직구평저호	횡두대도	철모 (i·ii·iii)	철겸 (가·나 / 다·라)	마구류	기타유물	분기
180	영산강	나주 신기리 당가	정상												호형토기, 완	후기
181	영산강	나주 다시들	사면		○ (Ib)										완(주구), 고배(주구), 유공광구소호	중기-후기
182	영산강	나주 이암	사면	평+직		제형 ○	1			6					옹형토기, 장란형토기; 옥	중기
183	영산강	나주 장산리	사면			제형 ○									無	?
184	영산강	나주 덕산리	정+사	평+직	○ (Ia)	방형 ○, 제형 ○, 원형 ○	1	?? ?							유공광구소호(주구), 개배(주구), 기대: 철정, 철부; 옥	후기
185	영산강	나주 드미동	정상	평행		제형 ○		1							옹관; 석촉	중기
186	영산강	나주 정촌	사면	평행	○ (IIa·IIb)								1 (가·나)	○	개배, 고배, 유공광구소호; 금동신발	후기
187	영산강	나주 마산	사면	직교	○ ? (Ia)	방형 ○, 원형 ○				2		1 (i)	1 (가·나)		광구소호, 개, 배	중기-후기
188	영산강	나주 大동리	평지			원형 ○	1	1							개배(주구), 철겸; 철부	후기
189	영산강	나주 大안리	사면	평+직	○ (IIa·IIb)	방형 ○			1						유공광구소호, 고배, 개배	?
190	영산강	나주 방두	사면	직교	○ (IIa·IIb)	방형 ○									장경호, 완, 개; 철부, 철도자; 옥	후기
191	영산강	화순 내평리	정+사	직교	○ (Ia)	원형 ○, II자형 ○	4	2	2			1 (ii)	2 (가·나), 1 (다·라)		앙이부호, 대각편; 옥	중기
192	영산강	화순 석정리	정상	평행	○ (Ia·IIb)		1	1, 2					1 (다·라)		호형토기	?

번호	권역	유적	입지	등고	분구묘형식 Ia	Ib	IIa	IIb	주구형태 방형	마제형	제형	II자형	원형	발형토기	원저단경호 경질	연질	광구장경호	직구평저소호	환두대도 A	B	C직식	철모 i	ii	iii	철겸 가	나	다	라	마구류	기타유물	분기
193	영산강	화순 앞들	선상지	평+직	○	○			○		○		○	11	2	1														이중구연호(주구); 석촉(주구)	중기
194	영산강	화순 용강리	사면	평행		○					○				3	9							1				2				이중구연호, 완(주구)	중기
195	영산강	화순 봉하촌	평지		○						○																			유공소호(주구), 양이부호(주구)	?
196	영산강	신안 학동	사면	평+직	○						○					9												1			옹형토기(주구), 연질토기편(주구)	중기-후기
197	영산강	영암 외우리	정상		○						○					4		1												광구호; 철도자: 옥	중기?
198	영산강	영암 내동리	말단		○				○				○				1													대형옹편(주구), 양이부호; 철도자: 옥	?
199	영산강	영암 만수리			○										2	1	1										2			유공광구소호, 유공광구정군	중기-후기
200	영산강	영암 신연리 연소	평지						○				○																	호형토기; 철겸: 옥	후기
201	영산강	영암 옥야리	사면						○				○									1								양이부호, 유공광구소호; 철도자: 옥	중기-후기
202	영산강	영암 양계리	사면				○		○				○																	단경호; 옥	?
203	영산강	영암 계양	정상	평행?			○																							無	?
204	영산강	영암 금계리	사면				○				○			3																이중구연호, 조형토기, 개배, 고배	후기
205	영산강	영암 신산	정상				○		○					1			1												○	원통형토기(주구), 동물형토제품(주구), 고배, 장경호; 대도, 도자: 옥	후기

번호	권역	유적	입지	등고	분구묘형식				주구형태				발형토기	옹관정호		광구장경호	직구평저호	환두대도		철모			철겸			마구류	기타유물	분기
					Ia	Ib	IIa	IIb	원형	제형	다제형	방형		경질	연질			A·B	C장식	i	ii	iii	가·나	다	라			
206	영산강	영암 순산	사면		○				○																		단경호, 두형; 철제이기	?
207	영산강	영암 일곱메	사면		○																						단경호	?
208	영산강	해남 석호리	사면	평+직	○	○	○	○			○	○	12		14		9	2		1				3			이중구연호, 조형토기, 병: 철부, 철환, 철장; 옥	중기~후기
209	영산강	해남 간호리	사면	평+직	○						○	○	4		7		6							1			이중구연호, 양이부호, 대옹(주구); 철도자, 철부, 철장; 옥	중기~후기
210	영산강	해남 농암	?	?	○								1		1												철정, 철부, 대도	?
211	영산강	해남 황산리	사면	직교	○				○		○	○	3	?	28?		5	1		1			3			양이부호, 경배; 부형철기	중기~후기
212	영산강	장흥 신풍	말단	평+직	○				○		○	○	5	?	33?	3						13				양이부호, 완; 철부	중기
213	영산강	장흥 상방촌 B	평지	평행	○				○		○	○				1							8?				양이부호, 유공광구소호, 개배; 옥	후기
214	영산강	장흥 구정	사면	?	○				○				2		3	1							1				개(주구), 고배(주구)	후기
215	영산강	보성 봉동	사면	평행	○	○							1		4					1			1			철부, 철촉; 옥	중기~후기
216	영산강	보성 용정리	정상	평행	○						○		1		3								2			양이부호, 광구호; 철부	중기
217	영산강	보성 거석리	사면	평행	○						○															경배; 옥	중기
218	영산강	고흥 신촌	사면	평+직	○					○																회청색 경질토기편(주구), 개배(주구), 완(주구), 파배; 철도자(주구)	후기
219	영산강	고흥 장동	사면	직교	○						○				1					1			2	2	3	1	양이부호(주구), 개배(주구), 완(주구), 파배; 철정, 철부; 옥	후기?

부록 3 주구토광묘 매장시설과 공반 무덤 현황표

연번	유적	주구토광묘		토광묘	옹관묘
		목	옹		
1	용인 마북리	1 / 1			1
2	용인 신갈동	9 / 5			3
3	용인 상갈동	19 / 16?			4
4	용인 두창리	10 / 10		12	
5	오산 수청동	170 / 156			
6	오산 궐동	12		24	
7	평택 동창리	1 / 1			
8	평택 두릉리	3 / 3	2	3	
9	평택 해창리Ⅳ	44 / 9		4	4
10	평택 해창리Ⅴ	3			1
11	평택 세교동	3 / 3	2	3	
12	안성 신두리	2 / 2		5	1
13	아산 신남리	5 / 3			
14	아산 와우리	2			
15	아산 대흥리	1			
16	아산 남성리	3			
17	아산 밖지므레	69 / ?			
18	아산 명암리	2 / 2		3	
19	아산 용두리	19 / 18			
20	아산 공수리	10		21	6
21	충주 문성리	21 / ?		49	3
22	진천 신월리	2 / 1			
23	음성 대소	14 / 14		2	
24	진천 송두리	25 / 25		60	
25	증평 증천리	1		1	
26	청원 상평리	7 / 8?		15	
27	청원 송대리	12 / 12?		88?	
28	천안 청당동	17 / 16		8	

연번	유적	주구토광묘 목	주구토광묘 옹	토광묘	옹관묘
29	천안 운전리	19	14		
30	천안 신풍리	3	3	3	
31	청주 오송	340	340	395	26
32	청주 송절동	6	6		
33	청주 원흥리	2	2	4	
34	청주 산남동	5	5	1	
35	청주 미평동	1	1	6	1
36	연기 용호리	3	1	5	
37	연기 응암리	4			
38	연기 송원리	10	8	29	
39	연기 송담리	28	40	12	10
40	연기 석삼리	47	?	27	
41	공주 여드니	1	1	1	
42	공주 장재을	35	29		7
43	공주 장원리	29	29?		4
44	공주 하봉리	10	14		
45	대전 궁동	13	?	6	
46	대전 노은동	2	1		
47	대전 용산동	3	3		

부록 4 주구토광묘와 출토 유물의 특징, 분기 설정 현황표

번호	유적	입지	고분	분리형목관	합장묘	대구 두형옹	대구 옹형	옹형토기	발형토기	원저단경호 연질	원저단경호 정질	광구장경호	직구평저호	환두대도 A	환두대도 B	환두대도 C·장식	철모 Ⅰ	철모 Ⅱ	철모 Ⅲ	철겸 가·나	철겸 다	철겸 라	마구류	기타유물	분기
1	용인 마북리	정+사	평행							1		1	2		1							1		금제이식	중기~후기
2	용인 신갈동	정+사	직교								1													개배,두경,주조철부,금동제이환	후기
3	용인 상갈동	정+사	평+직	○					2	10	14		6			1	3				1	2		금박구슬	중기~후기
4	용인 두창리	사면	평행	○					1	35	2		2				2	1			2				전기~중기
5	오산 수청동	정+사	평+직	?					21	36?		2	6	9?			9?			5?			○	난형호; 성시구	중기~후기
6	오산 궐동	정+사	평+직	○	○				4	15?	1	2					1			3				철검, 유개대부호	전기?
7	평택 동창리	사면	평행																						
8	평택 두릉리	정+사	평행								1													원저호(주구)	중기
9	평택 해창리Ⅳ	정+사	평행						4	34					2			4		21			○	철부,철정,철착	중기
10	평택 해창리Ⅴ	정+사	평행							4				1				2		2				철준,철착	중기
11	평택 세교동	사면	평행						1	1					1				1					이중구연호	중기
12	안성 신두리	사면	평행						2	7						1		1							중기

부록

번호	유적	입지	교두	분리형목관	합장묘	대구 굽은형	대구 마형	옹관	양이부토기	발형토기	원저단경호 연치	원저단경호 정치	광구장경호	직구평저호	환두대도 A	환두대도 B	환두대도 C·장식	철모 ⅰ	철모 ⅱ	철모 ⅲ	철검 가·나	철검 다	철검 라	마구류	기타 유물	분기
13	아산 신남리	사면	평행							1															원저단경호편(주구)	
14	아산 와우리	사면	평행									1										1			원저단경호(주구)	중기?
15	아산 대흥리	사면	평행																						철겸편,구슬	중기
16	아산 남성리	사면	평행																						철겸편,구슬	중기
17	아산 밖지므레	정+사	평행							11	37	12	1		1			6			1				철촉,철부;목	
18	아산 명암리	사면	평행							2														1	호형토기,개배;철부,철촉,철도자;방추차	
19	아산 용두리	사면	평+직				2			2	37				1			43			4				철겸,유개대부호,분주토기	전기~중기
20	아산 공수리	정+사	평행							6	28					2					4				양이부환옹, 유경식철촉	전기
21	충주 문성리	사면	평행	○	○		7			59	60				1	2		10			6	1	8	○	양이부환옹, 목, 구슬	중기
22	진천 신월리	사면	평행																						발형토기편(주구)	중기?
23	음성 대소	?	평행	○						2															발형토기, 원저단경호, 경질 단경호, 철모, 철겸 등	중기?
24	진천 송두리	사면	평행							63	52	23				3		14			4	4	1	2	양이부환옹, 철수문장식	전기~중기
25	증평 증천리	사면	평행																						타날문토기편	

항목	26	27	28	29	30	31	32	33	34	35	36	37	38
유적	청원 상평리	청원 송대리	천안 청당동	천안 운전리	천안 신풍리	청주 오송	청주 송절동	청주 신남동 원명리	청주 신봉동	청주 미평동	연기 응암동	연기 용호리	연기 송원리
입지	사면	정+사	정+사	정+사	사면	정+사	사면	정+사	정+사	사면	사면	사면	정+사
구조	평행	평행	평행	평행	평행	평+직	평행	평행	평+직	평행	평행	평+직	평행
분리형목관		○	○	○			○						
합장묘	○					○	○		○		○		○
대구 마형			1										
대구 대형			18			77			1			5	
옹관	○	○											
양이부토기	1	2	1			8			1				
발형토기	13	58	19	6	5	274	11	2	7			12	1
원저단경호 연렬	68	174	58	20	23	?	48	12	12	1	1	18	
원저단경호 정렬	4	49		12	1	?	6		6			22	
광구장경호					1								14
직구평저호		3	1			3							
환두대도 A		4	3			3				1		4	1
환두대도 B		2	2			29						1	1
환두대도 C·장식													
철모 i	5	8	8	4	2	96	2			2		1	5
철모 ii		2				22			1				
철모 iii			1		1								
철검 가·나		3	1	1		?						1	6
철검 다		13		1		?			2	2	2		3
철검 라	1	3	2			?							
마구류						○							○
기타유물	대호: 고리형철기	이중구연호; 금제이식, 고리형철기, 철제마형대구	금박구슬	양이부호; 고리형철기	난형호	동병철검	이중구연호,		주조철부		원저심발; 곡수문철검	옹: 고리형철기	단조철부
분기	전기~중기	전기~중기	전기~중기	전기~중기	전기~중기	전기~중기	전기~중기	중기	전기~중기	중기?	전기~중기	전기~중기	중기

번호	유적	위치	구조	분구묘목관	합장옹	대부완	대부완(?)	옹관	야요이토기	발형토기	원저단경호 연동	원저단경호 장동	광구장경호	직구단경호	철두대도 A	철두대도 B	철두대도 C·장식	철모 i	철모 ii	철모 iii	철겸 가·나	철겸 다	철겸 라	마구류	기타 유물	분기
39	연기 송담리	정+사	평행	○	○					11	31					2		15			3	5			양단환봉	중기
40	연기 석삼리	정+사	평행	○	○	2				29	180					4		7	1		10	2			양단환봉, 양이부호, 구슬	중기
41	공주 여드니	정성	평+직								2	2			1?				1							전기~중기?
42	공주 장제울	정+사	평행	○						9	35				1			5			1				대옹,단조철부	중기
43	공주 장원리	정+사	평행	○						13	33	18			1			1			1	1			양이부호	전기~중기
44	공주 하봉리	정+사	평행	○							12	16		4	3				1		1					전기~중기
45	대전 궁동	사면	평행	○	○						15											1			철부,교배,옥	전기
46	대전 노은동	사면	평행										1												단경소호,배,양이부호	후기
47	대전 용산동	사면	평행								1		1						1						단조철부 삽포,철착, 유리옥	후기

마한馬韓 분구묘墳丘墓의 이해

2024년 5월 27일 초판 1쇄 발행

지은이 김승옥(전북대 인문대학 고고문화인류학과)

펴낸이 권혁재

편 집 권순범

디자인 이정아

인 쇄 성광인쇄
펴낸곳 학연문화사
등 록 1988년 2월 26일 제2-501호
주 소 서울시 금천구 가산디지털1로 16 가산2차 SKV1AP타워 1415호

전 화 02-6223-2301
전 송 02-6223-2303
E-mail hak7891@chol.com

ISBN 978-89-5508-693-5 (93910)